U0896953

剑桥学派经济思想研究

JIANQIAO XUEPAI
JINGJI SIXIANG YANJIU

程晓林 著

人民出版社

前　言

剑桥学派是西方经济学的重要流派之一，是新古典经济学的重要组成部分，对剑桥学派的经济思想进行系统性研究有着重要的意义。然而，目前国内外对于剑桥学派的研究存在着两方面不足：一是研究主要集中于剑桥学派的少数代表人物，如马歇尔、凯恩斯的经济思想，而忽略了其他剑桥学派成员的理论贡献，如霍特里和罗伯特森等；二是研究集中于剑桥学派的经济思想研究，如均衡分析和货币理论，而忽略了对经济伦理思想的研究。本书的研究试图弥补这两方面的不足，尽可能构建一个完整的剑桥学派思想体系。

剑桥学派形成于19世纪末期，当时的英国正经历着政治、经济和文化上的重大变革，古典经济学理论也处在崩溃的边缘，资本主义社会迫切需要一种新的经济理论。正是在这种情况下，剑桥学派继承了古典经济学的理论基础，结合边际分析方法和新的功利主义思想，形成了具有剑桥特色的新的理论体系。该理论体系以功利主义伦理思想为基础，以工业经济为研究对象，以局部均衡分析为研究方法，以调和资本主义内部矛盾为目的。剑桥学派的经济学理论弥补了古典经济学理论的不足，为资本主义社会现实提供了新的理论解释，实现了经济学从研究财富增长向研究财富分配的转移，对西方经济学理论的发展作出了巨大贡献。

在经济学理论方面，剑桥学派发展了传统的货币数量论，构建了以现金余额说为基础的“剑桥方程式”，并确立了现代货币理论的基本框架，为凯恩斯的货币理论和现代货币数量论奠定了基础；其次，面对资本主义周期性的经济危机，剑桥学派提出了工业波动理论，并将其与货币理论相结合，形成了剑桥学派独特的贸易波动理论，该理论中关于储蓄—投资关系的研究奠定了现代经济周期理论的基础；再次，剑桥学派发展了新古典经济学的失业理论，研究了劳动力市场实现均衡的条件，以及工资刚性对均衡就业的阻碍，探讨财政政策和货币政策对治理失业问题的不同效果。

在经济伦理思想方面，剑桥学派坚持了经济行为的伦理属性，认为经济研究不能脱离伦理思想而独立存在。其中，西奇威克对穆勒的功利主义进行了改造，并提出直觉功利主义伦理学，成为庇古伦理思想的重要来源。马歇尔吸收了进化论中的科学成分，形成了进化论的功利主义，并以此为基础发展了他的经济学理论。新一代剑桥经济学家，如凯恩斯、肖夫和霍特里吸收了摩尔对功利主义的批判，将摩尔的伦理学与经济分析相结合，创建新的经济伦理体系。此外，剑桥学派还为现代经济学数学化作出了贡献，并将心理因素和时间因素引入经济分析当中，推动了现代经济学的发展。

本书从界定剑桥学派的内涵开始，分析了剑桥学派产生的历史背景、思想渊源与发展历程，阐述了剑桥学派的政治主张和方法论主张，力图全面展示剑桥学派的理论特征。通过对剑桥学派的经济理论和经济伦理思想的深入研究，本书认为剑桥学派对现代经济学理论和研究方法作出了巨大贡献，在经济思想史的研究中具有重要的历史地位。同时，剑桥学派的经济理论研究方法和经济伦理对现代经济学有重要的借鉴意义。

目　录

绪　论

在整个经济学科发展的历史中，通常具有一些重大意义的历史阶段。在这些历史阶段中不仅有经济理论的创新，更重要的是它在一个更大的范围内确定了经济学的学科性质，研究方向，以及基本的研究方法。从这个意义上可以说，十九世纪末和二十世纪初则是经济学科发展的历史转折点，而英国剑桥学派成为实现这些历史转折的见证者。

首先，剑桥学派实现了经济学学科的独立。一般认为，经济学产生于1776年，其标志是亚当·斯密发表的《国富论》，该著作奠定了经济学的学科基础。但是在随后的相当长一段时期内，经济学一直是从属于伦理学和历史学的附属性学科，而不是作为单独的学科存在。到了19世纪末，古典政治经济学理论与资本主义经济现实之间的矛盾日益严峻，部分历史经济学家建议取消经济学学科，代之以经济史学和统计学。正是在这一时期，经过剑桥学派，尤其是马歇尔的不懈努力，剑桥大学在1903年实现了政治经济学荣誉学位考试的独立，使得经济学彻底摆脱了对伦理学和历史学的依附，成为与之并列的学科。因此，是剑桥学派实现了经济学学科的独立。

其次，剑桥学派确立了现代经济学的研究范围与方法。在剑桥学派之前，经济学的研究范围与方法一直是个有争议的话题。一部分学者认为经济学是一门研究财富的学问，即研究财富的生产、分配与交换关系。而另一部分经济学家则认为，经济学是研究生产关系的学问，重点是研究财富的分配，同时，生产关系决定着分配关系。在社会矛盾不突出的时期，前一种观念占了上风，而在社会矛盾极为突出的时期，社会关系的思考又成为经济学的重点。剑桥学派则创造性地指出，经济学既是一门研究财富的学问，也是一门研究人的学问，一举解决了关于经济学研究内容的争论，同时也实现了经济学由传统研究财富增长向研究财富分配的转变。对于经济学的研究方法而言，一直存在着方法论上的争论，重点是归纳法和演绎法的争论。归纳法认为经济学不存在“永恒主义”和“世界主义”的理论，经济理论都有时间上和空间上的局限性，且经济行为受文化和制度的影响较大，只有通过对特定地区的历史归纳才能发现其内在的经济规律。演绎法则认为真理是不可能通过对现实的归纳而得出，因为人们对现实的归纳总是不全面的，而且由归纳得出的结论的也只是表象。只有对现实进行抽象性分析，通过纯理性的演绎才能得到或接近真理。方法论的争论在19世纪末的德国和英国都有发生。剑桥学派调和了矛盾双方，认为归纳法和演绎法本质上不存在区别，两者是同一问题的两个方面，相互依存，密不可分，应当结合起来使用，解决了经济学上的又一争论。

再次，剑桥学派确立了现代经济学的理论基础。如果将现代经济学分为宏观和微观两个体系，那么剑桥学派对于这两个体系的基础理论都有直接贡献。在宏观经济学方面，剑桥学派早就有关于工业波动、贸易周期的研究，这是现代宏观经济周期理论的基础；剑桥学派最先详细对失业的类型进行了划分，分析了失业产生的原因，并从市场和政府两个角度提出了失业的解决方法，奠定了现代失业理论的基础；在货币理论方面，剑桥学派发展了“剑桥方程式”“强制性储蓄”等重要理论概念，确定了现代货币供需分析的基础框架。剑桥学派在微观经济学方面的贡献则更为显著，它们对于消费者理论、厂商理论、需求理论和价格理论等微观经济学的核心理论都有直接的贡献。剑桥学派的局部均衡分析不仅确定了经济主体效用最大化分析的基本原则，也确定了局部均衡分析的基本分析方法，这些都成为现代微观经济分析的基础。

剑桥学派一直是经济思想史学家研究的重点。在研究剑桥学派具体经济学家传记方面，对马歇尔和凯恩斯的研究最为全面。马歇尔作为剑桥学派的创始人和掌舵人，庇古对他的全部著作和通信集进行了整理，并于 1925 年出版成册。① 凯恩斯 1924 年纪念马歇尔的文章，也是研究马歇尔的重要文献。② 对

① Pigou A C,*Memorials of Alfed Marshall*, London: Macmillan, 1925.

② Keynes J M,“Alfred Marshall, 1842-1924”, *The Economic Journal*, Vol.34, No.135（1924）, pp.331-372.

于马歇尔的生平，玛丽·佩利·马歇尔[①]、吉尔博[②]、惠特克[③]和科斯[④]都做了详细的研究，尤其是格罗尼维根[⑤]的著作详细记录了马歇尔在剑桥生活的点滴生活和思想历程。这些都是研究马歇尔经济思想必不可少的材料。与此同时，对于凯恩斯的研究也很丰富。奥斯汀·罗宾逊[⑥]、莫格里奇[⑦]和斯基德尔斯基都详细地记录了凯恩斯的一生，其中斯基德尔斯基的一系列著作为研究凯恩斯提供了全面的参考。[⑧] 相比马歇尔和凯恩斯，

---

① Marshall M P, *What I remember*, Cambridge: Cambridge University Press, 1944.

② Guillebaud C W, "Marshall' s Principles of Economics in the Light of Contemporary Thought" ,*Economica*, Vol.19, No.74（1952）, pp.111-130；Guillebaud C W, "Some personal reminiscences of Alfred Marshall" ,*History of Political Economy*, Vol.3, No.1（1971）, pp.1-8.

③ Whitaker J K, "Alfred Marshall: The Years 1877 to 1885" , *History of Political Economy*, Vol.4, No.1（1972）, pp.1-61；Whitaker J K, "The Marshallian system in 1881: distribution and growth" ,*The Economic Journal*, Vol.84, No.333（1974）, pp.1-17.

④ Coase R H, "Alfred Marshall' s mother and father" ,*Alfred Marshall: Critical Assessments, Second series*, Vol.2, No.4（1984）, p.356.

⑤ [澳] 彼得·格罗尼维根：《翱翔的鹰——阿尔弗雷德·马歇尔传》，丁永健、鄢雯译，华夏出版社 2011 年版。

⑥ [英] 奥斯汀·罗宾逊：《凯恩斯传》，滕茂桐译，商务印书馆 1980 年版。

⑦ Moggridge D E,*Maynard Keynes: An Economist's Biography*, London: Routledge,1992.

⑧ 参见 Skidelsky 发表于 1983、1992、1996、2000、2003、2006 年的著作与论文。Skidelsky R,*John Maynard Keynes（vol. 1）: Hopes Betrayed, 1883–1920.* London: Macmillan, 1983；Skidelsky R,*John Maynard Keynes（vol. 2）: The Economist as Saviour, 1920–1937*, London:Macmillan, 1992；Skidelsky R. *Keynes,* Oxford: Oxford University Press, 1996；Skidelsky R,*John Maynard Keynes（vol. 3）: Fighting for Britain, 1937–1946*, London: Macmillan, 2000；Skidelsky R,*John Maynard Keynes, 1883–1946: Economist, Philosopher, Statesman*. London:Macmillan, 2003；[英] 罗伯特·斯基德尔斯基：《凯恩斯传》，相蓝欣、储英译，生活·读书·新知三联书店 2006 年版。

目前研究剑桥学派其他成员的专著相对较少，除了弗莱彻[①]以传记形式记录了罗伯特森的生平，其他经济学家的介绍主要见于一些介绍性的文章[②]及帕尔格雷夫经济学大辞典。[③]

相比以个人为对象的研究，将剑桥学派作为整体的研究则相对较少。埃沙格系统性研究了剑桥学派的货币理论；[④]达里蒂对剑桥学派从马歇尔到凯恩斯的储蓄—投资理论进行了分析，侧重于分析其中的理论一致性；[⑤]贝卢西和卡尔达里研究了以马歇尔为代表的剑桥学派的工业区理论，进一步完善马歇

① [英] 戈登·弗莱彻:《丹尼斯·罗伯特森》，王磊、李素云译，华夏出版社2010年版。

② 如 Brahmananda P R, "A. C. Pigou（1877-1959）", *Indian Economic Journal*, Vol.64, No.4（1959）, 466-487；Champernowne D G, "Arthur Cecil Pigou, 1877-1959" ,*Journal of the Royal Statistical Society*, Series A, Vol.122, No.2（1959）；Robinson A,*Pigou, Arthur Cecial. In international encyclopaedia of the Social Sciences（Vol.12）*, New York: Collier and Macmillan, 1968. 介绍了庇古的一生；Samuelson P A, "D H Robertson（1890–1963）" ,*The Quarterly Journal of Economics*, Vol.77, No.4（1963）, pp.517-536. 记录了罗伯特森的生平与经济理论贡献。Bowley A L, "Francis Ysidro Edgeworth" ,*Econometrica: Journal of the Econometric Society*, Vol.2, No.2（1934）, pp.113-124；Stigler S M, "Francis Ysidro Edgeworth, Statistician" , *Journal of the Royal Statistical Society*, Series A（General）, 1978. 描述了埃奇沃思的生平与思想。Collet C E, "Herbert Somerton Foxwell" ,*The Economic Journal*, Vol. 46, No.184（1936）, pp.589-619. 概述了福克斯威尔的思想等等。

③ 1996年版的帕尔格雷夫经济学大辞典中存在关于鲍利、埃奇沃思、费伊、弗洛伦斯、福克斯威尔、霍特里、凯恩斯、内维尔·凯恩斯、莱顿、拉文顿、马歇尔、庇古、罗伯特森、肖夫、西奇威克这15位经济学家的辞条。

④ Eshag E,*From Marshall to Keynes: an essay on the monetary theory of the Cambridge School*, London:Blackwell, 1963.

⑤ Darity W, "Cambridge monetary thought: development of saving-investment analysis from Marshall to Keynes" ,*History of Political Economy*, Vol.20, No.4（1988）, pp.690-694.

尔的工业经济学体系。[①] 除此之外，目前还没有对于剑桥学派经济周期理论和失业理论的系统性研究。

在研究剑桥学派经济伦理思想方面，目前国外还没有系统性的文献，其中奥唐奈[②] 和巴克豪斯[③] 分析研究了西奇威克功利主义思想对庇古和马歇尔的影响，认为两者都是功利主义的继承者；科茨[④] 和拉法埃利[⑤] 研究了马歇尔经济学与功利主义的关联，并探讨了马歇尔独特的功利主义体系；布莱克则比较了马歇尔功利主义与杰文斯的异同，与后者简单纯粹的功利主义相比，马歇尔对功利主义做了很多改进。[⑥] 贝特曼和戴维斯[⑦]、奥唐纳[⑧]、卡拉贝利[⑨] 和贝特曼[⑩] 分别阐述了凯恩斯关于伦理学、方法论、预期和不确

① Belussi F, Caldari K. “At the origin of the industrial district: Alfred Marshall and the Cambridge school”. *Cambridge Journal of Economics*, Vol.33, No.2 (2009), pp.335-355.

② O’Donnell M G, “Pigou: an extension of Sidgwickian thought” ,*History of Political Economy*, Vol.11, No.4（1979）, pp.588-605.

③ Backhouse R E, “Sidgwick, marshall, and the cambridge school of economics” ,*History of Political Economy*, Vol.38, No.1（2006）, pp.15-44.

④ Coats A W, *Marshall and ethics, Alfred Marshall in retrospect*, Vermont: Edward Elgar, 1990.

⑤ Raffaelli T, “Utilitarian premises and the evolutionary framework of Marshall’s economics” , *Utilitas*, Vol.8, No.1（1996）, pp.89-108.

⑥ Black C R D, “Jevons, Marshall and the utilitarian tradition”, *Scottish Journal of Political Economy*, Vol.37, No.1（1990）, pp.5-17.

⑦ Bateman B W, Davis J B., *Keynes and Philosophy: Essays on the Origins of Keynes's Thought*, England: Edward Elgar Publishing, 1991.

⑧ O’Donnell R,*Keynes as philosopher-economist*, New York: St. Martin’s Press, 1989.

⑨ Carabelli A. *On Keynes' Method*, London: Macmillan, 1988.

⑩ Bateman B W, “Keynes’s changing conception of probability” , *Economics and Philosophy*, Vol.3, No.1（1987）, pp.97-120；Bateman B W, “G.E Moore and J.M Keynes: a missing chapter in the history of the expected utility model” ,*American Economic Review*, Vol.78, No.5（1988）, pp.1098-1106 ；Bateman BW,*Keynes's Uncertain Revolution*. Ann Arbor: University of Michigan Press,1996.

定性的观点，表明凯恩斯首先是个哲学家或者道德哲学家，然后才是经济学家，因为他的经济思想创新都是在哲学方面首先实现突破。马乔则分析了摩尔伦理学对肖夫和霍特里的影响，认为肖夫与霍特里的经济学就是摩尔伦理学的翻版，两人发展了摩尔伦理学中的两个相对独立的核心概念。[①]

国内对剑桥学派的研究主要集中于对马歇尔、庇古和凯恩斯三个人。刘涤源分别介绍了马歇尔、凯恩斯的经济理论，并简述了两者间的继承与背离关系，总体上否认了凯恩斯对马歇尔传统的背离。[②] 方福前重点研究了凯恩斯《通论》之前的货币理论，梳理了凯恩斯货币思想的转变历程，认为从《货币论》到《通论》期间，凯恩斯的货币思想存在着一贯性。[③] 王志凯[④]、刘旺霞[⑤]、庞娟和郭殿生[⑥] 对凯恩斯货币理论的发展做了梳理，并揭示其理论对我国通胀管理与经济周

---

① Macciò D D, "GE Moore and political philosophy: Gerald F. Shove's fellowship dissertation（1911）", *History of European Ideas*, Vol.37, No.1（2011）, pp.63-75；Macciò D D, "GE Moore's philosophy and Cambridge economics: Ralph Hawtrey on ethics and methodology", *The European Journal of the History of Economic Thought*, Vol.22, No.2（2015）, pp.163-197.

② 刘涤源：《阿·马歇尔经济学说提要》，上海人民出版社1986年版。刘涤源：《略论凯恩斯对马歇尔经济思想的背离与继承关系》，《经济研究》1989年第1期。刘涤源：《凯恩斯经济学说评论》，武汉大学出版社1997年版。

③ 方福前：《从〈货币论〉到〈通论〉》，武汉大学出版社1997年版。

④ 王志凯：《对凯恩斯货币理论的再认识与我国的通货紧缩》，《金融研究》2000年第1期。

⑤ 刘旺霞：《凯恩斯以来货币政策与经济周期相关理论研究综述》，《生产力研究》2009年第5期。

⑥ 庞娟、郭殿生：《凯恩斯货币与通货膨胀理论的演进及启示》，《税务与经济》2012年第5期。

期的启示。翁乾麟初步探讨了庇古的失业理论。[①] 此外，目前国内尚没有关于剑桥学派整体经济理论的专门著作或其他类似研究成果。

在经济伦理思想方面，乔洪武[②] 的著作中率先研究了马歇尔、庇古和凯恩斯在其各自代表性著作中所表现出的经济伦理思想。此外，薛芳[③] 和邱杨[④] 分别在其硕士学位论文中对庇古的福利经济伦理思想进行了初步探讨，剖析其伦理基础及其与福利经济理论之间的联系。黄丽蓉[⑤] 在其硕士论文中专门讨论了凯恩斯的经济伦理思想，试图为凯恩斯的经济理论寻找伦理基础。同样，目前国内也没有专门针对剑桥学派经济伦理思想的系统性研究专著。

综上所述，剑桥学派作为现代经济学的重要流派，为当代经济学的发展作出了重要的理论贡献。然而，与剑桥学派的历史地位不相称的是，当前对于剑桥学派的研究纵深存在着两点不足。一是当前研究主要集中于对马歇尔等代表人物的研究，忽略了剑桥学派其他人物的理论贡献，尤其是霍特里和罗伯特森等剑桥学派后期经济学家的贡献。二是当前研究只强调了剑桥学派对经济理论的贡献，而忽略了剑桥学派对经济伦理思想的贡献。马歇尔在其《经济学原理》的开篇就表明了两个观点：(1) 经济学既是研究财富的学问，也是研究人的学问；(2) 贫困问题是经济学主要关心的以及最为关心的问题。马歇尔对于

---

① 翁乾麟：《庇古失业理论的基本要义浅探》，《广西社会科学》1997 年第 6 期。

② 乔洪武：《正谊谋利》，商务印书馆 2000 年版。

③ 薛芳：《庇古福利经济伦理思想探析》，硕士学位论文，江西师范大学，2005 年。

④ 邱杨：《庇古经济伦理思想研究》，硕士学位论文，南京师范大学，2010 年。

⑤ 黄丽蓉：《凯恩斯经济伦理思想探析》，硕士学位论文，湖南师范大学，2008 年。

经济学学科性质的界定，确定了剑桥学派经济学理论的伦理学属性。这也成为剑桥经济学最大的特点之一。为了弥补以上剑桥学派研究的不足，有必要对剑桥学派进行一次全面的梳理。这就是本书创作的动因。

第一章　剑桥学派产生的历史背景与发展历程

剑桥学派是西方经济学的重要流派，具有重要的研究价值。在研究剑桥学派的经济思想之前，有必要对剑桥学派本身做一个明确的界定，并阐述该学派产生的历史背景和发展历程。通过对历史背景和发展历程的研究，可以对剑桥学派的思想有更加全面和深刻的认识。这也是历史研究的意义所在。

第一节　剑桥学派的界定

剑桥学派是经济思想史学科中的重要流派，但目前没有一个针对剑桥学派的明确的定义。剑桥学派到底包含哪些经济学家？学派的思想内核又是什么？剑桥学派与新古典经济学、与新剑桥学派有什么区别和联系？研究剑桥学派，首先就要回答这三个基本问题。

一、剑桥学派的界定

剑桥学派是以经济学家马歇尔为代表，以剑桥大学为中心而形成的一个西方经济学流派，是新古典经济学的代表性流派。虽然如此，经济学界对于剑桥学派一直也没有一个统一的界定。经济学家对剑桥学派的名称曾出现过三个称谓："剑桥经济学"（Cambridge economics）、"马歇尔经济学"或"马歇尔学派"（Marshallian economics），"旧剑桥学派"（old Cambridge school）。虽然这三个名称所指都是同一实体，却分别体现了其不同侧面。"剑桥经济学"主要用于指 20 世纪 30 年代以前的剑桥经济思想，此时剑桥大学在经济学领域崭露头角，但并没有在该领域取得主流经济学的地位。如科利特①、沙多尼②、拉法埃利③和马乔④在其论文中都使用了"剑桥经济学"。"马歇尔学派"则主要用于 20 世纪 40 年代至 60 年代，主要见于熊彼特的经济分析史。⑤此时，剑桥学派已经确立经济学的主流地位，学派成员多为马歇尔的学生且都拥护马歇尔的经济学观点，故称为马歇尔学派。随着 60 年代"双剑桥之争"的兴起，罗宾逊将自己定义为"新剑桥学派"以便与之前的马歇尔经济学划清界限，将之前的称为"旧剑桥学派"。因此，"旧剑桥学派"是相对于"新剑桥学派"而产生的。然而，

---

① Collet C E, "Herbert Somerton Foxwell" ,*The Economic Journal*, Vol. 46, No.184（1936）, pp.589-619.

② Sardoni C, "The contribution of Gerald Shove to the development of Cambridge economics" ,*Review of Political Economy*, Vol.16, No.3（2004）, pp.361-375.

③ Raffaelli T,*Layton on Cambridge economics: in defense of the Tripos, Marshall studies Bulletin:Vol.8,* Cambridge: Cambridge University Press. 2003.

④ Macciò D D, "GE Moore's philosophy and Cambridge economics: Ralph Hawtrey on ethics and methodology" ,*The European Journal of the History of Economic Thought*, Vol.22, No.2（2015）, pp.163-197.

⑤ 熊彼特指出，"马歇尔创立了一真正的学派，其成员依据一种明确的科学推理方式来思想问题，并以马歇尔强有力的凝聚力加强了这种结合"。[美] 约瑟夫·熊彼特：《经济分析史》第一卷，朱泱等译，商务印书馆 1996 年版，第 124 页。

不论是剑桥经济学、马歇尔学派和旧剑桥学派都不太适合于剑桥学派。

首先，用“剑桥学派”代替“剑桥经济学”更加规范。“学派”一词相比“经济学”一词有更加明确的内涵。杰拉德·M.库特[1] 认为学派至少有三个内涵，即有公认的领导者、有经济理论的核心主旨以及共同的研究计划。但现代经济学家一般认为，学派的形成至少具备三个条件：一是有独立且相对稳定的研究团队；二是其理论有区别于其他学派的“思想内核”；三是有代表该学派独立观点的权威杂志。剑桥学派显然是满足以上这些条件的，因此，用“剑桥学派”代替“剑桥经济学”更加规范，更能凸显剑桥学派在经济学领域的地位。

其次，“剑桥学派”相比“马歇尔学派”更符合历史事实。现代经济思想史的研究发现，剑桥学派虽然主要由马歇尔的学生组成，但剑桥学派的形成并非马歇尔一人努力的结果。Backhouse（2006）就明确指出西奇威克、福克斯威尔和内维尔·凯恩斯对于剑桥学派的形成都做出了重要贡献。西奇威克奠定了剑桥学派的伦理学基础，并作为马歇尔的“精神父母”对马歇尔进行了全面的指导；福克斯威尔对历史研究方法的强调和对当时新经济理论的坚持使得剑桥学派实现了演绎法和历史归纳法的折中；内维尔·凯恩斯则在更大范围内确定了经济学的研究范围、对象与方法，这些都是后来剑桥学派经济理论得以成型的前提。因此，剑桥学派比马歇尔学派更贴近历史事实。

根据以上对于“学派”存在条件的论述，要对剑桥学派进

① ［美］杰拉德·M.库特：《英国历史经济学：1870—1926》，乔吉燕译，中国人民大学出版社2010年版，第189页。

行界定则必须界定三个方面：剑桥学派所包含的人员、思想内核与代表性杂志。其中第一项，即界定剑桥学派成员最为重要，因为一旦界定了剑桥学派的成员，则这些成员代表的经济思想自然就是剑桥学派的思想内核。而剑桥学派的杂志则是1891年创建的《经济学杂志》（*Economic Journal*）无疑，因为该杂志的创建及发展都是由剑桥学派的成员所主导，杂志文章也一直被公认是剑桥经济思想的主要发布平台。

在剑桥学派的成员的界定问题上，首先可以肯定的是剑桥大学政治经济学教授席位的承担者，即马歇尔、庇古、罗伯特森无疑是剑桥学派的核心人物，其他成员都是围绕着这三个核心人物得以确定。卡蒂尼在1990年认为，该学派的人物除上述三位教授席位继承人外，至少包括A.L. 鲍利、S. 查普曼、D.H. 麦格雷戈、C. 桑格、C.R. 费伊、P.S. 弗洛伦斯等人；[①] 此外，现代经济思想史的研究表明，这项名单还应当包括G. 肖夫[②]、W.T. 莱顿[③]、R. 霍特里[④]、福克斯威尔[⑤]、内

① Becattini G,*Alfred Marshall e la vecchia scuola economica di Cambridge*, G. Becattini（a cura di）, Il pensiero economico: temi, problema e scuole, Turín, UTET,1990.

② Sardoni C, "The contribution of Gerald Shove to the development of Cambridge economics" ,*Review of Political Economy*, Vol.16, No.3（2004）, pp.361-375.

③ Raffaelli T,*Layton on Cambridge economics: in defense of the Tripos, Marshall studies Bulletin:Vol.8,* Cambridge: Cambridge University Press. 2003；Kondo M. *Alfred Marshall and Walter T. Layton on the Cambridge School*, Japan:Osaka Prefecture University, 2008.

④ Macciò D D, "GE Moore's philosophy and Cambridge economics: Ralph Hawtrey on ethics and methodology" ,*The European Journal of the History of Economic Thought*, Vol.22, No.2（2015）, pp.163-197.

⑤ [美] 杰拉德·M. 库特：《英国历史经济学：1870—1926》，乔吉燕译，中国人民大学出版社2010年版，第122—134页。

维尔·凯恩斯和西奇威克。[①]

然而，作者认为剑桥学派的名单中还应当增加三人，即F. 拉文顿、埃奇沃思和梅纳德·凯恩斯。拉文顿与罗伯特森一起为凯恩斯的第一批学生，1911年毕业后进入当时的贸易委员会劳工交流部，并于1918年返回剑桥任经济学讲师直至去世，对剑桥的货币思想发展和贸易周期理论作出了重要贡献。此外，他还是马歇尔理论的坚定捍卫者，他说，"真理就在马歇尔手中，只需劳驾将它挖掘出来"[②]。考虑到他与剑桥大学的渊源及其对剑桥经济理论的坚守和发展，应当将其列入剑桥学派成员名单当中。

埃奇沃思长期担任《经济学杂志》主编一职，并且在职期间极力维护马歇尔为代表的剑桥经济理论，对于一些反对和诋毁马歇尔理论的文章一律不予采用，这一点奥斯汀·罗宾逊有明确记载。[③] 对于在伦理思想和经济理论方面，埃奇沃思与马歇尔相互欣赏，并且时常通信，交流学术观点。马歇尔曾先后三次为埃奇沃思写求职推荐信，可见两人关系非同一般。虽然两人在一些小问题上意见不一，如吉芬商品和不确定性问题，但总体上对于经济理论与方法的意见是一致的，凯恩斯在《通

① Backhouse R E, "Sidgwick, marshall, and the cambridge school of economics" ,*History of Political Economy*, Vol.38, No.1（2006）, pp.15-44.

② Wright H, Fay C R,"Obituary: Fredrick Lavington" , *Economica*, No.19 (1927) ,p. 504.

③ 罗宾逊曾写道：第二次世界大战期间，他在和凯恩斯一起整理《经济学杂志》的稿件时，凯恩斯曾告诉他，埃奇沃思曾交给凯恩斯一抽屉稿子，其中包括两篇坎宁安副主教的稿件。对于这批稿件的刊登或是退稿埃奇沃思拿不定主意。[英] 奥斯汀·罗宾逊：《凯恩斯传》，滕茂桐译，商务印书馆1980年版，第21页。

论》中就将埃奇沃思、马歇尔和庇古同时作为古典学派的代表[①]。同时，埃奇沃思和马歇尔都是在1903年反关税改革公开信署名的经济学家。因此，可以说埃奇沃思在维护剑桥学派经济理论上面是做出了重要贡献的。

凯恩斯是否应列入剑桥学派成员是存在一定争议的，虽然凯恩斯是典型的剑桥学生，而且在庇古之后成为经济学教授席位的热门人选。但是在凯恩斯的《通论》中一定程度上实现了对新古典经济理论的革命，且凯恩斯之后的新剑桥学派在很多方面与剑桥学派存在显著的差异。但是作者认为凯恩斯应当成为剑桥学派成员的理由有二：一是凯恩斯在思想上存在着明显的剑桥学派痕迹。研究表明，凯恩斯在《通论》之前的经济思想大体上是继承了传统的剑桥经济理论的，其货币理论三部曲中的前两部《货币改革论》（1923年）和《货币论》（1930年）并没有脱离剑桥的货币数量论。另外，在均衡分析、心理分析、分配理论等方面凯恩斯是直接或间接地继承了剑桥经济传统的，这一点刘涤源先生进行了全面且深入的分析。[②]二是凯恩斯为剑桥学派的发展作出了杰出的贡献。他长期担任《经济学杂志》的主编工作，维护剑桥经济学理论和研究传统，使得《经济学杂志》成为剑桥学派的代表性杂志。更为重要的是，凯恩斯在接管了剑桥经济学院的财务之后，学院的资金变得异常充足，改写了马歇尔时代自掏腰包聘请讲师的困境，使经济学院得以快速发展。同时，在他

① ［英］梅纳德·凯恩斯：《就业、利息和货币通论》，高鸿业译，商务印书馆2004年版，第7页。

② 刘涤源：《略论凯恩斯对马歇尔经济思想的背离与继承关系》，《经济研究》1989年第1期；刘涤源：《凯恩斯经济学说评论》，武汉大学出版社1997年版。

担任皇家经济学会秘书时，学会成员只有 576 人，然而到他改任主席时，学会成员已经达到 4619 人。① 这些对于剑桥学派的发展都是至关重要的。

此外，还有三人虽然对剑桥学派有重要影响，但并没有入选剑桥学派经济学家名单，即 W. 坎宁安、J.H. 克拉彭和 G.E. 摩尔。他们都为剑桥大学教师，前两人还是经济学家。坎宁安一直极力维护经济学的历史研究传统，对于马歇尔的理论从来都是批评与否定，并差一点推翻了马歇尔的经济学优等生考试制度。虽然他努力为经济史学在英国成为一个独立学科立下汗马功劳，但是由于经济观点上的显著差异，他并不能被列为剑桥学派的成员。坎宁安的学生克拉彭是在马歇尔的鼓励下研究经济学的，主要研究内容是英国现代经济史学，对于剑桥学派的传统理论无明显继续性。此外，他还将庇古的经济理论斥为"空洞的经济学"②。虽然他于 1929 年成为剑桥大学第一任经济史学教授，但不能作为剑桥学派成员看待。最后，摩尔的伦理学思想虽然在布鲁斯伯里（Bloomsbury）和使徒学社（Apostles）对剑桥学派的经济学家产生了重要影响，但摩尔终究是位伦理学家，因此，也不能列入剑桥学派经济学家名单之中。

综上所述，剑桥学派的主要成员可见下表（排名不分先后）：

---

① [英]奥斯汀·罗宾逊：《凯恩斯传》，滕茂桐译，商务印书馆 1980 年版，第 21 页。

② Clapham J H, "Of empty economic boxes" ,*The Economic Journal*, Vol.32, No.127（1922）, pp.305-314.

表 1–1　剑桥学派主要经济学家

序号	姓名	生平	入选理由
1	A．马歇尔 （A. Marshall）	1842—1924	剑桥大学政治经济学教授，《经济学杂志》首位主编，设立剑桥大学经济学荣誉学位考试，剑桥学派的主要创始人。
2	J．N．凯恩斯 （J. N. Keynes）	1852—1949	马歇尔在剑桥大学的早期学生，剑桥学派早期奠基人之一。参与剑桥大学早期经济学的教学和管理事务，确定了剑桥学派经济学方法论。
3	J．M．凯恩斯 （J. M. Keynes）	1883—1946	庇古学生，重点发展了剑桥学派的货币理论与就业理论，并长期担任《经济学杂志》主编。
4	H．S．福克斯威尔 （H. S. Foxwell）	1849—1936	早期剑桥大学政治经济学讲师，剑桥学派早期奠基人之一，确定了剑桥学派的历史研究传统，在金融和货币理论，尤其是经济史方面做出理论贡献。
5	A．C．庇古 （A. C. Pigou）	1877—1959	马歇尔学生，剑桥学派政治经济学教授的继任者，重点发展了福利经济学，工业波动理论、货币理论与就业理论。
6	H．西奇威克 （H. Sidgwick）	1838—1900	剑桥学派早期奠基人之一，确定了剑桥学派的经济伦理思想，对经济学和经济学方法论都有著作，对马歇尔和庇古的理论产生了重大影响。
7	D．H．罗伯特森 （D. H. Robertson）	1890—1963	剑桥学派政治经济学教授的继任者，重点发展了货币理论、商业周期理论，凯恩斯理论的批评者，剑桥学派后期的主要代表。
8	A．L．鲍利 （A. L. Bowley）	1869—1957	在马歇尔的影响下学习经济学，剑桥学派的经济统计学家，发展抽样方法的先驱。
9	S．查普曼 （S. J. Chapman）	1871—1951	剑桥经济学家，其劳动时间理论被认为是古典劳动时间理论的经典，对马歇尔、庇古及希克斯都产生了极大的影响。

续表

10	D.H. 麦格雷戈（D. H. Macgregor）	1877—1953	马歇尔学生，在失业理论和经济伦理思想方面作出贡献。
11	C. 桑格（C. Sanger）	1872—1930	剑桥学生，主要研究数理经济学与计量经济学。
12	C.R. 费伊（Ch.R.Fay）	1884—1961	剑桥大学中马歇尔最喜欢的学生，经济史学家，对 18 世纪英国经济社会史有深入研究。
13	P.S. 弗洛伦斯（P. S. Florence）	1890—1982	曾就读于剑桥大学凯厄斯（Caius）学院，于 1921—1928 在剑桥大学任讲师，随后到伯明翰大学商学院任教授直到退休，其主要著作集中于地区发展和产业组织领域。
14	G. 肖夫（Gerald Shove）	1887—1947	剑桥大学经济学学生，经济学讲师与研究员，在报酬递增理论与不完全竞争理论中做出重要贡献。
15	W.T. 莱顿（Walter T. Layton）	1884—1966	剑桥大学经济学学生，剑桥大学经济学讲师，在价格理论、资本理论及工资理论均有贡献。
16	R. 霍特里（Ralph Hawtrey）	1879—1975	剑桥大学经济学学生，虽不在剑桥大学任教，但与剑桥经济学家有着密切的联系。在货币理论、商业周期理论、经济伦理和方法论上对剑桥学派有重大影响。
17	F. 拉文顿（F. Lavington）	1881—1927	凯恩斯学生，发展了传统货币理论与商业周期理论。
18	F.Y. 埃奇沃思（F. Y. Edgeworth）	1845—1926	长期担任《经济学杂志》主编，拥护剑桥学派的经济学主张，与马歇尔保持了密切的学术交流，重点发展了无差异曲线、效用函数等理论，对概率论和统计学的发展做出贡献。

根据上述成员的理论贡献，剑桥学派的经济理论有如下特点：(1) 以工业经济为研究对象。剑桥学派的经济理论，如厂商理论、失业理论、工业波动理论等，都是研究工业社会的经

济特征，这是剑桥学派所处的历史时代所决定的。（2）以调和资本主义社会内部矛盾为目的。剑桥学派支持消除贫困与失业，构建福利社会。同时又坚持资本主义制度，反对社会主义革命。（3）以伦理思想为经济学研究的基础。剑桥学派成员普遍反对“经济人”假设，强调社会制度、习俗、预期和心理对经济行为的影响。（4）以局部均衡分析为研究方法。面对经济学方法论的论战，剑桥学派一直持中立态度，认为任何一种方法适用于经济学研究，而马歇尔创造的局部均衡分析则是剑桥学派的主要代表。因此，可以说剑桥学派是以伦理学为基础，以工业经济为研究对象，以局部的均衡分析为研究方法，以调和资本主义内部矛盾为目的的西方新古典经济学流派之一。

二、剑桥学派与新古典经济学

目前，有很多经济学研究者并不清楚剑桥学派与新古典经济学的区别，甚至将两者等同视之，这显然是不合适的。虽然剑桥学派在很多方面与新古典经济学相似，也可以作为新古典经济学的代表性学派，但两者之间还是存在着很多的区别。厘清这种区别有助于更好地认识剑桥学派。

剑桥学派的构成上文已经做出了界定，因此，界定什么是“新”古典经济学成为区别两者关系的核心问题。然而，要理解“新”古典经济学自然先要了解什么是古典经济学。古典经济学一词也有多种释意，最早见于马克思 1847 年的著作《哲学的贫困》，其中古典经济学专门指李嘉图的经济学体系[①]。而后来凯恩斯则将他之前的经济学，包括李嘉图与马歇尔的经

① 《马克思恩格斯选集》第 1 卷，人民出版社 2012 年版，第 216—275 页。

济学体系，全部归为古典经济学。[①] 熊彼特对古典经济学的定义则比较谨慎，他在其著作的脚注中指出了这个词的三种形式，[②] 但他认为古典经济学应当指亚当·斯密到边际革命时期的经济理论。现在，大多数经济学家都认为古典经济学是指所有 1870 年以前的经济学思想。也有人认为这一划分存在问题，认为它没有区分斯密体系与李嘉图体系的区别，而将两者混为一谈，[③] 但这一定义还是为大多数经济学家所接受。古典经济学的基本主张如下：[④]

（1）反对政府干预市场；

（2）自利的经济行为是人性使然；

（3）收入分配的和谐（李嘉图除外）；

（4）所有的经济资源与行为都产生财富；

（5）不变的经济学法则（如比较优势理论，人口理论，地租理论等）。

所谓的“新”古典经济学是沿袭了古典经济学的基本主张，但在研究方法上有所改进。“新古典”一词最先出现在凡勃伦 1900 年的一篇论文当中，凡勃伦用“新古典”以讽刺马歇尔

---

① [英] 梅纳德·凯恩斯：《就业、利息和货币通论》，高鸿业译，商务印书馆 2004 年版，第 7—27 页。

② 熊彼特所说的三种含义：(1) 指亚当·斯密到约翰·穆勒这一段时期的经济学文献；(2) 指马歇尔及其追随者的学说；(3) 指经济学长期论战所造成了实质和一致看法，也就是新做的工作和以前开创性工作的统一。[美]约瑟夫·熊彼特：《经济分析史》第一卷，朱泱等译，商务印书馆 1996 年版，第 86 页。

③ Colander D, “The Death of Neoclassical Economics”, *Journal of the History of Economic Thought*, Vol.22, No.2（2000）, pp.127-143.

④ [美] 斯坦利·L. 布鲁、兰迪·R. 格兰特：《经济思想史》（第 8 版），邸晓燕等译，北京大学出版社 2014 年版，第 26 页。

的经济理论只是“新瓶装旧酒”，只是用边际分析方法包装的古典理论。[①] 因此，马歇尔的理论并不能成为美国经济学的主流，而制度经济学才是。凡勃伦的倡议显然没有被经济学家所接受，但“新古典”这一名词成为了经济学家们描述边际经济学和马歇尔经济学的专有名词。希克斯[②] 与斯蒂格勒[③] 明确地将“新古典”定义为，包括门格尔、杰文斯和 J . B . 克拉克在内的所有使用边际分析方法的经济学家，在时间上指 1870—1930 年这一时期。虽然关于“新古典”这一名词的争议不断，后来还有新古典综合与新兴古典等，详情可参见阿斯普鲁格斯对新古典的细致界定。[④] 为免引起争议，部分经济学家对这一词进行了规避，如马克 · 布劳格在《经济理论的回顾》中就没有使用“新古典”一词。就目前而言，大多数经济学家都接受希克斯和斯蒂格勒关于“新古典”的定义。科兰德将新古典经济学的基本主张概括如下：[⑤]

（1）新古典经济学致力于稀缺资源的分配理论；

（2）将功利主义作为“经济人”分析的基本前提；

（3）侧重于边际分析；

---

① Veblen T, “Preconceptions of Economic Science” ,*Quarterly Journal of Economics*, Vol.14, No.2（1900）, pp.240-269.

② Hicks J R, “Marginal Productivity and the Principle of Variation” , *Economica*, No.12, 1932 ; Hicks J R, “Leon Walras” ,*Econometrica*, Vol.14, No.10（1934）, pp.338-348.

③ Stigler G J,*Production and Distribution Theories*, New York: Macmillan, 1941.

④ Aspromourgos T. “On the origins of the term ‘neoclassical’ ”, *Cambridge Journal of Economics* Vol.10. No.3（1986）, pp.265-270.

⑤ Colander D, “The Death of Neoclassical Economics” ,*Journal of the History of Economic Thought*, Vol.22, No.2（2000）, pp.127-143.

（4）强调预期的理性；

（5）基于个体的效用最大化分析；

（6）强调经济体系的一般均衡。

根据以上标准，对比剑桥学派对以上六个方面的观点，新古典经济学与剑桥学派的差别就显而易见了，主要有如下几点差别：

首先，对研究对象的理解不一致。传统所说的新古典经济学只强调资源的分配，将人当作资源来看待，或是认为人只是“经济人”，否认了人性中的伦理性和能动性，这一点是剑桥学派所否认的。马歇尔明确指出经济学既是研究财富的学科，也是一门研究人的学科，其中的人不是纯粹的理论人，而是生活中实实在在的人。①

其次，对于经济学研究的方法认定不一样。虽然新古典经济学与剑桥学派都侧重于边际的分析方法并着力寻求经济中的均衡状态，但新古典经济学更为强调的是一般均衡。剑桥学派强调的是局部均衡，这在他们的经济学著作中随处可见，剑桥学派没有试图去探寻一般均衡的存在。

再次，两者的伦理学基础不一样。新古典经济学强调的功利主义中利己主义，或是杰文斯等人所信奉的个人快乐主义，②认为经济学所研究的只是快乐和痛苦的计算器，经济学

① ［英］阿尔弗雷德·马歇尔：《经济学原理》，廉运杰译，华夏出版社2005年版，第22页。

② 根据摩尔的观点，快乐主义可以分为利己主义与功利主义，利己主义即个人的快乐主义，功利主义则是集体的快乐主义。这里沿用了他的定义，以免混淆。［英］乔治·摩尔：《伦理学原理》，长河译，上海世纪出版集团2005年版，第93—105页。

的目的就是寻求最多数人的最大幸福。然而，剑桥学派所信奉的是西奇威克或者摩尔的功利主义，强调政府干预和财富转移的必要性，认为在一定条件下社会利益高于个人利益。这与传统的利己主义有本质的差别。

最后，两者的主体构成存在差别。新古典经济学指所有1870—1930年左右的欧洲与美国的所有经济学家，即包括了奥地利学派、洛桑学派、剑桥学派与美国学派。而剑桥学派只是围绕着剑桥大学所形成的学派。因此，新古典经济学与剑桥学派存在着主体构成上的差别。

三、剑桥学派与新剑桥学派

如果说现代经济学研究者容易对剑桥学派存在两种误解，那么，第一种误解就是混淆新古典经济学与剑桥学派，第二种误解就是强调剑桥学派与新剑桥学派的区别。认为前者是正统，而后者是异端。对于第一种误解已经做了澄清，现有必要对第二种误解加以诠释。为了更好地理解两者间的关系，有必要对新剑桥学派做个简述。

所谓“新”剑桥学派，指以琼·罗宾逊、尼科拉·卡尔多、皮埃罗·斯拉法以及卢季·帕西内蒂等经济学家为代表的经济学流派。该学派因与美国新古典综合学派之间的资本争论而闻名于世。由于该学派有复兴马克思主义经济学说并反对资本主义经济体系的革命性特征，西方一直将其视为异端，称其为“后凯恩斯学派”，“新李嘉图学派”，或“英国凯恩斯左派”。[①]作为异端的代表性学派，很少有人发现新剑桥学派与代表正统

① 胡代光:《新剑桥学派述评》,《经济研究》1983年第1期。

的剑桥学派之间的传承关系，以至于正统经济思想史教材在介绍了剑桥学派之后直接就转到了美国的新古典综合，新剑桥学派一度有被人误读之殇。要准确了解新剑桥学派与剑桥学派的关系与界限，有必要对新剑桥学派的研究纲领与内容做一介绍。

新剑桥学派也被称为后凯恩斯学派，该学派正式确立的时间是 1975 年。该年，艾克纳和克瑞格发表论文《后凯恩斯主义经济学：一种新的经济学范式》[①]。作者在文中以库恩范式的角度来看待 1930 年以后剑桥经济学所发生的革命性变化，认为已经可以称之为一个独立的学派。随后，1978 年发行的《后凯恩斯经济学杂志》正式确立了该学派的成立。该学派具备了经济学流派的三个基本条件：独立且稳定的研究团体、独特的理论内核或全新的理论范式以及专业的杂志。虽然到 20 世纪 70 年代学派才得以正式确立，但经济学界通常认为，该学派真正起源于《通论》发表的 1936 年。J. E. 金于 2002 年出版专著《后凯恩斯主义经济史：1936 年至今》[②]，也将该学派的起始时间定为 1936 年。通过对以上两个文献的研究，可以确定新剑桥学派的研究纲领。

（1）新剑桥学派在经济分析中尤其注重历史与时间因素。这也是其与新古典综合学派在经济分析上最为显著的区别。这意味着在经济分析时不仅仅考虑时间因素，同时也要考虑历史

① Eichner A S, Kregel J A, “An essay on post-Keynesian theory: a new paradigm in economics”, *Journal of Economic Literature*, Vol.13, No.4（1975）, pp.1293-1314.

② King J E, *A history of post Keynesian economics since 1936*. London: Edward Elgar, 2002.

环境的变迁以及人们对当前经济决策的未来期望。在新剑桥学派对投资行为和储蓄行为的理论分析上这一点尤为明显，另外哈罗德、琼·罗宾逊及卡尔多的著作都体现了这一特征。

（2）新剑桥学派注重收入分配理论对经济行为的影响。凯恩斯在《通论》的第二十四章中明确指出，“我们生活于其中的经济社会的显著弊端是：第一，它不能提供充分就业以及第二，它以无原则的不公正的方式来对财富和收入加以分配”①。新剑桥学派正是秉承凯恩斯的这一教义而重点发展其收入分配理论，认为收入分配由生产的技术水平确定，且与经济增长密不可分。罗宾逊和斯拉法在这方面作出了突出的贡献。

（3）新剑桥学派坚信资本主义的货币制度本身存在着不稳定性。新剑桥学派认为货币制度的不稳定性是资本主义的固有缺陷，这种缺陷只有通过政府的干预才能够消除。这一思想在凯恩斯的《货币论》与《通论》中都有体现。新剑桥学派继承了这一思想，认为货币量只与生产量有关，与价格只存在微弱联系。随着货币量的增加，市场机制无法实现工资的合理调整，货币的发行使得收入分配矛盾更加突出，引起经济危机的产生。刘涤源先生对这一理论做了详细的详述。②

（4）新剑桥学派重新定义了凯恩斯经济学的微观基础。新剑桥学派认为凯恩斯的微观基础既不是作为价格接受者的自由竞争厂商或个人，也不是边际成本与边际收益相等的价格机制。他们认为凯恩斯的微观基础在于他所没有涉及的价值理论与分配理论。因此，新剑桥学派侧重于研究生产活动而不是市

① ［英］梅纳德·凯恩斯：《就业、利息和货币通论》，高鸿业译，商务印书馆2004年版，第386页。

② 参见刘涤源：《凯恩斯经济学说评论》，武汉大学出版社1997年版。

场活动，并致力于寻找一个标准产品作为客观价值的基础，以解决价值理论的内在矛盾。

由上述分析可见，新剑桥学派与剑桥学派在经济理论上存在着较为明显的差异，甚至矛盾，正如斯拉法早年所说："我认为，马歇尔的理论就是应该被抛弃的"①。尽管如此，新剑桥学派至少在以下几个方面与剑桥学派存在着承继关系。

首先，在经济分析方法上存在继承关系。剑桥学派虽然在研究方法上博采众长，兼容并蓄，不直接涉及经济学方法论的争论。但科斯② 还是认为，马歇尔更加倾向于历史的研究方法，这一点从马歇尔的《原理》到凯恩斯的《通论》都有体现，从剑桥学派的著作方法来看，历史研究的传统得已延续。

其次，注重经济活动中时间因素的分析也是剑桥学派的研究传统。与新古典综合的经济理论不同，马歇尔对经济活动的分析区分了超短期、短期与长期三种形式，罗宾逊也指出"经济现象是时间上的存在""没有时间的均衡状态是不存在的"③，因此，新剑桥学派在经济分析方法上对剑桥学派有明显的继承关系。

再次，在对待社会财富分配的伦理上两者也持有相似的观点。虽然在分配过程的正义判断上两者存在着明显的差别，剑桥学派支持边际主义的分配方法，而新剑桥学派则认为边际理

① Sraffa P, "Increasing returns and the Representative Firm: A symposium, A criticism – A rejoinder" ,*Economic Journal*, Vol.40, No 160（1930）, p.93.

② Coase R H, "Marshall on method" ,*The Journal of Law and Economics*,Vol.18, No.1（1975）, pp.25-31.

③ 琼·罗宾逊："凯恩斯革命的结果怎样"和"经济理论的第二次危机"，转载于外国经济学说研究会：《现代国外经济学论文集》（第 1 辑），商务印书馆 1979 年版，第 20—21 页。

论是毫无根据的循环推理。但两个学派都认为现在的社会分配不合理，都极力赞成对社会财富进行重新分配，努力构建福利社会。

除了以上三个主要的承继关系之外，在均衡分析与货币理论等其他方面，两者都存在着明显或是隐蔽的承继关系。在这方面，刘涤源① 和罗塞利② 作了进一步的分析。

第二节　剑桥学派产生的历史背景

任何时代的经济思想总是与这个时代的历史背景密切相关的，通过对历史背景的回顾，可以对剑桥学派理论有更加深刻的了解。历史背景一般分为政治背景、经济背景和文化背景，同时，剑桥学派之前古典经济理论也可以作为理论背景加以考量。本节将从这四个维度来考察剑桥学派产生的历史背景。

一、民主改革与工人运动

在 19 世纪，英国发生的最深刻的变化是政治上的民主改革。这种民主改革使得工人、农民和妇女相继获得了选举权，极大地推动了英国的民主建设。这期间制定的一系列政策法规，对当时的英国社会产生了深远的影响。剑桥学派的经济理论也正是在这种改革中不断形成发展的。

第一次工业革命以后，英国的新兴工业资产阶级取得了

① 刘涤源：《略论凯恩斯对马歇尔经济思想的背离与继承关系》，《经济研究》1989 年第 1 期。

② Rosselli A, “Sraffa and the Marshallian tradition” ,*The European Journal of the History of Economic Thought*, Vol.12, No.3（2005）, pp.403-423.

快速的发展，并对传统以土地资本为代表的封建势力形成挑战。早在 1832 年，英国就实现了第一次议会改革。虽然此次改革力度较小，没有改变整体的政治格局，但它在一定程度上削弱了贵族保守势力，使得一部分工业资本家获得选举权。1867 年的第二次议会改革基本取消了“衰败选区”[①]，使得总体选民总数由 135 万增加到 225 万，选举权范围进一步扩大到小资产阶级和上层工人。这是英国历史上意义更为深远的一次改革。1884 年的第三次议会改革进而颁布了“人民代表法”，使得年收入在 10 磅以上的任何个人都有了选举权，农业工人也由此获得了选举权。而在随后的 1885 年，政府又取消了选举权与财产的关联，使得所有的成年男子都获得了选举权。同时，随着女权运动的不断推进，英国妇女在 1870 年后有了独立财产权，1918 年部分妇女获得选举权，1928 年最终实现妇女普选。此外，1870 年英国通过《初等教育法》，它确立了由政府直接对基础教育进行管理和资助的制度，结束了此前教育对个人捐赠和教会的依赖，基础教育得以在英国全面推进。

与民主改革相伴随的是工人阶级的不断崛起，两者相互促进，互为因果。当时，整个社会对工人阶级的失业、贫困、社会不平等都表示出坚定的反对。福音派教义、功利主义和科学思潮不断盛行，改革的热潮在英国不断涌动。同时，德国和美国的崛起不断挑战英国在世界贸易中的地位，英国的经济也面临困境。国内和国际的困境都使得“改革”成为 19 世纪末到

① 指经过长时间的变迁，原有的选区因为人口变得稀少而成为名不副实的选区，被称为衰败选区。

20 世纪初英国的主要思潮，而政治的民主改革是整体改革中最重要的一个部分。

在这一时期，英国工人阶级通过一系列的罢工运动使得自身的政治地位不断提高。统治阶级也逐渐认识到关注下层阶级也是对自己长远利益的关注，下层阶级的生活现状关系到整个英国的前途。因此，无论是当时的自由党还是保守党，都对政治民主改革表现出了积极的态度。工人运动和民主改革使得英国的工党得到快速发展，独立工党于 1893 年宣告成立，在费边社的影响下，工党势力不断强大，并成为一支独立的政治力量。到了 1900 年，由英国所有工会及社会主义团体组成的工人代表委员会正式成立，1906 年改称为英国工党。工党所提出的竞选纲领几乎包含了随后所有的社会改革内容，消除贫困并构建一个民主、公平、富裕的福利社会一时成为社会的主要思潮。马歇尔对这一时期的社会思潮明确记载为“到处都流行着一种新的社会责任观。在议会中，在报纸上和讲坛上，人道主义精神响彻云霄”①。对社会贫困和公共福利的关注，是当时英国政府和知识界最为关心的问题。这也是马歇尔公开表示研究经济学的目的就是要消除社会贫困的原因。

民主改革和工人运动对剑桥学派的经济理论的确产生了影响。佩斯基指出，正是工人阶级的崛起才使得与工人阶级息息相关的经济学理论。如需求理论、价值理论、分配理论、社会福利理论及失业理论，成为当时剑桥学派经济理论的重要组成部分。也是出于同样的原因，经济学研究重心由国家财富

---

① ［英］阿尔弗雷德·马歇尔：《经济学原理》，廉运杰译，华夏出版社 2005 年版，第 603 页。

增长转向社会福利建设。[①] 维纳也认为，马歇尔的经济学至少在四个方面体现了这方面的影响：(1) 他支持政治民主，每个人有选择的权利是经济决策的前提；(2) 他支持个人的功利主义，能否提高每个人的福利是他评价一切政治举措的唯一标准；(3) 他拥护经济平等，因为他认为贫困是导致社会不平等的根本原因；(4) 他支持社会慈善事业，认为这是解决当前矛盾的方法之一。[②] 鲍曼对马歇尔的研究也表明，虽然马歇尔在其经济学中对于社会福利没有专门论述，其局部均衡分析方法似乎也与贫困没有直接关系，但马歇尔的经济学理论并没有违背他"消除贫困"的初衷，并在六个方面促进了社会福利的研究。[③] 其实，英国社会所进行的福利国家建设在庇古的著作中体现得更为明显，庇古的《福利经济学》其实就是这种政治运动和社会思潮的产物，庇古一生的著作也始终围绕着这一问题展开。[④] 由此可见，英国的民主改革和工人运动对剑桥学派的

---

① Persky J, "When did equality become a noneconomic objective?" ,*American Journal of Economics and Sociology*, Vol.63, No.4（2004）, pp.921-938.

② Viner J, "Marshall' s economics, in relation to the man and to his times" ,*The American Economic Review*, Vol.31, No.2（1941）, pp.223-235.

③ Bowman R, "Marshall: Just how interested in doing good was he?" ,*Journal of the History of Economic Thought*, Vol.26, No.4（2004）, pp.493-518.

④ 见庇古于1912、1927、1929、1935、1938、1954年的著作。Pigou A C, *Wealth and welfare*, London:Macmillan, 1912; Pigou A C, "Wage policy and unemployment" ,*The Economic Journal*, Vol.37, No.147（1927）, pp.355-368；Pigou A C, "Disturbances of Equilibrium in International Trade", *The Economic Journal*, Vol.39, No.155（1929）, pp.344-356；Pigou A C, "Net income and capital depletion" ,*The Economic Journal*, Vol.45, No.178（1935）, pp.235-241；Pigou A C, "Money wages in relation to unemployment" ,*The Economic Journal*, Vol.48, No.189（1938）, pp.134-138；Pigou A C, "Some aspects of the welfare state" ,*Diogenes*, Vol.7, No.6（1954）, pp.1-11.

经济理论确实产生了影响。

二、日不落帝国的衰微

19世纪的英国处在维多利亚女王统治下的黄金时代，英国的社会财富和世界影响力迅速增长。在1850年，英国五金制造占世界的40%，棉花和铁产量占世界的一半，煤炭产量占世界的三分之二，这种优势一直保持到19世纪末。英国之所以遥遥领先是因为其强大的创新能力和遍布全球的殖民地市场。英国在纺织、钢铁、铁路、造船以及其他各种机械方面的惊人创新使得货物成本大幅下降，同时英国遍布全球的殖民地市场使得英国在这些行业中都享有近乎垄断的地位。可以说，19世纪的英国是名副其实的"世界工厂"，伦敦是名副其实的全球金融中心。这种强大的经济实力又推动着大英帝国的进一步扩张，印度、澳大利亚、非洲、北美等世界各地都建立了英国的殖民地。到了1900年，大英帝国控制了世界四分之一的人口和土地，成为真正意义上的"日不落帝国"，全世界一半的商船插着英国国旗。

然而，到了19世纪末与20世纪初，帝国的经济就受到了来自各方面的挑战。首先是经济增长率相对较慢。数据表明在1870—1913年间，英国、德国和美国的生产总值增长率分别为2.2%、4.1%和4.7%，这使得英国工业产值占全球的比重不断下降。在1870年到1900年间，英国工业占全球工业产值的比重由31.8%降为19.5%，相反德国由13.2%上升为16.6%，美国由23.3%升为30.1%。① 欣斯利也指出，英国

① ［美］克莱顿・罗伯茨、戴维・史伯茨、道格拉斯・R．比松：《英国史》下册，潘兴明等译，商务印书馆2013年版，第348页。

的工业产值在全球范围内的比重由三分之一降为五分之一，在19世纪80年代被美国超越，在20世纪之初又被德国超越。[①]因此，在剑桥学派形成之初，英国虽然还是西方发达资本主义国家之一，但其在世界的影响力则在美、德的影响下大为减弱。

其次是技术创新缓慢，这也是导致英国工业产值增长率下降的原因之一。20世纪初，在英国传统优势的纺织工业中，英国还在用旧式纱锭，德国已经使用效率更高的新式纺纱机。德国的纺织品不仅品质更好而且价格更低，这使得英国纺织业在全国范围内的市场大幅度萎缩。在钢铁行业，英国的平炉炼钢与德、美的新式炼钢炉相比产量更低，耗能更大，这使得英国钢铁价格居高不下，无法与德、美竞争。据阿尔德克劳夫特的描述，当时的英国政府对整体工业的评价是：你们的钢铁行业死气沉沉，毫无生气；煤炭工业有气无力，丝织业也已被外国人扼杀，呢绒业也在垂死挣扎，棉纺业则是病入膏肓。[②]

再次，经济波动和社会贫困问题更为严峻。英国在1879年、1886年和1910年相继发生经济危机，且每次危机的程度和范围都在扩大。经济危机使得工厂破产或停产，工人大规模失业。而失业又使得社会经济不平等现象更为突出。在1901年时，3%的富人拥有国家三分之一的财富，9%的中等收入者占三分之一，其余88%的低收入者共同占有余下的三分之一。失业进一步压低了工人工资，使得工人处于极度的贫困当

① [英] 欣斯利：《新编剑桥世界近代史》第11卷，中国社会科学院世界历史研究所编译，中国社会科学出版社1999年版，第241页。

② Aldcroft D H, “The Entrepreneur and the British Economy, 1870-1914”, *The Economic History Review*, Vol.17, No.1（1964）, pp.113-134.

中。[①] 英国人查理·布思和西博姆·朗特里都对当时的贫困现状做了详细的社会调查，社会统计学家鲍利等也发表了各项统计数据证明了贫困问题的严重性，他们认为贫困已经成为危及社会稳定的主要矛盾。[②]

然而，要确定上述英国经济状况的变动在多大程度上对剑桥学派经济理论产生了影响是十分困难的。因为在 20 世纪以前，英国的经济理论与现实是相互分离的。对于当时的经济问题，商人、资本家、社会统计学家和政府财政官员和贸易主管更具有发言权。[③] 马歇尔自己也认为经济学家的职责也只是像哲学家一样观察社会并提出一些建议，这一观点体现在他所参与的 1903 年英国的税改运动当中，这方面麦克里迪[④] 和伍德[⑤] 有了详细的研究。从另一方面来说，在 1903 年剑桥大学设立经济学荣誉学位考试以前，英国社会上并没有现代意义上的经济学家，因此也谈不上当时经济现实对剑桥学派的理论创建有直接的关联。但有一点是可以肯定的，持续的经济波动、大规模失业和过度贫困，确实对剑桥学派的经济理论产生了影响。经济波动理论和失业理论一度成为剑桥学派的代表性理论，而

① [美] 克莱顿·罗伯茨、戴维·史伯茨、道格拉斯·R．比松：《英国史》下册，潘兴明等译，商务印书馆 2013 年版，第 353—357 页。

② [美] 杰拉德·M．库特：《英国历史经济学：1870—1926》，乔吉燕译，中国人民大学出版社 2010 年版，第 75 页。

③ Coats A W, “The origins and early development of the royal economic society”, *The Economic Journal*, Vol.78, No.310（1968）, pp.181-229.

④ McCready H W, “Alfred Marshall and Tariff Reform, 1903: Some Unpublished Letters” ,*The Journal of Political Economy*, Vol.63, No.3（1955）, pp.259-267.

⑤ Wood J C,*British economists and the Empire, 1860-1914*, PhD. Oxford:University of Oxford, 1980.

解决社会贫困问题则一直是剑桥学派研究经济学的目标。

三、福音主义教派的传播

在 19 世纪末至 20 世纪初，英国不仅在政治和经济上发生了巨大的变动，在社会思潮方面也发生了革命性的转变。这种社会思潮的变革主要体现在英国福音主义教派的发展。英国福音教派对英国的民主进程、道德观念、法制建设、生活习惯、文学创作及经济学的发展都产生了深刻的影响。克拉克曾指出，"除了 17 世纪与 12 世纪，再也没有哪个时代像 19 世纪的英国一样，宗教问题在国家生活中占如此大的分量"①。

如前所述，英国的民主改革极大地提升了资产阶级和工人阶级的社会地位，这一社会地位的转变在宗教中也应当有所体现。因此，原先专门由贵族把控的国教也势必进行改革，原有国教的内部腐败也加速了这一改革的进程。福音派（Evanglical）的字面意义是"从属于福音书"，是肩负着恢复国教荣誉的这一神圣使命而产生，其思想在 16 世纪的宗教改革中就已经体现，比如马丁·路德早在 1520 年就有所提及。但真正意义上的福音派则是创于 18 世纪并兴盛于 19 世纪中叶②。对于福音教派的信仰特征可以总结为三个特点：一是强调圣经和耶稣绝对权威。新约圣经是神的意志的体现，是指导人们信仰和行动的终极权威，人们不能以任何时代思潮或是其他哲学或自然科学的思想来怀疑圣经。圣经是一切人类其他思想和活动的评价标准。二是强调个人心灵对于上帝的皈依。皈依

---

① Clark G K,*The Making of Victorian England*, New York:Routledge, 2013, p.3.

② 董江阳：《现代基督教福音派思想研究》，博士学位论文，中国社会科学院研究生院，2001 年。

是基督教徒自我救赎的开始，是激发信仰、实现重生的前提，每个人都可以通过聆听上帝的教诲而直接实现救赎，一切的宗教圣礼和宗教仪式都不是必需。三是强调福音传教的重要性。耶稣通过自己的死来洗涤人类的罪恶，给人类的救赎带来福音。因此，每个基督徒既是福音的受益者也是福音的传播者。宽容并解救正在遭受苦难的人，并向他们传达上帝的福音是每个基督徒的义务，诚实、勤勉、节俭、奉献是使自己的灵魂得以净化的唯一途径。

在19世纪的50年代，福音派教会信众空前增长。资产阶级和工人阶级中也有相当部分人成为基督徒，这是在英国宗教历史上的重要突破。福音教派作为清教思想的延续对英国的方方面面产生了深远的影响。它使得民主进程不仅在政治上取得了胜利，也得到教会的承认。同时，资产阶级和工人阶级中每一位信徒在福音教派的影响下都恪尽职守、勤奋节俭、乐于奉献。他们将生活上的苦难当成是上帝对其信仰的考验。为了给人类社会带来福音，他们积极投身于社会公益事业、兴建学校，为构建一个理想的福利的基督教社会而努力。这也是19世纪初期，英国在法律漏洞百出的情况下能保证商业信誉的一个重要原因。

然而，福音教派的信仰对于社会也产生了消极的影响，主要体现在如下几个方面：首先，福音教派部分延续了清教的自律观念，严苛的家教不仅使得妇女的地位低下，同时对当时青少年的成长也产生了不利的影响。约翰·穆勒和马歇尔等经济学家都是在这种严苛的家庭环境中成长起来的。这是导致后来英国女权运动和宗教信仰危机的根源。其次，福音教派以拯救灵魂的名义在英国发起各种净化安息日的运动，对酒吧和剧场等娱乐场所的经营时间做了严格的规定，对于与宗教无关的文学与艺术创作也制定了苛刻的审查制度，以使得所有的出版物都服从教义。狄更斯等创作家的作品一直被视为禁书，严重制约了文学和艺术的发展。再次，福音派严苛的教义使得整个英国变得刻板、保守、甚至是自负，以至对自由主义和理性主义采取了敌对的态度，严重制约了人们对自由和真理的追求，违反了社会发展的规律。这种思想在经济学上的体现就是恪守古典经济学教条，无视爱尔兰与工人阶级的疾苦，使得整个的古典经济学体系不断遭受到怀疑与批判，最终走向终结。也正因如此，在19世纪末期成长起来的知识分子都有一定程度反宗教、反权威的情结，如杰文斯、凯恩斯等。R．蒂尔曼和R．波特－蒂尔曼以内维尔·凯恩斯为例，深入分析了当时福音教派对经济学家理论的影响。[①]

四、古典经济学理论的没落

剑桥学派能够得以形成并取代古典经济学成为主流经济学的根本原因，是剑桥经济学理论能够对英国的经济现实给予更好的解释和政策建议。而古典经济学理论的没落，是剑桥学派形成和发展的直接前提。这里的古典经济学理论，指由亚当·斯密的自由放任理论、李嘉图的劳动价值论以及马尔萨斯的人口理论为核心的理论体系。维多利亚时期的英国，对外贸易和对内的经济政策都遵循了自由放任的教条，使得英国取得了近百年的繁荣，这更加确立了古典经济学在统治阶级中的地

① Tilman R, Porter-Tilman R. "John Neville Keynes: The Social Philosophy of a Late Victorian Economist" ,*Journal of the History of Economic Thought*, Vol.17, No.2（1995）, pp.266-284.

位。然而，19世纪末期英国在世界贸易上的竞争乏力、国内经济增长缓慢、社会贫困问题日渐凸显、工会运动的不断升级、古典经济理论不仅不能在理论上提供指导，甚至阻碍了社会改革与进步。古典工资理论、自由放任思想和人口理论一度成为资本家和政府不作为的借口，面对社会的质疑和新经济理论的批判，古典经济理论逐渐走向困境。

面对古典经济学的困境，约翰·穆勒试图对斯密、李嘉图、马尔萨斯及詹姆斯·穆勒的理论体系进行一次修改和综合，其1847年出版的《政治经济学及其在社会哲学上的若干应用》，成为古典经济学最后的代表作。穆勒在演绎法和历史方法之间进行了折中，将李嘉图的工资理论发展为工资基金学说。熊彼特将穆勒的经济学体系总结为四个特点：一是坚持"经济人"的假设；二是支持马尔萨斯的人口原理；三是制造业的生产率随投资的增加而提高；四是当农业技术相对稳定时，农业总产量会出现收益递减。尽管穆勒的体系曾遭到各方面的批评，但在马歇尔的《原理》出版之前，穆勒的经济学体系一直是英国经济理论的权威。到了1876年，英国政治经济学俱乐部举办的《国富论》100周年的庆典，再次暴露了当时古典经济学内部的矛盾与分裂。在这场庆典中，历史经济学家和边际革命的经济学家对于古典理论都提出了强烈的批评，同时，对新经济学体系的构建又提出了不同的设想。剑桥政治经济学教授亨利·福西特、历史经济学家索罗尔德·罗杰斯和克利夫·莱斯利以及伦敦大学政治经济学教授斯坦利·杰文斯等都出席了这次会议，他们不约而同地对古典经济学提出了批评。

英国的历史经济学家对古典经济学的批评最为激烈，也最为彻底。他们认为，英国的历史事实证明了古典经济学中的人口理论、工资理论以及价格理论都是与现实不符的。例如，图克1848年的著作《价格史和流通状况》研究了1793—1857年的价格变迁，指出价格并非主要依赖于货币量，而在很大程度上取决于战争和季节变化等非经济因素。① 克利夫·莱斯利结合爱尔兰残酷的社会现实对李嘉图的演绎体系提出批评，并用牛津的历史研究传统对古典经济学进行改造。英格拉姆则基于孔德的实证主义思想试图兴起“新经济学运动”，试图对因过度抽象而脱离实际的古典经济学进行全面的重建。② 杰文斯也希望通过以“自利心和效用的力学”来重建经济学，并认为“这样一种理论的成立，乃是成立经济学上层建筑的必要准备”。③ 马歇尔认为古典经济学是比较自负的，部分原因就是脱离实际，它的基本假设和推理都是绝对的，脱离现实的。④

批评之声不仅来自英国国内，德国和美国的经济学家也参与其中。李斯特在其1825年发表的德文《政治经济学的国民体系》中就对自由贸易提出了批判，他指出社会经济的发展可以分为三个阶段，分别是初期的自由贸易，中间的保护性关税时期，后期的自由贸易阶段。他通过历史研究发现，

---

① Tooke T, Newmarch W. *A History of Prices and of the State of Circulation*, London: Longman, 1848.

② Ingram J K, "'The present position and prospects of political economy'. In Report of the British Association for the Advancement of Science", *Journal of the Statistical and Social Inquiry Society of Ireland*, Part IV, 1878.

③ [英] 斯坦利·杰文斯:《政治经济学理论》，郭大力译，商务印书馆2009年版，第11页。

④ Marshall A. "The old generation of economists and the new", *The Quarterly Journal of Economics*, Vol.11, No.2 (1897), pp.115-135.

英国的工业也是在重商主义之后才发展起来的，德国工业的发展也必须经历同样的历程，因此，自由贸易原理并非放之四海皆准。① 美国的经济学家凯里则对李嘉图体系进行了全面的否定，在其《社会科学原理》中指出经济学不应当以“经济人”为前提，而应当以社会人为前提，李嘉图的价值理论和分配理论是社会矛盾的根源，助长了社会主义的观点，应当予以否定。②

19 世纪末期，古典经济理论方面的混乱恰好证明了科茨的断言：虽然在 19 世纪 90 年代时英国，经济学还未成为一门专门的学科，但是这预示着经济学新时代的到来，因为每一个理论学家都盼望着一种更加科学的，更加现实的，更加完善的新经济理论体系的产生。剑桥学派的经济理论正好填补了这一空缺。③

第三节　剑桥学派的形成与发展历程

剑桥学派形成于 19 世纪晚期，大致可以分为三个阶段，即早期形成、中期发展和晚期的衰退，每一个阶段都有不同代表人物和不同的经济理论。通过回顾整个剑桥学派的发展历程，有利于对剑桥学派有一个全面的认识。

---

① ［德］弗里德里希·李斯特：《政治经济学的国民体系》，邱立伟译，华夏出版社 2009 年版。

② Carey H C,*Principles of social science*, Pennsylvania:JB Lippincott & Company, 1867.

③ Coats A W,“Sociological aspects of british economic thought（ca. 1880-1930）”, *The Journal of Political Economy*, Vol.75, No.5（1967）, pp.706-729.

一、剑桥学派的早期形成

剑桥学派的早期形成阶段，是指剑桥经济学理论早期发展直到1903年实现经济学学科独立的这一阶段。该阶段的理论贡献主要由西奇威克、内维尔·凯恩斯、福克斯威尔和马歇尔做出，他们可以称为剑桥学派的奠基人。

剑桥经济学最早形成于剑桥大学的圣约翰学院，这里也被科利特[①]称为剑桥经济学的发源地，因为马歇尔和福克斯威尔这两位剑桥学派创始人都出自该学院。在剑桥大学的诸多学院的道德哲学学科发展中，三一学院侧重哲学（如H. Sidgwick, James Ward），法律与历史方向（如Maitland和Cunningham），而圣约翰学院则侧重经济学方向。1868年马歇尔成为圣约翰学院的道德哲学讲师，1875年福克斯威尔加入，他们两人主要担任经济学方面的授课。1877年，马歇尔因婚姻违反了福音教派的禁欲主义原则而不得已离开剑桥大学，1885年才返回剑桥大学接任福西特的经济学教授席位，在此期间福克斯威尔则成为经济学课程的主要负责人。在福克斯威尔负责剑桥大学政治经济学教学的过程当中，西奇威克、内维尔·凯恩斯也参与了政治经济学的课程建设。早期的剑桥经济学学生正是在这四位的培养下成长的，直到他们的学生如庇古、D.H.麦格雷戈等第二代剑桥经济学家继承他们的事业。

剑桥学派早期主要在两个方面做出了贡献，一是促成了皇家经济学会的成立和《经济学杂志》的发行；二是实现了经济

① Collet C E, "Herbert Somerton Foxwell", *The Economic Journal*, Vol. 46, No.184（1936）, pp.589-619.

学学科的独立，并确立了经济学的基本研究范围、研究方向和方法。尤其是马歇尔在 1890 年发表的《经济学原理》，该书确定了剑桥经济学理论的基础及剑桥学派在英国经济学界的地位。

早在 1887 年，福克斯威尔就在英国《经济学季刊》（*Quarterly Journal of Economics*）中声明了他的计划，“希望和英国其他一些杰出的并且热心的经济学家一起组建一个经济学会，并且以季刊形式发行《经济学杂志》，杂志很可能在剑桥大学编撰并且马歇尔担任主编”[①]。在当时的英国，已经存在有四个经济学研究机构，即美国经济学会（American Economic Association）、伦敦政治经济学俱乐部（Political Economy Club of London）、英国科协下属负责经济学与统计学的 F 组（F Section）以及伦敦统计学会（London Statistical Society），然而以上这些组织都不能满足当时英国经济学发展的需求。美国经济学会是私人组织，且对于自由贸易并不热衷；伦敦政治经济学俱乐部的管理过于松散，成员也是鱼龙混杂；F 组和统计学会是相对较规范的经济学组织，当时很多经济学家包括福克斯威尔、杰文斯及马歇尔也是其中的成员，但是这并不能满足当时福克斯威尔和帕尔格雷夫的设想。首先是这些组织过于倾向统计学和自然科学而忽视经济学理论；其次是没有固定的年会与杂志，会员中也包含很多商人。经过福克斯威尔和帕尔格雷夫多方努力，终于在 1890 年的 4 月，皇家 F 组成员正式同意组建 BEA（British Economic Association）。1890 年 12 月 21 日

① Coats A W, “The origins and early development of the royal economic society”, *The Economic Journal*, Vol.78, No.310（1968）, pp.181-229.

下午，一个有200人出席的大会在剑桥大学国王学院举办，会议由戈申（Goschen）主持，这标志着英国经济学会的正式成立（The British Economic Association，1891）。然而对于发行《经济学杂志》又存在着困难，当时最为理想的主编候选人——马歇尔——正在忙于他的著作《经济学原理》，他对于杂志的发行总是犹豫拖延。直到剑桥大学的主要竞争对手牛津大学抢先发行《经济评论》（*Economic Review*）之后的两个月，第一期《经济学杂志》终于在1891年5月发行，这标志着剑桥学派的组织机构正式确立。

此外，经济学学科的独立也是早期剑桥学派对经济学做出的一大贡献。早在1868年马歇尔成为道德哲学教授时，他就觉得经济学学科应当有更大的空间，但直到1885年拿到教授席位后，他才有能力将这一想法实现。他在就职演讲中说道："（经济学）需要一个更加宽广更加科学的分析方法，使得其更加完善更加强大，更能适用于分析和解决当前的经济问题，这是当前要务，因此也需要每位教员有更加科学的思维"①。同时，马歇尔表示了对当前政治经济学地位的不满，他认为伦理学考试所输送的经济学工作者数量少于社会的需求人数，学校里的其他方面也阻碍了经济研究的发展，其中就包括一贯反对大学生"自私"地追求财富的传统观念。马歇尔指出，社会需求更多的财富来结束"丑陋、肮脏和痛苦"的生活，需要通过提供更好的住宅、更多的闲暇以及更少的体力劳动来提高工人阶级的思想和道德标准，而这一切都需要大量的经济学人才。

① Keynes J M, "Alfred Marshall, 1842-1924", *The Economic Journal*, Vol.34, No.135（1924）, pp.311-372.

因此，经济学应当和剑桥大学里的其他学科一样获得应有的地位（格罗尼维根，2011，p.225—226）。经过马歇尔的不懈努力，终于在1903年实现了经济学荣誉学位考试的建立，一举奠定了马歇尔及剑桥经济学在英国的权威地位。格罗尼维根[①]对这一过程进行了细致的记载。

在经济学理论方面，早期的剑桥经济学家也作出了杰出的贡献。最具有代表性的有两本著作，一是马歇尔1890年出版的《经济学原理》，二是内维尔·凯恩斯1891年出版的《政治经济学的范围与方法》。《原理》是马歇尔经济思想的精髓，也是剑桥学派经济理论的核心，该书出版后即受到了经济学家及商人的热烈欢迎，虽然前后历经九次重版，但其中的主要内容并没有大的修改。[②]《原理》的主要贡献包括：局部均衡的分析方法，这一点被称为经济学中的“哥白尼式体系”[③]；将时间因素引入经济学分析，区别对待长期和短期的影响，并创造了正常利息、代表性厂商、准租金等术语；对垄断竞争理论进行了初步的探讨；区分了内部经济与外部经济等等，所有这些都成为后来新古典经济学的核心。如果说《原理》是对古典经济学理论的重建，那么《政治经济学的范围与方法》则是这种重建的蓝图。内维尔·凯恩斯以近乎完美的修辞和逻辑解决了经济学上关于归纳和演绎这两种方法的长期

---

① Groenewegen P O, “Alfred Marshall and the establishment of the Cambridge Economic Tripos”, *Alfred Marshall: Critical Assessments, Second series*, Vol.2, No.4（1988）, p.72.

② Guillebaud C W, “The evolution of Marshall’s principles of economics”, *The Economic Journal*, Vol.52, No.208（1942）, pp.330-349.

③ Keynes J M, “Alfred Marshall, 1842-1924”, *The Economic Journal*, Vol.34, No.135（1924）, pp.311-372.

争论，并确定了经济学的研究范围。另外不得不提的是西奇威克的三本著作，即《伦理学方法》（1875 年）、《政治经济学原理》（1883 年）以及《经济科学的研究范围与方法》（1885 年），在第一本著作中，他从伦理角度确定了经济学的基本取向和研究方法，对马歇尔及整个剑桥学派及伦理学的发展都产生了深远的影响。

二、剑桥学派的中期发展

剑桥学派的发展阶段，指在 1903 年经济学学科独立之后到 1936 年凯恩斯《通论》出版的这一时期。在此期间，剑桥学派由默默无闻发展成为英国经济学的主流学派。到了 20 世纪 30 年代，剑桥学派成为英国经济学的代名词，而马歇尔的《原理》则成为经济学的“圣经”[①]。

1903 年后，马歇尔已经年过六旬。步入暮年的他，在各方面都表现出了颓势。首先是身体大不如以前，年轻时就饱受肾结石折磨的他在晚年则受困于消化不良和高血压。虽然凯恩斯认为这是由马歇尔的精神导致的，但这确实影响了马歇尔的学术研究和学院管理。其次是马歇尔另类的个性，使得身边的朋友一个一个地离他而去。早期一起创建剑桥学派的“一帮小兄弟”[②]中，内维尔·凯恩斯在行政事务上与马歇尔矛盾重重；西奇威克则因马歇尔对进化论的亲近而与其疏远；福克斯威尔则不仅在学院管理上反对马歇尔的专断，1908

① Keynes J M, “Alfred Marshall, 1842-1924” , *The Economic Journal*, Vol.34, No.135（1924）, pp.311-372.

② Coase R H, “Marshall on method” ,*The Journal of Law and Economics*,Vol.18, No.1（1975）, pp.25-31.

年马歇尔意外将教授席位传给初出茅庐的庇古更是让福克斯威尔遗憾终生。① 最后就是剑桥经济学院的经费少，学生少。在退休之后，马歇尔一直用自己原本不多的退休金支付经济系教员的工资，每年 200 磅。此外还设立了鼓励学生学术创新的奖学金，每年 60 磅。马歇尔自己的藏书也完全贡献给所有经济学学生使用。从学生方面来说，由于经济学专业刚建立不久，几乎没有学生愿意选修。马歇尔只能从伦理学和历史学专业中不断引导学生转向经济学，但人数也是少得可怜。1905 年只有 6 名学生参加考试，到 1910 年经济学专业考生也只有 21 人。该时期中比较著名的学生有 A．贝里、A．W．弗勒克斯、C．P．桑格、A．L．鲍利、S．J．查普曼、A．C．庇古、J．H．克拉彭、D．H．麦格雷戈、C．R．费伊以及随后的凯恩斯。

庇古在 1908 年继任剑桥大学经济学教授席位是这一时期剑桥学派最重要的事件。当时 31 岁的庇古、知名历史经济学家阿什利、伦敦政治学院负责人坎南以及剑桥大学资深经济学家福克斯威尔同时作为候选人。然而在马歇尔的积极运作下，庇古意外胜出，对于这件事科斯② 和科茨③ 都作了详细研究。他们认为，庇古相比福克斯威尔而言，更能忠实地履行马歇尔对于剑桥经济学发展的设想。另外，庇古自身坚定的性格和杰

① O'Brien D P,"Marshall and his correspondencw", *The Economic Journal*, Vol.107, No.445（1997）, pp.1859-1885.

② Coase R H,"Appointment of Pigou as Marshall's Successor", *The Journal of Law and Economics*, Vol.15, No.1（1972）, p.473.

③ Coats A W,"The Appointment of Pigou as Marshall's Successor: Comment". *The Journal of Law and Economics*, Vol.15, No.2（1972）, pp.487-495.

出的学术能力也是其接任教授席位的重要原因。庇古在学术上的著作极为丰富，同时也担任不少社会公职，但孤僻的性格使他并没有利用他的影响力将剑桥经济学带向繁荣。相反，1908年进入剑桥大学讲授经济学课程的凯恩斯不仅长期担任《经济学杂志》主编一职，更是在第一次世界大战后声名鹊起。凯恩斯积极参与社会的经济与政治事务，社会影响力不断提升。在凯恩斯运作下，皇家经济学院会员人数激增，同时，剑桥经济学系的经费和教员也不断增长。罗宾逊夫妇、斯拉法、库恩等，都是在这一时期成为教员的。剑桥日渐成为影响力最大的经济学机构。[①]

在经济理论方面，这一时期剑桥学派也取得了巨大的成就。马歇尔在此期间发表了他晚年的两本著作，即《工业与贸易》（1919 年）和《货币、信用与商业》（1923 年），但是这两本著作理论上并没有太多创新，尤其是第二本被称为“只是 50 年前的理论”[②]。庇古在 1912 年结合了马歇尔理论框架与西奇威克不完全市场的观点形成了《财富与福利》，并由此创立了《福利经济学》（1920），开辟了经济学研究的新方向。同时在价值理论、就业理论和货币理论上庇古均有贡献。凯恩斯也完成了其货币理论三部曲中的前两部。此外鲍利[③]、查普曼[④]、

① ［英］哈罗德：《凯恩斯传》，谭崇台译，商务印书馆 1995 年版，第 38 页。

② Whitaker J K, “Marshall, Alfred (1842–1924)” . In *the New Palgrave Dictionary of Economics* (Second Edition), Steven N. Durlauf and Lawrence E. Blume (Eds), London: Palgrave Macmillan, 2008.

③ Bowley A L,*Elements of statistics*. London: P.S.King&Son, 1920；Bowley A L. *Mathematical Groundwork of Economics*, Oxford:Clarendon Press, 1924.

④ Chapman S J, “Hours of labour” ,*The Economic Journal*, Vol.19, No.75 (1909) , pp.353-373.

麦格雷戈[①]、费伊[②]、霍特里[③]、罗伯特森[④]等大多数剑桥经济学家都在此期间完成了他们的代表性著作。使得剑桥学派不仅在规模上而且在理论上达到了其发展的顶峰。

此外，剑桥学派在这一时期的成功还有一个重要的外部因素，即英国当时几乎所有的其他经济学研究机构都有不同程度的衰退。有着深厚历史研究传统的牛津大学在埃奇沃思取得其经济学教授席位后再也没有新的发展。成立不久的伦敦政治经济学院显然无法与剑桥学派抗衡，它除了批评剑桥的经济理论之外也没有提出代替性的新经济理论。当时著名的英国历史经济学家如休因斯（W. A. S. Hewins）和阿什利（W. Ashley）则积极参与政治活动而忽略了历史经济学的发展。科茨对这一时期英国经济研究团体的发展有过详细的叙述。正如他所说：对于马歇尔和剑桥学派的成功不应当去问"为什么?"更合适的说法是"除了他，还有谁?"[⑤]

---

① Macgregor D H, "British Aspects of Unemployment", *The Journal of Political Economy*, Vol.30, No.1（1922）, pp.725-729；Macgregor D H. "Public Authorities and Unemployment", *Economica*, No.7,1923, pp.10-18.

② Fay C R, "The Significance of the Corn Laws in English History". Economic History Review Vol. 1. No.2（1928）. pp.314-318.

③ Hawtrey R G, *Good and Bad Trade：an Enquiry into the Causes of Trade Fluctuations*, London: Constable and Company, 1913；Hawtrey R G,*Currency and credit*, London:Longmans, 1919；Hawtrey R G,*The Economic Problem*, London: Longmans, 1926.

④ Robertson D H,*A study of industrial fluctuation: an enquiry into the character and causes of the so-called cyclical movements of trade*, London: PS King, 1915；Robertson D H,*Banking policy and the price level: an essay in the theory of the trade cycle*, London: PS King & son, 1926.

⑤ Coats A W, "Sociological aspects of british economic thought (ca. 1880-1930)", *The Journal of Political Economy*, Vol.75, No.5（1967）, pp.706-729.

三、凯恩斯革命之后剑桥学派的衰退

1936年之后，凯恩斯的《通论》不仅仅改变了传统经济学对待失业和经济危机的理念，更是在根本上动摇了马歇尔和庇古经济学在经济科学上的统治地位。随着凯恩斯理论在英国和美国的日益推广，传统的剑桥学派逐渐走向了衰退。20世纪60年代后，则似乎完全被新剑桥学派所取代，而同时，英国在世界经济学上的地位也被美国以萨缪尔森为首的新古典综合理论所代替。

凯恩斯是剑桥学派中唯一可以与马歇尔相提并论的人物，在凯恩斯的学生时代，马歇尔就发现了他在经济研究方面的天赋。然而，没有想到的是，凯恩斯既是马歇尔经济学的发展者，也是其革命者。其中，最根本的原因可能就在于凯恩斯的不羁和务实精神。至于凯恩斯革命是否真的在理论上推翻了剑桥经济理论，值得商榷，因为凯恩斯理论也存在其自身的缺陷，而晚期剑桥学派的理论——尤其是罗伯特森的理论——也很有理论价值和现实意义。只不过在凯恩斯的光芒下晚期剑桥学派的理论显得黯淡无光，直到20世纪70年代滞胀使得凯恩斯的神话破灭之后才引起世人的重视。

在20世纪30年代的剑桥大学，庇古是经济学领域的权威，而凯恩斯则是理论革新的先导。即便如此，庇古的不谙世事与凯恩斯的长袖善舞相比则明显处于被动。虽然在学术论文的引用率上庇古、凯恩斯、哈耶克和罗伯特森四人都名列前茅，但在培养自己的研究团队方面凯恩斯则远远走在前面，凯恩斯是剑桥大学的秘密学社布鲁姆斯伯里（Bloomsbury）和使徒学社

(Apostles)的积极参与者，也是“剑桥马戏团”[①]的领导人物。在布鲁姆斯伯里和使徒学社凯恩斯接受了全新的思想，而剑桥马戏团定期的讨论使得凯恩斯的思想日益成熟。同时随着国际和国内形势的不断变化，尤其是20年代到30年代全球周期性经济危机的恶化，现实使得剑桥学派内部出现了两派的分化。一派是以庇古和罗伯特森为首的保守派，他们认为传统的经济理论依然能够适用于解决经济危机问题；另一派是以凯恩斯和琼·罗宾逊为代表的激进派，认为传统的理论不再适用，政府的干预是解决经济危机的最好办法。两派的论战在20年代时已经开始，论战围绕着就业理论、货币理论和经济周期和增长理论展开。1936年《通论》出版后，两派在理论上实现了彻底的分裂，罗伯特森认为凯恩斯并没有提供一个更好地解释经济波动的理论机制，同时他以短期分析为主的利息理论也是值得商榷的。两人在理论上的分歧结束了他们近二十年的友谊。1938年，罗伯特森愤然离开剑桥，直到1944年回来接任庇古的教授席位。庇古不满于凯恩斯将其称为“无能的糊涂虫”(a gang of incompetent bunglers)[②]，并因对英国政府的经济政策的失望而闭门不出。琼·罗宾逊和卡恩则在凯恩斯的指引下，使剑桥经济学在背离传统的道路上越走越远。同时，从30年代开始《经济学杂志》也不再作为传统剑桥学派的专有理论平台，一些批判传统经济理论的文章也给予发表。

---

① 剑桥马戏团是以卡恩、卡尔多和琼·罗宾逊为代表的经济学家组成的一个小团队，他们每周定期讨论凯恩斯的《货币论》等著作，戏称自己为“剑桥马戏团”。

② Pigou A C, “Mr. JM Keynes’ General theory of employment, interest and money”, Economica, Vol.3, No.10 (1936), pp.115-132.

第二次世界大战后不久，凯恩斯因为过度劳累而离开人世。此时在罗伯特森执掌下的剑桥学派也曾试图重整旗鼓，无奈后凯恩斯主义的青年学者并不热衷此事。加上罗伯特森自己也已年过半百，除了整理一些原有的经济思想外，再也没有精力重新开创一个新的理论体系。1953 年罗伯特森给其好友威尔逊（T. J. Wilson）的信，恰好说明了剑桥学派当时的状况：

“恐怕我不能满足您的愿望去重新编撰一部完整的《货币与经济周期理论》著作，因为我已经老了，也懒了。就算我还年轻，这事也不太可能了。因为自凯恩斯决定实现经济学理论革命后，也注定了我要对他的理论进行解读与批评，这是不可避免的。现在，要想避开凯恩斯去构建一个完善且切合实际的经济理论，对于任何人来说都是不容易的，于我而言这是不可能的也是不值得的”①。至此，传统剑桥学派就彻底走向衰退，并不可避免地被新剑桥学派所取代。

① Danes M, Anyadike, “Robertson, Dennis（1890–1963）”. in *The New Palgrave Dictionary of Economics, Second Edition*. Steven N. Durlauf and Lawrence E. Blume（eds.）, London: Palgrave Macmillan, 2008.

第二章　剑桥学派的思想渊源、政治主张和方法论

经济学是研究人类行为和社会财富的学科，同时，人类的经济行为不可能排除信仰和社会思潮等非经济因素的影响。因此，经济理论也不可能完全独立于社会思潮和政治背景。本章主要研究剑桥学派的思想渊源、政治主张和经济学方法论，研究试图构建一个剑桥学派的宏观蓝图，对研究剑桥学派的经济思想和伦理思想有重要的意义。

第一节　剑桥学派的思想渊源

剑桥学派是继英国古典经济学之后的新的经济学流派，它在继承了古典经济学基本原理的基础上，吸收了功利主义和社会达尔文主义的思想，并形成了具有剑桥特色的经济理论。因此，剑桥学派的思想渊源有三个方面，即古典政治经济学、功利主义思潮和社会达尔文主义思潮。

一、古典政治经济学

在 19 世纪末，古典经济学面临来自孔德主义、历史经济

学家、统计学家及新兴的数理经济学的批评。虽然其坚定的信徒——如凯恩斯等——通过各种方法来维护、重建古典体系，但结果却只是为“罗杰斯、莱斯利和英格拉姆等人的历史主义开辟了道路”①。在古典经济学的晚期，英国经济学呈现出两种趋势，一是历史主义的研究方法逐渐发展并获得一致的认可，二是边际主义者对新的微观经济学理论体系的构建。②现代经济思想史的研究者通常认为剑桥学派经济理论是一个折中的体系，它实现了对古典学派（李嘉图体系）与边际效用学派的调和。③然而，作者认为剑桥学派所做的调和不止于对这两者的调和，而是在古典理论的基础上分别实现了与历史经济学和边际主义思想的双重调和。内维尔·凯恩斯的著作《政治经济学的研究范围与方法》是前者的代表，而马歇尔的《原理》则是后者的代表，所有这些调和都是以继承古典经济理论为基础的。

剑桥学派对于古典经济学的继承，首先表现在马歇尔身上。随着现代对马歇尔研究的不断深入，就越是发现马歇尔身上古典经济学的烙印明显。马歇尔自己坦言，他是从阅读穆勒的著作后才开始接触经济学的，古诺和屠能对他的经济学起了指引作用。但实际上，影响马歇尔最大的著作还是穆勒的《政治经济学原理》。马歇尔对于穆勒的《政治经济学原

---

① ［美］杰拉德·M．库特：《英国历史经济学：1870—1926》，乔吉燕译，中国人民大学出版社2010年版，第21页。

② Ekelund Jr R B, Olsen E S, “Comte, Mill, and Cairnes: the positivist-empiricist interlude in late classical economics”, *Journal of Economic Issues*, Vol. 7, No.3（1973）, pp.383-416.

③ ［美］约瑟夫·熊彼特：《经济分析史》第三卷，朱泱等译，商务印书馆1996年版，第130页。

理》的每一章都做了详细的注释，将穆勒的理论进行数学化是马歇尔经济学研究的基本路径，马歇尔随后的经济思想的发展一直受到穆勒著作的影响。① 刘涤源认为，马歇尔对古典经济理论的继承主要表现在以下几个方面：价值理论方面对生产费用说和边际效用说的调和，并将其细分为长期与短期；在分配理论方面只是将“三位一体”改成“四位一体”，区分了利润和利息；工资理论实现了工资基金说与边际效用说的折中；在利润理论方面将“节欲”改为“等待”。② 莱文也认为，马歇尔的长期均衡价格理论只是亚当·斯密、李嘉图和穆勒理论的延续；马歇尔基于边际生产力的要素价格理论，也就是其分配理论，其实与李嘉图的价格理论也没有根本区别；此外，马歇尔最具有创新意义的厂商理论，古典经济学并没有直接阐述，因为古典经济学时期并没有机器大工业的产生。但关于厂商行为和决策理论，李嘉图也有涉及，且与马歇尔的厂商理论有相似性，因此，马歇尔的厂商理论也不能说完全脱离了古典经济学的框架。③

其次，这种继承关系也表现在凯恩斯身上。凯恩斯在其《通论》的序言中就已经表明：“如果正统经济学说有错误之处，那末，错误不在于它的被精心树立起来的在逻辑上前后一致的上层建筑，而在于它的假设前提的明确性和一般性……这些旧

---

① ［澳］彼得·格罗尼维根：《翱翔的鹰——阿尔弗雷德·马歇尔传》，丁永健、鄢雯译，华夏出版社 2011 年版，第 102 页。

② 刘涤源：《阿·马歇尔经济学说提要》，上海人民出版社 1986 年版，第 19—22 页。

③ Levine A L, “Marshall and the classical tradition” ,*Journal of Post Keynesian Economics*, Vol.4, No.4（1982）, pp.565-573.

学说，对于我们这些大多数受其哺育而成长起来的人而言，已经深入到我们头脑中的每一个角落”①。德鲁格则说“凯恩斯没有抛弃古典学派的任何一个理论。他甚至保留了认为储蓄总是等于投资的‘萨伊定律’，使该定律成为一个特殊事例”②。凯恩斯对古典经济学的继承还表现在对于马尔萨斯理论的继承上。凯恩斯自认为马尔萨斯的学生，他认为马尔萨斯的人口原理是为了解决失业而创作的，而其“有效需求”概念则是天才般的创建。他声称“马尔萨斯是第一位剑桥经济学家”，“如果是马尔萨斯而不是李嘉图成为19世纪经济学领头人，今天将是一个明智得多，富裕得多的世界!”③

最后，古典经济学思想对于剑桥学派的其他经济学家都有影响。尤其是早期的经济学家如西奇威克和内维尔·凯恩斯。西奇威克不仅发展了穆勒的功利主义，更是发展了其古典经济学，他于1901年出版的《政治经济学原理》证明了这一点。④此外，内维尔·凯恩斯为维护古典经济理论作出了巨大贡献，在历史主义和边际主义的挑战下，古典经济学理论近乎崩溃，他用出色的论述能力和完美逻辑表达将经济学研究方法进行了折中与调和，避免了人们在意识形态上对古典经济学的偏见，缩小了新理论与古典理论之间的差距，并指出新经济理论是方

---

① [英] 梅纳德·凯恩斯:《就业、利息和货币通论》，高鸿业译，商务印书馆2004年版，序言，第1页。

② [美] 丹尼尔·贝尔、欧文·克里斯托尔:《经济理论的危机》，陈彪如等译，上海译文出版社1985年版，第112页。

③ [英] 梅纳德·凯恩斯:《精英的聚会》，刘玉波、董波译，江苏人民出版社1997年版，第97页。

④ Schultz B,*Henry Sidgwick, Eye of the Universe*, New York: Cambridge University Press, 2004.

法论论战后对古典理论的新发展，这种发展和自然科学的发展并无不同。① 内维尔·凯恩斯的这种煞费苦心的折中，结束了英国长期的方法论之争，使古典经济理论得以保全并取得发展。可见，他对于古典理论是认可的。

此外，剑桥学派的其他经济学家，如庇古、鲍利和福克斯威尔等都表现出了对古典经济学的认可与继承。庇古作为马歇尔的忠诚拥护者，对古典经济理论中的自由市场理论和就业理论是赞同的，这也是其失业理论的立论基础。鲍利通过对英国1898—1902年的国际贸易统计表明，英国在此期间进口食品货值与其从无形贸易中获得的收入相等。这一点在其著作《19世纪的英格兰外贸》中体现出来，该著作表现了他对古典自由贸易理论的拥护。就算是福克斯威尔，虽然在研究方法和经济思想上与马歇尔格格不入，但面对杰文斯对古典经济学无情的批判，福克斯威尔也在1875年写信给杰文斯进行调和。② 此外，福克斯威尔还打算编写一本浩大的亚当·斯密文集，虽然这一工作最终没有完成。最值得注意的是，福克斯威尔在1928年放弃了向皇家经济学会做关于李嘉图的专题演说，因为他认为自己对李嘉图的抨击太有挑衅性。可见，他对于古典经济学也不是完全反对。③

---

① Danes M. Anyadike, "Robertson, Dennis（1890–1963）", in *The New Palgrave Dictionary of Economics, Second Edition.* Steven N. Durlauf and Lawrence E. Blume（eds.）, London: Palgrave Macmillan, 2008.

② Collet C E, "Herbert Somerton Foxwell" ,*The Economic Journal*, Vol. 46, No.184（1936）, pp.589-619.

③ ［英］梅纳德·凯恩斯：《精英的聚会》，刘玉波、董波译，江苏人民出版社1997年版，第297页。

二、功利主义

功利主义是自由主义的一个分支，它在资本主义初期就根植于资本主义精神当中。从一定程度上说，西方资本主义的发展过程就是个人功利追求逐渐获得认可的过程。早在亚当·斯密时期就有了功利主义的身影，他指出，“个人对自我利益的追求往往使他能在真正出于本意的情况下更有效地促进社会的利益”①。这里就暗示了功利主义的两条基本原则：一是个人的自利心是合理的；二是个人利益的增加有利于社会利益的实现，因为社会不过是个人的加总。到了19世纪，边沁将功利主义总结为“最多数人的最大福利”，为了实现这一目标就必需有两个前提：一是赋予每个人选择的权利，因为每个人自己才是福利的最终评价者；二是要推行教育，培养每个人的理性精神以便在个人利益和社会利益之间做准确的计算。这两个标准放在经济学上则是自由市场和“经济人”的基本假设，古典经济学甚至新古典经济学都是在这两个前提假设下发展起来的。

随着英国自由主义的发展，19世纪涌现出了三位功利主义的代表人物：边沁、约翰·穆勒和西奇威克，他们先后对功利主义的发展作出了巨大贡献。边沁确定了功利主义的基本原则，是功利主义的主要代表人物。此外，在他的培养下，约翰·穆勒成为功利主义的新兴代表人物。穆勒修改了边沁只重数量的效用计算，认为不同效用间应当有质的区别，区分了高

① ［英］亚当·斯密：《国民财富的性质和原因的研究》上下卷，郭大力、王亚南译，商务印书馆2002年版，第10页。

级快乐和低级快乐。西奇威克则进一步对功利主义原理进行了改进，他将功利主义定义为普遍的快乐，以区别于利己主义的快乐，他还用理性直觉来证明功利主义的合理性，并指出伦理学的目标是“善”和“应当”，现代伦理学更加侧重于后者。西奇威克的学生，摩尔 1903 年出版的《伦理学原理》对从边沁到西奇威克的功利主义实现了颠覆，创造了元伦理学或实践伦理学。摩尔认为人们在不完全理性及对结果不能确切预见的情况下不可能每时每刻都进行着快乐与痛苦的计算。因此，传统功利主义可以称为规范伦理学，而他的伦理学叫实践伦理学。

功利主义思想不仅影响了古典经济学的发展，也成为剑桥学派最重要的思想源泉。马歇尔自己坦承他是从阅读穆勒的著作开始学习经济学的，很多人甚至认为马歇尔的经济学理论不过是穆勒经济思想的数学化与系统化。在另一方面马歇尔更是将西奇威克称为自己的“精神父母”①。尽管格罗尼维根② 认为马歇尔背离了西奇威克的功利主义，并依此创建了自己的伦理学体系。但巴克豪斯却指出这种背离是不存在的。此外他还指出西奇威克对庇古和凯恩斯也有很大影响。③

庇古对于功利主义的基本问题做了更深入的研究，比如他在 1907 年文章《论伦理学的几点争议》中，他就对“善”这

① Keynes J M, “Alfred Marshall, 1842-1924”, *The Economic Journal*, Vol.34, No.135（1924）, pp.311-372.

② ［澳］彼得·格罗尼维根:《翱翔的鹰——阿尔弗雷德·马歇尔传》，丁永健、鄢雯译，华夏出版社 2011 年版，第 451 页。

③ Backhouse R E, “Sidgwick, marshall, and the cambridge school of economics”,*History of Political Economy*, Vol.38, No.1（2006）, pp.15-44.

个基本概念做了详细的剖析。他将善分为三种：一是获取善的手段，二是善的质量差别，三是不同主体间善的关系。[①] 随后他在 1908 年的就职演说中讲道："经济学与伦理学是相互依存的，公共服务的实践离不开这两个方面，经济是手段而伦理是思想"[②]。庇古的功利主义思想更多地体现在其《福利经济学》当中，这里庇古继承了西奇威克的功利主义思想，认为社会福利在全民间的平均分配是最好的分配方式，政府的财富转移措施也可以增加社会总福利。奥唐奈认定庇古的经济理论不过是西奇威克主义者思想的延续。[③] 尽管日本学者山崎[④] 认为庇古的伦理思想区别于传统边沁、穆勒和西奇威克的享乐的功利主义，而更接近于摩尔（G. E. Moore）和拉希达尔（H. Rashdall）的理想功利主义。

在凯恩斯身上，理想功利主义的痕迹也非常明显。在剑桥大学的秘密学社 Bloomsbury 和 Apostles 凯恩斯热情地成为摩尔理论的奉行者，正是因为摩尔对传统功利主义的批判，使得凯恩斯没有仔细研究穆勒的著作，这为其理论创新打下基础。也正是因为凯恩斯不相信人们在大多情况下会进行功利主义计算，因此他没有进行微观分析，而着眼于宏观的货币理论与就业理论。出于同样的原因，市场机制并不能保证分配在伦理上的公平，所以政府有必要干预市场，这是凯恩斯经济理论的伦

---

① Pigou A C, "Some points of ethical controversy", *International Journal of Ethics*, Vol.18, No.1（1907）, pp.99-107.

② Pigou A C,*Economic Science in Relation to Practice*, London: Macmillan, 1908.

③ O'Donnell M G, "Pigou: an extension of Sidgwickian thought",*History of Political Economy*, Vol.11, No.4（1979）, pp.588-605.

④ Yamazaki S,*Pigou's Ethics and Welfare*, Japan:Kochi University, 2011.

理学前提。贝特曼[1]对摩尔伦理学与凯恩斯的预期效用模型间的关系作了细致分析，马乔[2]全面阐述了摩尔的非功利主义伦理对剑桥经济学的影响，进一步证实了这种影响的存在。

除此之外，剑桥学派的其他人物都保留了功利主义的传统，埃奇沃思在功利计算方面做出了突出的贡献，也实现了经济学与数学的结合；麦格雷戈则研究了工业社会中功利主义的社会影响，并指出工业社会要进一步发展就必须保持经济发展与伦理发展的平衡；货币经济学家霍特里与凯恩斯一样受到摩尔伦理学的启发，实现了对传统经济理论的超越，但又与凯恩斯走上了不同的研究方向，这与其对元伦理学的不同理解有很大关联。一言以蔽之，功利主义哲学一直伴随着剑桥学派发展的每一个阶段，而对经济伦理思想的关注也是剑桥学派的一个重要特征。

三、社会达尔文主义

自然科学中的两次革命对经济学都产生了深远的影响，一个是牛顿力学，另一个是达尔文的进化论。恰巧牛顿和达尔文都毕业于剑桥大学，因此马歇尔所创立的剑桥学派都带有两人的身影。[3]牛顿力学对现代经济学的影响是非常明显的，

---

① Bateman B W, “G.E Moore and J.M Keynes: a missing chapter in the history of the expected utility model” ,*American Economic Review*, Vol.78, No.5（1988）, pp.1098-1106.

② Macciò D D, “GE Moore’s philosophy and Cambridge economics: Ralph Hawtrey on ethics and methodology” ,*The European Journal of the History of Economic Thought*, Vol.22, No.2（2015）, pp.163-197.

③ Hart N, “Marshall’s dilemma: equilibrium versus evolution” ,*Journal of Economic Issues*, Vol.37, No.4（2003）, pp.1139-1160.

一般认为新古典经济学的均衡分析就是牛顿力学在经济学中的应用。达尔文主义对经济学的影响虽然没有像牛顿力学的数学分析系统那样一目了然，但这种思想已经深入到经济学的每个角落，尤其是制度经济学领域。剑桥学派形成于 19 世纪下半叶，正值社会达尔文主义盛行的时期，加上马歇尔经典的经济生物学类比，使得剑桥学派也带上了浓重的达尔文主义色彩。

社会达尔文主义是由英国著名社会学家赫伯特·斯宾塞提出，他于 1851 年出版的《社会静力学》是该思想的代表性著作。虽然该书较达尔文的《物种起源》早了六年，但其思想本质上就是达尔文生物学思想在社会学的应用。"物竞天择""适者生存""自然没有飞跃"等生物学原理，被他完完全全地应用到了社会学当中，使得斯宾塞的社会学从此也披上了科学的外衣。社会达尔文主义在很多方面迎合了当时的社会思潮，尤其是为资本主义和帝国主义提供了理论上的支撑。因此，在 19 世纪末，达尔文主义在西方世界一度盛行，马歇尔也成为该理论的坚定拥护者。具体来讲，社会达尔文主义具有以下四个特点：

首先是反福音主义。福音主义是英国国教在维多利亚时期的代表性思想，但在 19 世纪末期，福音主义中的保守思想已经制约了自由主义和科学主义的进一步发展。随着当时地质学与古生物学的发展，人们发现自然世界的发展规律与圣经中的记载并不相符。自然世界中的生物存在时间和地质变化的时间明显长于创世记中的记载。同时，德国语言学家和历史学家对圣经的研究发现多处前后矛盾之处，从而对圣经的真实性提出质疑。然而所有这些对圣经的怀疑都不能与《物种起源》对圣经的彻底颠覆相比，因为如果人类并非由上帝创造，那么也就不必要遵循上帝的旨意了，灵魂也不需要得到拯救，人类只需要像动物遵循自己生存的本能即可。

其次是迎合功利主义。达尔文在《物种起源》中就已经指出："自然选择从来不使一种生物产生对于自己害多利少的任何构造，因为自然选择完全根据各种生物的利益并且为了它们的利益而起作用"①。既然人与自然界的生物是一样的，那么人的自利也是正当的，不需要任何伦理理论作为其自私的理由。

再次是迎合了自由主义。如果大自然的法则是"物竞天择，适者生存"，那么人类社会的法则也应当如此。一切对人类行为的约束和干预都是不必要的，资本家之所以是资本家是因为他相对于其他人更加聪明，更加勤奋，更加适应社会竞争，因此理应获得更好的生存条件。而工人和农民则由于其自身的懒惰和愚蠢，是自然淘汰的一部分，因此也不必要过于怜悯。

最后是迎合了帝国主义和种族主义。斯宾塞在其著作中指出战争是人类进步的一个自然阶段，且经历过战争的种族和区域往往是相对文明的区域。因此，帝国主义对其他民族和地域的入侵对整个人类的发展来讲并非坏事，它能在更大程度上促进人类文明的传播。

不难看出，以上四个方面在剑桥学派的经济学中都能找到相关的理论。马歇尔直接地表示经济学应当向生物学学习，认为达尔文的研究成果解决了经济学的困难，经济学的麦加是经济生物学，因为一旦生物学在达尔文那里取得长足进步，便对

---

① ［英］达尔文：《物种起源》，王之光译，译林出版社 2013 年版，第 221—222 页。

经济学有巨大帮助，有机体的观点在社会生活和生物界没有例外。尼曼[①]指出了马歇尔应用生物学隐喻的四个根本原因：(1) 使经济学更加接近自然科学；(2) 为经济行为提供伦理基础；(3) 为经济政策提供分析方法；(4) 反对杰文斯的边际革命对传统经济学的颠覆。同时马歇尔也是功利主义和自由主义的坚定拥护者，认为一切的经济事务都应当尊重经济主体的个人选择，而这种选择就是其功利主义计算的结果，一切政府对经济的干预都只会适得其反。同时，在对待人种和种族问题上，马歇尔认为，“应用优生学的原理以高等的血统而不是以低等的血统来充实人种，对男女两性的才能的适当教育，都会加速进步”[②]。而这也成为他拒绝授予女子荣誉学位的理论基础。除《原理》之外，在马歇尔其他的著作中生物学的隐喻随处可见。霍奇森对马歇尔的生物学隐喻进行了归纳，并认为剑桥学派在马歇尔之后的理论发展，很大一部分只是牛顿力学理论对其生物学隐喻的替代。[③]

第二节　剑桥学派的政治主张

剑桥学派形成的时期正是英国资本主义社会内部变革的时期，也是西方共产主义思潮的发展高峰时期。面对资本主

① Niman N B. “Biological analogies in Marshall’s work”, *Journal of the History of Economic Thought*, Vol.13, No.1（1991）, pp.19-36.

② [英] 阿尔弗雷德·马歇尔：《经济学原理》，廉运杰译，华夏出版社 2005 年版，第 272 页。

③ Hodgson G M. “The Mecca of Alfred Marshall”,*The Economic Journal*, Vol.103, No.417（1993）, pp.406-415.

义的困境和共产主义思潮的传播，剑桥学派势必要在资本主义和社会主义之间进行选择，或对资本主义本身进行改造。这是时代赋予剑桥学派的历史使命。而剑桥学派作为资本主义制度的辩护者在政治上必要选择遵守自由主义传统，反对社会主义革命，力图对资本主义实现渐进式的变革，以缓和资本主义内部矛盾。所有的剑桥经济学理论都是围绕着这一目的展开的。

一、自由主义

自 1857 年废除《谷物法》的时候起，自由主义的精神就一直主导着英国的经济与政治发展。自由主义不仅推动着国内的民主进程，也为英帝国的扩张提供理论支撑。自由主义成为维多利亚时代的精神，也是英国繁荣的标志。剑桥学派对自由主义继承可能是出于对古典经济学的尊重，更多的是出于每一位成员自身的信仰。

不论是从功利主义者的角度出发，还是从达尔文主义者的角度出发，抑或纯粹是对古典经济学的继承，剑桥学派对于自由主义的信仰是坚定不移的，甚至渗透到了剑桥学派的每一个经济理论当中。同时，出于对自由主义的信奉，剑桥学派往往在对待同一个政治问题上表现出不同的态度，比如他们认为工人运动以及工会的联盟，可以提高工人阶级的地位，给予工人在经济和政治生活上更多的自由，这是有利的。然而，他们又指出，以提高工资为目标的工人运动违反了自由竞争的原则，是造成失业的主要原因，因此又是有害的。在对待反垄断的问题上，他们认为政府出面限制企业的行为，或是制定商品的最高限价是有害的，例如庇古就认为政府干预竞争性价格一定会对国民收入造成损害。[①] 但对于自由竞争所形成的垄断，他们又换了一个说法。马歇尔将企业的竞争与垄断比喻成森林中的树木，大的树木虽然会影响到其他树木的阳光，但从长期来看，寿命的限制最终也会使其被其他的树木所取代，并认为垄断者为了企业未来和发展，或者出于对消费者福利的直接关心，可能会降低价格。[②] 在国民收入的分配问题上，虽然剑桥学派认为收入平均分配是最好的分配方式，因为这种方式的社会总福利是最大的。但是他们同时认为政府所有的消除贫困和不平等的财政政策是无效的，不论这些政策有多么合理，个人间的自助和互助应当是消除贫困的主要方式。[③]

在国际贸易的政治问题上，剑桥学派也是全力支持自由主义政策的。对于这一问题的支持，使得马歇尔参与了 1903 年的关税改革大论战。这几乎是马歇尔一生中唯一参与的政治争论。因为马歇尔曾说，“不参与棘手的政治讨论是我的原则，即使这种讨论包含了许多经济方面的争论……所以如果让自己卷入争论漩涡，他就会失去辨别能力，至少会偏离正道，偏离那种乐于发现和传播的新问题、新观点以及对原有结论自我推翻和改善有所启发的过程”[④]。1897 年，英国主要

① [英] 阿瑟·庇古:《福利经济学》，金镝译，华夏出版社 2007 年版，第 177—186 页。

② [英] 阿尔弗雷德·马歇尔:《经济学原理》，廉运杰译，华夏出版社 2005 年版，第 390—391 页。

③ Marshall A, “The social possibilities of economic chivalry”, *The Economic Journal*, Vol.17, No.65（1907）, pp.7-29.

④ [澳] 彼得·格罗尼维根:《翱翔的鹰——阿尔弗雷德·马歇尔传》，丁永健、鄢雯译，华夏出版社 2011 年版，第 282 页。

政客张伯伦提议成立“英联邦关税同盟”的国际贸易组织，以回应在欧洲中部和东部的泛条顿民族主义和泛斯拉夫主义同盟。欧洲的这些同盟对国外商品，尤其是对来自英国的进口商品征收高额关税，以保护国内产业的发展。张伯伦的提议在国内引起了热烈的讨论。历史经济学家休因斯甚至因此放弃了伦敦经济学院院长的职务，成为关税改革委员会秘书。休因斯以《泰晤士报》为平台，从1903年6月15日开始连续发表16篇文章为关税改革造势，著名的英国关税论战由此展开。同年的8月15日，《泰晤士报》上刊登了14名经济学家联名的反对宣言，而这份宣言由埃奇沃思起草，签名的剑桥经济学家有马歇尔、鲍利、庇古、桑格、查普曼和克拉彭。虽然内维尔·凯恩斯认为这件事情可能会伤害经济学家的权威，但马歇尔还是在此之后一直为财政部撰写自由贸易理论方面的备忘录。备忘录前后历时至少5年，1908年由财政部官方发表，1911年再次发表。马歇尔的备忘录成为财政部攻击休因斯及其同盟的利器，也成为剑桥学派捍卫国际自由贸易的主要理论依据。

虽然在经济和政治上，剑桥学派都一致赞成自由主义。但是在女权主义方面，剑桥学派却表现出了内部矛盾。可能是因为受传统宗教思想的影响，也可能是受家庭成长环境的影响，也可能是对达尔文的种族主义的信奉。马歇尔、福克斯威尔以及庇古对于女性都表现出歧视和反感。他们认为女性的主要任务就是培养孩子，照顾家庭。出于这样的原因，马歇尔反对剑桥招收女教员——尽管他自己的夫人也是教员——也反对授予已经通过学位考试的女生学位，1897年剑桥的女生学位改革就是在马歇尔的主导反对下失败的。[①] 可能是受马歇尔影响，庇古的一生对女人也是敬而远之，晚年给他写自传的秘书只能站在门外听他的口述就是一个证明。

与他们相反，西奇威克和埃奇沃思则相对开明。在 1897 年女生学位改革失败后，西奇威克自己在剑桥市中心租了一幢房子，装修一新后成为剑桥第一个女子学院——纽纳姆学院，他还任命了一名足堪胜任的院长，并为五位青年妇女安排课程，她们就成了第一批在剑桥大学高级学者定期指导下的住校生，虽然她们获得剑桥大学毕业生正式学位是在 1948 年。[②] 埃奇沃思则在 1922 年专门刊文支持男女同工同酬，并从经济学的角度做出深入的分析。[③]

二、社会主义

本书第一章指出，剑桥学派是以调和资本主义内部矛盾为主要目的的西方经济学流派，因此，他们的理论无处不在为资本主义的体制辩护。这一点是剑桥学派的根本，也决定了剑桥学派对于社会主义的反对态度。

19 世纪末和 20 世纪初的工人运动和经济危机，尤其是俄国十月革命的成功，都使得社会主义一度在英国十分盛行，剑桥学派难免不受影响。在马歇尔的自传中，他写道，“我对社

---

① 凯恩斯认为这是马歇尔人生最重要的三件事之一，其他两件分别是皇家经济学会和经济学荣誉学位考试的设立。Keynes J M, “Alfred Marshall, 1842-1924” , *The Economic Journal*, Vol.34, No.135（1924）, pp.311-372.

② ［英］约翰·伊特韦尔、［美］默里·米尔盖特、［美］彼得·纽曼：《新帕尔格雷夫经济学大辞典》第 1—4 卷，经济科学出版社 1996 年版，第 353—354 页。

③ Edgeworth F Y, “Equal pay to men and women for equal work” ,*The Economic Journal*, Vol.32, No.128（1922）, pp.431-457.

会主义思想有所倾向，特别是在阅读了穆勒 1897 年发表在《双周评论》上的文章后，我的这种倾向更加强烈了。因此在十多年时间里，我一直坚信社会主义是这个世界上最重要的研究课题，即使不是那样，社会主义对我来说也是一个最重要的课题”①。格罗尼维根甚至指出，“从某种意义上说，他（马歇尔）是对社会主义感兴趣才开始学习经济学的”②。但是，当马歇尔在 20 世纪初读完了马克思和恩格斯所编撰的三卷《资本论》之后，马歇尔马上展开了激烈的批评。“马克思对那些正在经受苦难的人们所表露出的同情心通常会得到我们的尊重，但他眼中那些实用建议的科学基础似乎只不过是一系列论据，其大意为不能以经济效益为获取利益的理由，而最终的结果都隐藏在他所说的前提当中，尽管这些前提都覆盖着他所钟情的黑格尔的神秘色彩”③。可以说，马歇尔对社会主义的认识一直停留在初级阶段，因为他所钟情的社会主义主要是罗伯特·欧文、圣西门、傅立叶的“空想社会主义”；卡莱尔和莫里斯、金斯利、勒德洛、休斯的“基督社会主义”以及经济学家拉金斯、工人阶级的浪漫主义者的“科学社会主义”，这些变异后的社会主义归根到底是资本主义的改良，并没有在深层次上实现生产资料的公有化和按劳分配原则。一旦马歇尔了解到社会主义的本质之后，他根深蒂固的保守思想立刻让其退却，而只是停

① ［澳］彼得·格罗尼维根：《翱翔的鹰——阿尔弗雷德·马歇尔传》，丁永健、鄢雯译，华夏出版社 2011 年版，第 386 页。

② ［澳］彼得·格罗尼维根：《翱翔的鹰——阿尔弗雷德·马歇尔传》，丁永健、鄢雯译，华夏出版社 2011 年版，第 388 页。

③ ［澳］彼得·格罗尼维根：《翱翔的鹰——阿尔弗雷德·马歇尔传》，丁永健、鄢雯译，华夏出版社 2011 年版，第 394 页。

留在人道主义的空想中自我安慰。正如艾略特所言，马歇尔的社会主义只是其社会进步和伦理思想的综合，仅此而已。①

与马歇尔相比，庇古对于社会主义的态度则更为模糊。马歇尔至少还承认社会主义制度与资本主义制度的本质区别，但庇古则否认这种区别的存在。庇古认为社会主义制度和资本主义制度可以并行不悖，两者之间不存在着根本区别。在他 1937 年发表的《社会主义和资本主义的比较》当中，对这一想法进行了深入的阐述。庇古认为，虽然社会主义实行公平分配，消除了剥削和利润，但是社会主义中的企业和个人与资本主义中的并无区别，还是有利润动机的。他承认社会主义的公有制在组织生产和资源分配上存在着优势，但他同时也认为这种公有制在资本主义社会中也可以实行。此外，他认为社会主义的投资和分配由于没有市场价格和市场利息的指引一定会遇到困难，虽然资本主义社会由于垄断的存在也会存在着浪费，但在市场的指引下这种浪费程度较轻。而对于困扰资本主义已久的大规模失业问题，庇古的回答更是离奇。他坚持认为，社会主义国家也会存在着失业，苏联没有经历过 20 世纪 30 年代的大萧条只是因为其历史上过于落后，同时，处在第一个五年计划的“投资之大超乎寻常”的特殊时期。如果在正常时期社会主义国家也会存在失业，只是这个正常时期不知何时出现。庇古将英国的失业归于社会主义思潮的工人运动，认为正是工人运动提高了工人工资，破坏了劳动力的自由竞争市场，才导致失业。同时，也是因

---

① Elliott J E,“Alfred Marshall On Socialism”, *Review of Social Economy*, Vol.48, No.4（1990）, pp.450-476.

为高工资导致了英国工业的高物价才使得英国失去了国际市场份额。而对英国触目惊心的贫困问题，庇古还是选择为其分配理论辩护。他认为，这种不平等是英国资产阶级勤奋节俭的自然结果，也有利于社会公共福利建设的发展，与社会主义的共同富裕相比，资本主义通过遗产税和累进税的逐渐实行，也可以实现社会主义的共同富裕。① 在庇古看来，社会主义只是资本主义的一种特殊形式。

凯恩斯在反对社会主义的道路上走的最远，他直接将社会主义称之为一种“宗教”②。他在 1925 年 9 月对苏联进行了短暂的访问，随后对苏联及社会主义展开了无情的诽谤，并在文章《俄罗斯一瞥》中指出，“宗教，神秘力量，理想主义——列宁主义者的信条的一部分——都是些华而不实的东西，但是他们自己却是个粗陋俗世的唯物主义者，现实主义者……列宁主义是绝对地、明目张胆地反对超自然主义的，它的情感与伦理的精髓集中在个人与社会对金钱和爱好的态度上……如果共产主义能够取得一定的成就，那么它将不是作为一种改进了的经济技术而是作为一种宗教而有所成就的”③。凯恩斯认为，资本主义应当走一条介于极端个人主义和社会主义之间的道路，政府应当在社会中有更大的作为。对于社会主义，他只在精神方面表示赞成与敬佩，比如社会主

---

① ［英］阿瑟·庇古：《社会主义和资本主义的比较》，谨斋译，商务印书馆 2014 年版。

② Henry J F, “Keynes’ economic program, social institutions, ideology, and property rights” ,*Journal of Economic Issues*, Vol.35, No.3（2001）, pp.633-655.

③ ［英］梅纳德·凯恩斯：《预言与劝说》，赵波、包晓闻译，江苏人民出版社 1997 年版，第 275—295 页。

义对社会公正的热情、社会主义的公共服务观念以及和社会主义人民的非金钱动机、行为动机。凯恩斯并不赞成社会主义革命性的一面，他认为，现在的体制还没有坏到无法改造的地步，同时，如果用革命手段建立起一个比它摧毁的那个还要坏的制度，那就是错上加错了。①

福克斯威尔可能是剑桥学派的少有的对社会主义表现出持续兴趣的人。在汤因比、傅立叶等人的影响下，福克斯威尔对当前资本主义社会所表现出的不稳定性极为担心，这一切的不稳定因素来源于自由竞争的资本主义体系本身，这使得他对稳定的社会主义体制逐渐向往，他早年的著作也试图论证社会主义的不可避免。同时，由于福克斯威尔是虔诚的卫斯理公会教徒，高尚的信仰和不俗的道德情操使得他对资本主义体制下工人阶级的疾苦特别关心，在其 1886 年出版的《就业无常与物价波动》中，他就指出是资本主义自由竞争的无规律性导致了就业的无规律性，进一步导致了工人阶级的穷困与苦恼。相反社会主义的稳定体制则可以避免失业和穷困，因此福克斯威尔一度认为社会主义在一定程度上具有其优越性。但是福克斯威尔并不赞成社会主义革命，也反对阶级斗争，并因此而认为李嘉图的著作是一本“灾难性的著作”。因此，他的社会主义其实就是当时的社团主义或是社会帝国主义，正如科利特所说：“对他（福克斯威尔）来说社会主义就是傅立叶和欧文的乌托邦，或者是圣西门或是孔德的理想化的工业制度。而他清晰且极具说服力的文笔使得读者相信，

① ［英］罗伯特·斯基德尔斯基：《凯恩斯传》，相蓝欣、储英译，生活·读书·新知三联书店 2006 年版，第 424—425 页。

对他而言社会主义是其终极目标”[①]。

三、社会变革

剑桥学派的形成和发展时期，也正是近两个世纪以来英国最为艰难的时期。尤其是第一次世界大战之后，英国的经济遭到沉重的打击，国内失业与贫困问题日益严峻，国际地位一落千丈。俄国的十月革命使得英国工人阶级运动的热情高涨，同时，英国遍布全球的殖民地也对英国的统治提出了挑战。国内外的形势使得变革势在必行。面对社会变革，剑桥学派的经济学家不约而同地选择了保守的方法。

自伊丽莎白一世起，英国国教就将折中主义奉为圭臬，强调其介于罗马天主教和清教之间的定位，不论是仪式还是教义都以温和中庸为要旨。这种折中主义成为典型的英国精神的一部分，在每一位剑桥学派成员，甚至每一位英国公民身上都有体现。以马歇尔为例，马歇尔对于社会变革总是介乎矛盾的态度之间，他对改革的温和态度是所有剑桥经济学家中最为明显的。一方面，马歇尔声明，“对造成贫困原因的研究，也就是对造成人类大部分人堕落的原因研究”[②]是他从伦理学转向经济学的原因。他在其《经济学原理》开篇的绪论中，也重申了这一点。[③]然而，在马歇尔真正接触到英国的贫困时，他的态

① Collet C E, “Herbert Somerton Foxwell” ,*The Economic Journal*, Vol. 46, No.184（1936）, pp.589-619.

② ［英］梅纳德·凯恩斯:《艾尔弗雷德·马歇尔传》，滕茂桐译，商务印书馆1990年版，第8页。

③ ［英］阿尔弗雷德·马歇尔:《经济学原理》，廉运杰译，华夏出版社2005年版，序言。

度却发生了转变。比如在1891—1894年间，他作为英国皇家劳动委员会成员，曾对英国的贫困、济贫方案以及最低工资等问题进行了实际的社会调查。面对英国工人阶级的现实，他的结论是：必须反对把我们的时代的灾祸过于夸大，不要忘记，这些灾祸在过去也是同样存在的。对于贫困救济，他反对"外部救济"，认为政府的直接救济是"巨大的罪恶"，会使贫困人民产生懒惰和奢靡。对于工人阶级的失业问题，他的回答则是"只要支付足够低的工资给失业的工人，他们就不会一直要求寻找一份正常工资的工作"①。马歇尔将失业完全归因于"就业的不经常性"和工资不能自由浮动。② 面对资本主义存在的内在危机，一方面马歇尔认为改革势在必行。但同时他又指出，不论从斯宾塞所代表的生物学还是从黑格尔的历史哲学角度来说，连续性原理是不能违背的，即"自然不能飞跃"。马歇尔的改革主要是培养社会的"经济骑士精神"，让资本家认识到他们与贫困人民命运与共，建设福利社会是基本共识，鼓励资本家投资于福利工程的建设，正如马歇尔所说的，与其做工人革命时的"战争骑士"，不如做和平时期的"经济骑士"。③

相比马歇尔，福克斯威尔对待改革的态度则比较坚决。他认为英国的失业和穷困的主要原因是自由竞争资本主义的不稳定性，那么改革的目的就是消除这种不稳定性。具体来说，有如下几个方面：加大政府对重要产业的管制力度；增加对利润分

---

① ［澳］彼得·格罗尼维根：《翱翔的鹰——阿尔弗雷德·马歇尔传》，丁永健、鄢雯译，华夏出版社2011年版，第257页。

② 刘涤源：《阿·马歇尔经济学说提要》，上海人民出版社1986年版，第25页。

③ Marshall A, "The social possibilities of economic chivalry", *The Economic Journal*, Vol.17, No.65（1907）, pp.7-29.

离与合作计划的支持力度；鼓励成立工会组织；强化国家提供住房、医疗保健和教育服务的职能；推动互助会和其他自愿团体的建立；扩大经济信息的传播面；采取有力措施排除金融市场和商品市场发展的障碍，使其顺利前进。同时，可以增加政府的就业人数，大量有稳定工作的公职人员可能提高产业的稳定性。此外，垄断对于稳定性的提高也是有所帮助的，只要对垄断进行控制，就可以避免不必要的重复投资，降低广告费用等成本，提高生产率，降低价格。但是与剑桥学派其他人物一样，福克斯威尔也只是个改良主义者，他认为国家的职能应当逐步增强，希望出现一位强有力的领导者，来结束他所认为的第二个工人政府造成的混乱，只有这样才能避免社会主义。①

庇古对于社会变革的基本宗旨是接受资本主义的总结构，但要逐步加以改造，而不是连根拔除。改造的方向就是构建一个以资本主义体制为基础的福利社会，而《福利经济学》则是构建这一社会的行动指南。他认为社会福利是个人福利的总和，它取决于国民收入问题和国民收入的分配。因此，构建福利社会可以分解为两个目标，一是国民收入越高则社会总福利越大；二是国民收入分配越是公平则社会福利越大。对于前一个目标的实现主要体现在两个方面，即投资和生产。他认为，生产资料的私有制是保证资本家投资的积极性的前提，同时，自由市场的价格和利息是指导资本家投资的方向。因此，政府应当在最大范围内保证资本家对其资本的所有权，同时，为资本家提供一个完全竞争的自由市场，以实现资源从低生产率的

① Foxwell H S,*Irregularity of employment and fluctuations of prices*, Edinburgh:Co-operative Print company, 1886.

产业向高生产率的产业流动，实现资源的最优配置，避免企业由于盲目投资造成的浪费；在劳动力市场方面，庇古认为要保证工人在不同行业和区域之间自由的流动，限制工会的发展以保证劳动力的自由市场得以实现，工资的自由波动是保证就业的前提。对于后一个目标而言，自由的资本市场和劳动力市场为资本家和工人提供了相对公平的利润和工资，这种基本的分配体系是不能改变的，否则会影响整个社会的生产效率。而对于工人阶级的贫困，政府可以实行遗产税和累进所得税的办法，将富人的财富转移给穷人。这将直接增加社会福利，同时，政府自己及垄断型企业都应当不遗余力地对人民健康、基础教育和社会公共工程进行投资，部分重要的工业如军火、铁路及煤矿等应当收归国有。这样，可以保证整体经济的运行平衡，减少经济危机与失业。①

作为现实主义者的凯恩斯则不同。他本身就是一位现实的政治家与改革家，不仅参与了劳埃德·乔治的自由党计划，而且对丘吉尔的恢复金本位也发表了评论。从第一次世界大战到第二次世界大战，几乎每一件发生在英国的大事都能听到他的声音。凯恩斯认识到了当时英国的问题所在，“第一，它不能提供充分就业以及第二，它以无原则的和不公正的方式来对财富和收入加以分配”②。对于失业问题，他给出了具体的解决方法，即失业与工资没有直接关系，而与总产出有直接关系，因此解决失业的方法就是降低利息率，刺激投资，同时政府的直接投资最有利于失业问题的解决。对于第二个

① ［英］阿瑟·庇古：《福利经济学》，金镝译，华夏出版社 2007 年版。

② ［英］梅纳德·凯恩斯：《就业、利息和货币通论》，高鸿业译，商务印书馆 2004 年版，第 386 页。

问题，凯恩斯并不是个平等主义者，但他同时指出“存在着社会上和心理上的理由来认为，相当大的财富和收入的不平等是合理的，但不平等的程度应该比目前存在的差距为小”。缩小贫富差距的方法有两个，一是央行推行低利率政策，减少社会食利者阶层的收入，二是加大政府投资的力度，压缩社会食利者阶层的生存空间，直到社会资本足够大，利息足够低的时候，资本主义的食利者阶层会作为一个过渡阶层而消失，但它们的消失是一个逐渐而漫长的过程，从而不需要进行革命斗争。①

第三节　剑桥学派的经济学方法论

剑桥学派形成的时期，正是古典经济学解体和新经济学理论构建的时期。对于新经济学体系的构建，英国历史经济学家和杰文斯为代表的边际经济学家都提出了不同的设想，试图用不同的方法来重新构建经济学，英国的经济学方法论之争由此产生。对经济学方法论的态度，不仅决定了剑桥学派对于经济学学科性质的认识，也决定了经济学研究的主要方法，尤其是对经济学数学化的立场。

一、英国经济学方法论之争

19世纪70年代，演绎法是英国政治经济学的主要方法，李嘉图的理论体系是这种方法的代表。以李嘉图为代表的古典

① ［英］梅纳德·凯恩斯:《就业、利息和货币通论》，高鸿业译，商务印书馆2004年版，第390页。

经济学体系在知识界的权威不仅源于其严密的理论结构，还因为在古典经济学的指引下，英国在19世纪上半期取得了快速发展的事实。这进一步巩固了古典经济学，并赋予了它极高的荣誉。然而，随着19世纪下半叶的到来，德国统一，美国从内战中恢复，英国自身技术创新和经济进步的放缓，英国古典经济学的自由贸易、反对工人联合等理论面临日益严峻的挑战。其方法论、价值论、分配理论及市场万能的假设遭到历史学派为首的多方面批判。因此，19世纪的70年代是经济学旧体系倒塌的时代，也是新体系构建的时代。英国历史学派完成了推翻旧体系的任务，而剑桥学派则完成了新体系构建的任务。英国经济学方法论之争正是发生于新旧体系交替的过程中。然而，我们不能将英国的方法论论战视为德国新历史学派与奥地利学派方法论大战的次要战场。英国的论战有其独特性，不仅涉及经济研究中归纳法和演绎法的应用，还涉及科学及科学家在社会中的作用、两种不相同的社会和政治理想以及大学之间针对学术职位的竞争。

早在19世纪的50年代，莱斯利为了解决爱尔兰的经济现实问题，就对古典经济学提出了理论批判。爱尔兰经济现实与经济理论间的差距，使得经济理论不仅在实际政策上，而且在经济理论上都发生了分化。莱斯利断言：经济学家必须从事实出发，并用事实去检验由演绎得出的结论。① 具体的方法就是创建历史经济学来结束这种理论和现实的分化，通过运用穆勒经济学中的归纳法和历史法、亨利·梅因的历史法学以及都柏

① ［美］约瑟夫·熊彼特：《经济分析史》第三卷，朱泱等译，商务印书馆1996年版，第108页。

林三一学院异端经济学的观点，来解决爱尔兰的实际难题。① 莱斯利的最大贡献就是其历史研究方法，而其后继者英格拉姆则基于孔德的实证主义对古典经济学也提出了批判。他的目标和莱斯利一样，要创建一门涵盖历史研究和伦理思想的社会科学来解决当前理论和现实分离的问题，这门科学也是孔德社会学的一部分。在 1878 年，他作为爱尔兰统计与社会调查学会的会长和英国科学促进会统计与经济学 F 组的主要负责人时，他发表了一场引起极大关注的演讲，该演讲兴起了英国“新经济运动”，将经济学方法论论战推向高潮。

在反对古典经济学的演绎方法方面，英国当时的社会统计学家提出了自己的观点，主要代表有托马斯・图克、威廉・纽马奇、罗伯特・吉芬和罗杰斯等。图克和纽马奇的著作《价格史和流通状况》对传统的货币数量论为基础的价格理论提出了挑战，他们指出英国历史上非经济因素如战争和季节变化对价格有更大的影响，而货币数量只是次要因素。图克认为，长期以来英国的政治经济学一直在用“形而上学”的研究方法，人们在“奇思妙想”中去寻找经济学的前提假设，要结束这种局面就应当建立一门“由观察、体验事实和归纳构成的学问”，经济学应当重回亚当・斯密时代。罗杰斯作为“反叛经济学家的中流砥柱”对古典经济学也提出了全面的批判。与其他经济学家不同的是，罗杰斯极力为工人阶级辩护，为工人阶级争取更高的工资待遇而努力。罗杰斯于 1892 年出版的著作《六个世纪的劳动与工资》与汤因比的《工业革命专题讲座》同年出

① ［美］杰拉德・M．库特：《英国历史经济学：1870—1926》，乔吉燕译，中国人民大学出版社 2010 年版，第 42 页。

版，并广为流行。他的著作在英国互助会、英国工会甚至是社会主义政党主办的教育项目中被当作教科书使用。

争论双方不仅在经济学方法论上有着巨大的差异，其政治理想也存在着明显的区别。历史经济学家们认为古典政治经济学应当为当前英国的困境负责，它恶化了英国工人的状况，并继而阻碍了他们境况的改善。面对社会的不安定和资本主义经济危机，历史学派支持政府对经济生活的干预。阿诺德·汤因比、阿什利、福克斯威尔和休因斯等，甚至希望在当前没有监管的资本主义和理想的社会主义之间寻找一个折中点，以推动社会向以社会主义为目标的福利社会进一步发展。而反对方则认为，传统的经济理论并不存在严重的问题，资本主义也没有到了不可挽救的地步，只要坚持自由贸易，保证资源和劳动力在各行业的自由流通，英国就可以恢复传统优势，一举改变困境。

在英国经济学方法论论战过程中，论战的双方对于政治经济学的学术职位也展开了激烈的争夺。影响最为深远的一次争夺发生在牛津大学。牛津和剑桥是当时英国众多高校当中的佼佼者，牛津大学主要侧重于神学和历史学的研究，而剑桥大学则侧重于自然科学的研究。在19世纪80年代的牛津大学，政治经济学是古典学或近代史学的一门附加课，讲师和助教的席位少，同时也不受重视。但在著名历史学家阿诺德·汤因比的影响下，政治经济学在短期内获得了更多的关注，同时，他也开创了牛津大学政治经济学的历史研究传统。随着1883年汤因比的去世以及1888年阿什利远赴加拿大多伦多大学任职教授，牛津大学的政治经济学的历史研究传统在普莱斯（1868—1888）和罗杰斯（1888—1891）的领导下继续发展，并于1890年发行《经济评论》，比剑桥大学的《经济学杂志》还早一年发行。不同的是，《经济评论》主要为历史经济学服务，同时，致力于将伦理因素融入经济学，以对抗剑桥大学的《经济学杂志》。但在1891年之后，埃奇沃思在马歇尔等人的帮助下成为牛津大学的政治经济学教授，牛津大学政治经济学的发展就彻底转向。埃奇沃思丝毫不赞成牛津大学以历史和伦理为导向的经济学研究，而是提倡数学方法在经济学中的应用。在他的影响下，牛津大学的历史经济学再没有取得进一步发展。同时，牛津大学的《经济评论》与剑桥大学的《经济学杂志》相比，由于前者宗教色彩日益浓厚而逐渐失去对经济学的引导力。

除牛津大学外，于1895年创建的伦敦政治经济学院，成为继牛津大学后历史经济学新的理论阵地。其创建者韦伯夫妇不仅是社会学家同时也是历史经济学家，著名历史经济学家休因斯为该学院院长。休因斯将剑桥大学的福克斯威尔和坎宁安也邀请过来作为历史经济学的讲师，一度使得伦敦政治学院与马歇尔的剑桥大学平分秋色。但好景不长，休因斯在1903年退出学院，并成为张伯伦关税改革秘书长，不再过问学术。而韦伯夫妇则日渐衰老，伦敦政治经济学院逐渐失去与剑桥大学的对抗能力。20世纪30年代，哈耶克和杨格一度成为该学院的希望。但在凯恩斯革命之后，伦敦政治经济学院也彻底失去了与剑桥大学抗衡的能力。

其实，在英国学术职位的争夺中，剑桥大学早就占据了优势。早在1888年，福克斯威尔就写道：联合王国经济学教席中的一半是由他（马歇尔）的学生们占据着的，而在英格兰的一般经济学教育中，这个比例甚至更大。通过他以及学生的学生们，他已经完全统治了经济学。[①]

通常认为，英国的方法论论战发生在19世纪的70—80年代，1891年，内维尔·凯恩斯的《政治经济学的范围与方法》的出版为此论战画上了句号。但笔者认为，19世纪末期的论战只是这场论战的理论部分，1903年的关税改革是继理论论战后的政治论战。反对自由贸易的历史学派与主张自由贸易的演绎学派，在关税论战中又进行了激烈的交锋。虽然张伯伦的关税改革运动在1905年宣告落幕，但双方对于英国社会问题和政治改革的争论并没有结束。历史经济学对于过度放任的资本主义的批判，一直鞭策着英国社会的进步与改良。在20世纪的前20年，双方还围绕着垄断问题、经济中的最佳自由竞争程度问题、国际贸易的关税问题、经济达到均衡的可能性问题、现代资本主义结构问题、社会演进方向问题等等，都展开了讨论。历史经济学家使新古典经济学家认识到，经济学不仅要关注理论，更要关注现实；不仅要关注微观“经济人”的个人利益，更要关注宏观社会的整体利益；不仅要关注人的经济动机，还要关注伦理动机对经济行为的影响；不仅要承认自由贸易的优势，也不能忽视政府在经济社会中的作用。

第一次世界大战后，英国企图恢复战前金本位的改革失败。至此，英国才彻底放弃了对传统以金本位为基础的自由主义信仰。凯恩斯于1926年撰写《自由放任主义的终结》一文，彻底宣告了一个时代的结束。[②]1932年，英国宣布全面实施整体关

---

① ［英］梅纳德·凯恩斯：《艾尔弗雷德·马歇尔传》，滕茂桐译，商务印书馆1990年版，第53页。

② ［英］梅纳德·凯恩斯：《预言与劝说》，赵波、包晓闻译，江苏人民出版社1997年版，第296—321页。

税。至此，英国的经济学方法论论战才得以全面结束，历史经济学实现了对传统经济学理论的修改，同时，经济史学也在英国落地生根。剑桥学派也是在此时，成为主流经济学的权威。

二、剑桥学派的方法论

19世纪发生在英国的经济学方法论论战吸引了大部分英国的经济学家参与，剑桥学派也不例外。早期剑桥学派的四位创始人，几乎全部卷入这场浩大的争论当中。虽然马歇尔一直置身事外，但他也难免受到论战双方的影响。在其《经济学原理》的附录中，他还专门对于方法论表达了自己的看法。虽然剑桥学派在此次论战中整体上处于调和的角色，但内部也存在着分歧。

最先参与论战的剑桥经济学家是西奇威克，他于1885年出版了《经济科学的范围与方法》。此著作的目的是要平衡演绎法和归纳法在经济学中的应用。他在著作中回顾了古典政治经济学的发展历程，认为从亚当·斯密到李嘉图再到穆勒的整个发展过程中，经济学的研究方法在归纳与演绎之间不断变化，只是侧重点不同。经济科学在不同时期面对不同的社会问题，其理论也随着社会的变化而变化。但总的来说，经济科学在不断进步，我们不能对经济科学的发展绝望，但也不能放任不管。“当前经济科学的发展不仅需要经济学家们要更加勤勉、耐心、准确，同时也需要在推理时更加谨慎细心；同时，离开了抽象与预测，现代统计学也不能从经验数据中发现其规律性”①。此外，西奇威克对马歇尔经济学的生态学隐喻的方法表

① Sidgwick H,*The Scope and Method of Economic Science*, London: Macmillan, 1885, p.57.

示出了不满，这也是他们逐渐走向疏远和对立的根本原因。

马歇尔从始至终没有正面参与方法论的争论，对于经济学的方法论也没有自己独立的看法。庇古说："马歇尔对演绎学派、归纳学派及历史学派的争论毫不关心，他接受所有的方法，只要对他的新体系有用"①。马歇尔在给福克斯威尔的信中写道："我给内维尔·凯恩斯的建议只是希望他在方法论上与施穆勒进一步调和，有一些建议是可以采用的，然而作为我自己来讲，我认为在方法论上我处于内维尔·凯恩斯–西奇威克–凯尔恩斯–施穆勒–阿什利的中间"②。马歇尔在其《原理》的附录三和附录四中表达了他个人对于经济学方法论的看法。他认为孔德主义所认为的建立统一的社会科学是不可能的，因为现代科学的发展正是由于学科的细分才得以推动的。但他承认经济学科应当与其他社会学科和自然学科保持接触，尤其是物理学与生物学的方法可以应用于经济学。他认为解释（归纳法）和预测（演绎法）只是同一过程的不同方向，只有以全面分析为基础的对过去材料的解释才能作为将来的借鉴……借助于分析和演绎，归纳汇集有关种类材料进行整理，并从中推出一般原理或规律。而演绎法又将这些原理彼此联系起来，从中暂时求出新的、广泛的原理或规律，然后再由归纳法主要分担收集、选择和整理这些材料的工作，以便检验和证实这个新规律。③

剑桥学派对于方法论最为有名的著作是内维尔·凯恩斯

---

① Pigou A C,*Memorials of Alfed Marshall*, London:Macmillan, 1925, p.88.

② Keynes J M, "Alfred Marshall, 1842-1924", *The Economic Journal*, Vol.34, No.135（1924）, pp.311-372.

③ [英] 阿尔弗雷德·马歇尔：《经济学原理》，廉运杰译，华夏出版社 2005 年版，第 608—621 页。

的《政治经济学的原理与方法》，该著作被认为是英国经济学方法论的总结。内维尔·凯恩斯指出当前经济学存在着两个流派，一派认为政治经济学是实证的、抽象的和演绎的科学，另一派则认为是伦理的、现实的和归纳的科学。内维尔·凯恩斯认为，在一流的经济学家的著作中看不出两种方法的区分，只是在专门讨论方法时这种差距被放大了。为了调和两派方法论上的差距，内维尔·凯恩斯从经济学本身的学科性质着手，详细讨论了经济学的科学性、经济学与伦理、经济学与社会学、经济学与经验科学、经济学的演绎方法、经济学与算术、经济学与经济史以及经济学与统计学之间的关系。重点强调两派对于经济学的共识，减少分歧，更是将经济学分为实证经济科学（经济理论），经济伦理学与应用经济学（实用经济学），给予了每一派同等的地位以化解分歧。[①] 摩尔[②] 认为，内维尔·凯恩斯是用被动进攻的方法维护了主流经济学体系，“他先赞同所有历史经济学家的观点，然后将这些观点重新解释之后放入主流经济学的构架之中，换句话说，他合理地，温和地，适度地重新解读了历史经济学家的方法论，重新与主流经济学的方法论概念进行对接，而这些概念只是主流经济学方法论的节略而已。”不论如何，凯恩斯给了历史经济学一个满意的回答，同时确保了剑桥学派的学术地位。

此外，福克斯威尔和埃奇沃思也对经济学的方法论表达了自己的观点。福克斯威尔整体上接受汤因比的历史方法和

① ［英］内维尔·凯恩斯：《政治经济学的范围与方法》，党国英、刘惠译，华夏出版社 2001 年版。

② Moore G, “John Neville Keynes’s Solution to the English Methodenstreit”, *Journal of the History of Economic Thought*, Vol.25, No.1（2003）, pp.5-38.

杰文斯的数学方法。在1887年他写给马歇尔的信中，他指出，内维尔·凯恩斯的立场处在马歇尔和他自己的立场中间。西奇威克也指出，福克斯威尔虽然有强烈的历史倾向，但是，他丝毫不会贬损抽象的理论研究工作。这是因为他一直寻求并最终在这些对立的观点之间找一个安全的折中点。此外，福克斯威尔还十分热衷于杰文斯的数理经济学，尤其支持他利用从经济史挖掘出的统计资料，归纳性地创建这样一种理论。[①] 相比剑桥学派的其他人员，埃奇沃思则一直醉心于他自己的数学工具的研究，《数学心理学：论数学在社会科学中的应用》是他专门讨论此问题的著作。在经济学方法论的论战中他极力为演绎法辩护，并将经济学与自然科学进行比较。由于他对数学方法的坚持，在20世纪20年代他与马歇尔一起成为经济学的代表人物。庇古和罗伯特森写道："在马歇尔生命的最后近30年中，英国最著名的两位经济学家是埃奇沃思和马歇尔，前者因创造工具而闻名，后者因隐藏工具而闻名"[②]。

整体而言，剑桥学派接受了历史学派的批评，认为归纳法和演绎法都是研究经济学的重要方法。但在实际的应用中，剑桥学派更倾向于历史归纳法的应用。剑桥学派人物的经济学代表作基本上是用历史观察的归纳法写成的。从马歇尔的《原理》到凯恩斯的《通论》都是如此。甚至马歇尔曾在答坎宁安教授的信中写道，"我曾打算写一部经济史专著，还为此花了多年

① ［美］杰拉德·M．库特：《英国历史经济学：1870—1926》，乔吉燕译，中国人民大学出版社2010年版，第140—141页。

② Pigou A C, Robertson D H. *Economic essays and addresses*, London:P.S. King & Son, 1931, p.3.

工夫"[①]。同时，克拉彭博士写道："读《工业与贸易》的附录时，正如30年前发生的那场争论时所已知道的，我深深感到马歇尔对17世纪以来的经济史的精通的程度"[②]。此外，数学方法作为抽象和演绎的代表，虽然剑桥学派成员都没有对其表示反对，但是在他们的著作中（埃奇沃思除外）都没有体现。

三、剑桥学派对于数学的应用

20世纪经济学发生的最大变化之一就是经济学的数学化。数学化使得经济学变得更加科学，更加精确，经过几代人在数学化方面的努力，主流经济学得以构建其完整且严密的理论大厦。关于数学与经济学最初的结合有很多种说法，一般认为可以将1838年古诺出版的《财富理论和数学原理研究》作为起点。在这本著作中，古诺作出了两个始创性的贡献，一是用函数的方式表示了需求和价格的关系，二是建立了模型分析双寡头垄断的市场状况。而他之前的一些经济学家如配第、屠能、伯努利虽然著作中都涉及数学方面的内容，但都没能设立函数和模型，因此，可以将古诺的著作视为经济学数学化的真正起点。虽然，古诺的著作当时并没有引起人们的注意，40年后，杰文斯和埃奇沃思重新考察了经济学数学化的历史时其著作才为世人所知，但这并不影响其著作本身的价值。

在早期经济学数学化过程中作出杰出贡献的有英国的杰

① ［英］梅纳德·凯恩斯：《艾尔弗雷德·马歇尔传》，滕茂桐译，商务印书馆1990年版，第71页。

② ［英］梅纳德·凯恩斯：《艾尔弗雷德·马歇尔传》，滕茂桐译，商务印书馆1990年版，第71页。

文斯、埃奇沃思、马歇尔，法国的瓦尔拉斯，意大利的帕累托，美国的克拉克、费雪以及后来的埃文斯（G. C. Evans）。其中影响最大的三位，即马歇尔、帕累托和埃奇沃思都是数学或工程学转入经济学的。马歇尔曾在剑桥荣誉学位考试中取得很好的成绩，而这考试被称为“史上最难的数学考试之一”，同时，他也是剑桥大学数学学位甲等及格者第二名。然而马歇尔却认为数学相对于经济学来说应当是居于次要地位，他在其《原理》的序言中指出：“纯数学在经济问题上的主要用途似乎在于帮助一个人将他的一些思想迅速地，简短地，准确地记录下来，以供他自己用……是否有人愿意去花时间阅读那些并非由他自己将经济学说改写成的冗长的数学符号，这似乎是令人怀疑的”①。更广为人知的是，马歇尔在给鲍利的信中写道：“在我工作的晚年中我越来越觉得用数学定理来处理经济假设不可能形成好的经济学。（对于数学）我越发赞成如下原则：（1）数学只能作为速记的方法而不是探索的工具，（2）当得到了分析的结果就应当放弃，（3）将结论用言语表述，（4）举例说明结论对现实生活的重要性，（5）烧掉数学，（6）如果第（4）步不能成功，就烧掉第（3）步的结论，这是我经常做的”②。

马歇尔对待数学应用的矛盾态度，加上剑桥学派成员的主要经济学著作大都以文字叙述，极少在正文中出现数学公式与推导，即使有用也是放在附录或是页脚当中，因此，现代经济学家对于剑桥学派对数学的推动一般持有两种意见。剑桥学派

---

① ［英］阿尔弗雷德·马歇尔：《经济学原理》，廉运杰译，华夏出版社 2005 年版，序言。

② Pigou A C,*Memorials of Alfed Marshall*, London:Macmillan, 1925, p.427.

的成员认为，正是通过他们的努力，数学才确立了在经济研究中的地位，图表经济学也是由剑桥学派所创；[①] 而现代的经济学家则认为剑桥学派并没有给予数学足够的重视，甚至在一定程度上阻碍了数理经济学的发展。[②] 瓦兹奎斯[③] 则认为，现代经济学家对于马歇尔在数学方面的矛盾看法主要是他的性格所致。从马歇尔的著作和通信上看，他多次表达了经济学对数学的欢迎态度。但是，由于马歇尔害怕批评、避免争论的个性，他很少在分开场合表示对数学的支持，因为这违反了他在经济学方法论中“折中主义”的原则。

但除了马歇尔之外，剑桥学派的其他学者在经济学的数学化方面则表现得更为积极，尤其是鲍利和埃奇沃思。鲍利作为一名杰出的经济统计学家对于数学有着极大的兴趣，他于1981 年在剑桥获得数学学位考试一等和及格者中第十名的好成绩，虽然随后在马歇尔的影响下转向经济学研究，但是他对数学的热爱却一直没有改变。虽然马歇尔在 1906 年给他的告诫信中劝道，“数学只能作为速记的方法而不是探索的工具”。但鲍利并没有受马歇尔的影响，他认为经济问题通常会面临很多的数据，数学是解决这种问题的唯一办法，同时，因为语言的表达很容易引起误解。为了推广数学在经济学中的应用，鲍

① Pigou A C,Memorials of Alfed Marshall, London:Macmillan, 1925, p.6.

② Coase R H, “Marshall on method” ,*The Journal of Law and Economics*,Vol.18, No.1（1975）, pp.25-31 ; Schabas M. “Alfred Marshall, W. Stanley Jevons, and the Mathematization of Economics” , *Isis*, Vol.80, No.301（1989）, pp.60-73 ; Creedy J. *Edgeworth and the Development of Neoclassical Economics*, Oxford:Basil Blackwell, 1986.

③ Vazquez A, “Marshall and the Mathematization of Economics” ,*Journal of the History of Economic Thought*, Vol.17, No.2（1995）, pp.247-265.

利于 1924 年出版了教科书《经济学的数学基础》。在书中，鲍利历数了数理经济学从古诺到庇古的整个发展过程，尤其是对杰文斯的零散数理经济学的著作和文献进行了整理，以便为经济学初学者提供一个整个的数学处理方法（Bowley，1924）。在 1928 年，鲍利又对埃奇沃思的贡献作了详细的论述。① 不仅如此，鲍利是发展抽样方法的一位先驱，1912 年，他对雷丁进行了一项设计得很好的抽样调查，不久又对北安普顿等其他地区进行了类似的调查，并在伦敦的城市生活和劳动情况的新调查中起了重要的作用。

剑桥学派中最广为人知的数理经济学家当属埃奇沃思。但是由于埃奇沃思平静的性格加上其著作的晦涩难懂，在相当长一段时期内他的影响力不为人知。早年埃奇沃思是一名哲学和伦理学研究人员，著有《伦理学的新旧方法》（1877 年）。他对于功利主义的信奉以及对数学的兴趣使其和杰文斯成为密友，随后在西奇威克和福克斯威尔的引导下又与马歇尔建立了一辈子的友谊，正是在这些人的引导下他走向了经济学家的道路。1881 年发表的《数学心理学》是他的代表作之一。他在书中对数学在经济学中的作用进行了全面的解释和答辩，提出了“松散不定”和“社会力学”等概念，以推广数学在经济学的应用。埃奇沃思认为，在处理社会问题时通常会面对一些数据，如产量、价格、就业等。虽然平常我们知道这些数据间松散的定量关系，比如递增或是递减就足够了，由此也可以推出资本和劳动的收益递减规律、效用递减规律等。但当面临最优

① Bowley A L, *FY Edgeworth's contributions to mathematical statistics*, London: Royal Statistical Society, 1928.

问题时，光知道这些松散不定的关系是无效的，这时就需要知道数据间更加精确的关系。数学在经济学中的应用和力学在天文学中的应用有相似性，经济学最终可以形成一个与天体力学一样的社会力学，“社会力学有一天可能同天体力学一道取得一席之地，因为它们各自都建立在一个最大值原理的两面上，建立在道德抑或心理科学的最高顶峰上”①。让埃奇沃思失望的是，对于《数学心理学》，杰文斯和马歇尔都没有给予肯定的评价，杰文斯认为“这是粗浅甚至缺少的文学作品片段”②，马歇尔则担心“如何能不让他的数学方法偏离他……超出现实的经济事实的视野”③。只有庇古给予了埃奇沃思应得的评价，他说“埃奇沃思是分析工具的发明者，这给他带来荣誉。效用函数的一般形成、无差别曲线、这些曲线的凸性、帕累托最优、契约曲线，如果没有这些，今天的经济学会是什么样子”④。斯蒂格勒则认为，“埃奇沃思是 19 世纪下半叶一流数理统计学理论家，虽然由于人们难以理解他的理论阐述，他的影响减弱了。今天人们时常提起他对埃奇沃思数列所作的研究，但是，实际上他对现代统计学的几乎全部领域都有所涉猎，例如，对随机模型的方差分析、多变量分析、最大似然估计的渐进理论以及存货理论等。在某些领域，比如相关性方面，其研究成果

---

① Edgeworth F Y,*Mathematical psychics: An essay on the application of mathematics to the moral sciences*, London:Kegan Paul, 1881, p.6.

② Jevons W S, “Review of Mathematical Psychics” ,*Mind*, vol.6, 1881, p.11.

③ Marshall A, “Review of Mathematical Psychics, by FY Edgeworth” ,*The Academy*, No.19, 1881.

④ Pigou A C, Robertson D H. *Economic essays and addresses*, London:P.S. King & Son, 1931.

对以后该研究的发展具有决定性意义”[①]。

剑桥学派对于数学的应用应当从两个方面来评价。首先是剑桥学派积极的一面。剑桥学派并没有像历史经济学家一样，对经济学数学化表示明确反对。马歇尔也一度将穆勒经济学的数学化作为自己经济学研究的方向，庇古和凯恩斯在其经济学理论中都有数学的明确应用，庇古关于剑桥方程式的论证和凯恩斯在《货币论》中对基本方程式的论证都是证明。剑桥学派在实现古典经济学向新经济理论的过渡过程中，正式将数学引入经济学分析。这是对古典经济学的突破，为后来经济学的进一步数学化打下了基础。

但从另一方面讲，与杰文斯和瓦尔拉斯相比，剑桥学派对于数学的态度比较保守。虽然其成员中有像埃奇沃思一样的纯数学分析的成员，但大多数剑桥经济学家对数学采取比较保守的态度。但这并不能说剑桥学派阻碍了经济学的数学化，只能说剑桥学派对于数学的应用比较谨慎。这种谨慎至少有两个原因，一是因为从伦理学的角度来看，数学只能分析作为“经济人”的行为，而这种假设正是剑桥学派所反对的；二是因为凯恩斯对于经验论概率的怀疑，凯恩斯从根本上认为数学统计缺乏哲学基础，因此，他对数学一直抱有怀疑态度。当然，当时数学的发展状况也制约了数学在经济学中推广，也是原因之一。在马歇尔所处的时代，数学还是以函数和联立方程为代表。数学公理化思想还没有得到推广，现代非线性数学、先进的统计方法并没有形成，这在一定程度上限制了数学的应用。

---

① Stigler S M,“Francis Ysidro Edgeworth, Statistician”, *Journal of the Royal Statistical Society*, Series A（General）, 1978.

第三章　剑桥学派的经济理论

剑桥学派不论是在微观层面上的价值理论、消费者理论和厂商理论，还是在宏观层面上的经济周期理论、失业理论和货币理论都作出了巨大的贡献。本书的研究主要集中于剑桥学派的宏观经济思想，原因有三个方面：一是相比剑桥学派的微观经济思想而言，目前对于剑桥学派宏观经济思想的研究较少，因此更具有理论意义；二是剑桥学派的大多数经济学家对于宏观经济理论的贡献较多，因此剑桥宏观经济理论更能体现剑桥学派的理论特点；三是剑桥学派人物众多，经济思想异常丰富，只能选取其中部分代表性经济理论作为研究对象。

第一节　剑桥学派的货币理论

货币理论是现代经济学的重要组成部分，剑桥学派对于货币理论也做出了突出的贡献，“剑桥方程式”和“剑桥 K”已经成为现代货币理论的重要生成部分。本节通过梳理剑桥学派从马歇尔到凯恩斯的货币思想，力图对剑桥学派货币理论有个全面的认识。

一、早期马歇尔的货币理论

马歇尔的货币思想最早见于他在1887—1889年间向英国金银委员会提交的备忘录，这份备忘录一度已成为剑桥学生学习货币理论的教科书。1923年，马歇尔的《货币、信用与商业》一书系统性地阐述了他的货币思想。该书从货币的起源、意义、功能、购买力一直谈到货币数量说和他所主张的金银混合本位制。马歇尔认为货币的职能有两类：一是充当交换媒介；二是充当价值标准和延期支付的标准。只有当货币的一般购买力不激烈变化时，货币才能有效地履行这两种职能。货币购买力的变化使得实际的经济生产活动出现波动，同时还影响了借贷双方的财富分配。货币购买力的变化会通过物价对实体经济产生影响。当物价上涨时——人们竞相贷款购买商品——生产扩张——经济膨胀——物价进一步上涨；而物价下跌时——人们竞相降价出售商品，获取正在增值的货币——物价进一步下跌——生产收缩——工人为了不降低名义工资而引发罢工。马歇尔认为导致货币购买力变化的主要原因是贵金属的数量相对于必须以贵金属为媒介的通货量之间的比例发生了变化。同时，执行贵金属职能的钞票、支票和汇票及信用的变化也是引起购买力波动的原因。马歇尔特别指出，稳定的货币购买力对一国的经济运行十分重要，他认为“商品价格的变动对于不同阶级会产生不同的影响，可根据不同商品在工人的消费中所占的份额加权的指数，同‘工人的预算’一起使用，具有特别重要的意义”[①]。

---

① ［英］阿尔弗雷德·马歇尔：《货币、信用与商业》，叶元龙、郭家麟译，商务印书馆1986年版，第3页。

可以看出，马歇尔支持传统古典经济学中的货币数量学说，他认为“一国通货的总值，乘以为了交易目的而在一年中流通的平均次数，等于这个国家在一年里通过直接支付通货所完成的交易总额”。他对于货币数量论的发展就在于，“这个恒等式并没有指出决定通货流通速度的原因。要发现这些原因，我们必须注意该国国民愿意以通货形式保有的购买力总额”。他认为在任何一个特定的社会里，人们的收入中都有一部分被认为值得以通货形式保存……人们想以通货形式持有其资源的比例愈小，通货总值就愈低，也就是说，与一定数量的通货相对应的物价就将愈高。马歇尔的这一表述其实就是“现金余额说”，这一思想被后来的庇古和拉文顿发展为“剑桥方程式”，进一步发展为凯恩斯的流动性偏好。

此外，马歇尔还是个金银复本位主义者。面对当时世界上白银贬值而黄金升值的趋势，实行金本位的英国正经受着通货紧缩的危机。通货紧缩使得英国国内商品价格下降，工业生产收缩，工人失业增加。在这种情况下，马歇尔认为应当实行金银复本位制以取代单独的金本位制，即金银共同作为通货的基础。同时为了防止金银比价的变动所导致的“格雷欣现象”①，固定比率金银复本位制已经不再可取，代之以对称本位制。即所有英镑在交换金属货币时，其币值一半由黄金支付，另一半由白银支付，且黄金和白银之间保持一个固定的倍数，比如 20 或 22。此外，政府应当每天更新金银比价，保证金属储

① 格雷欣现象是指在实行金银复本位制条件下，金银有一定的兑换比率，当金银的市场比价与法定比价不一致时，市场比价比法定比价高的金属货币（良币）将逐渐减少，而市场比价比法定比价低的金属货币（劣币）将逐渐增加，形成良币退藏，劣币充斥的现象。

量的稳定比例。最后，为了进一步消除价格波动，政府应当实行“一系列价格表”制度，对商品价格有详细的记录，并实施长期合同指标政策，保证商业稳定，消除市场恐慌和非正常失业。① 虽然马歇尔在英国的金银委员会进行了多次演讲，但是他的“复本位”理论并没有被政府或社会所接受，并引发了英国《经济学家》杂志对他的批评。甚至在剑桥学派内部，福克斯威尔和鲍利也不赞同马歇尔的提议。

福克斯威尔也认识到英国的通货紧缩是由于金本位以及黄金产量的下降导致的，他也主张实行金银复本位以增加通货的供给量。但在两点上他与马歇尔持相反意见，一是不赞成确定金银之间的比例，否则可能会使得英镑在国际贸易中成为“软币”②，他赞成的是固定汇率上的国际复本位制；二是马歇尔认为长期的通货膨胀比通货紧缩更加有害，因为通货膨胀会加剧贫困人民的生活现状。而福克斯威尔则认为，适度的通货膨胀远比通货紧缩更有利于实现充分就业，增加工业产量，虽然这对于工资和养老金的购买力有影响，但可以通过周期性的调整来给予弥补。福克斯威尔的这一思想，后来得到凯恩斯的大力支持。③

在分析社会货币体系方面，马歇尔认为货币的供给不是一个稳定的数据，而货币需求却相对稳定。法币和金银贮备作为基础货币，同时各种信用票据或是有价证券都可以作为货币使

① ［澳］彼得·格罗尼维根：《翱翔的鹰——阿尔弗雷德·马歇尔传》，丁永健、鄢雯译，华夏出版社2011年版，第251页。

② 软币指在国际货币体系中汇价较低，不易兑换的货币。

③ ［美］杰拉德·M. 库特：《英国历史经济学：1870—1926》，乔吉燕译，中国人民大学出版社2010年版，第144页。

用。由于有价证券的使用受到信用体系的影响，因此在信用体系较好的时候，或是人们对经济预期较好的时候，市场上的货币量则增加，反之货币量减少，因此货币的供给不是一个稳定的数据。另一方面，货币总的需求由市场上总的商品与服务的贸易量及人们的持有货币的比例决定。每一个人都会对单位货币的持有问题进行考虑，持有货币则可能增加部分预期效用，消费则增加当前效用，但相比货币的供给而言，需求变动较小。此外，货币的流通速度也受很多因素的影响，如交通，生产率，信用水平等。正是由于货币的供给与流通速度存在着短期弹性，因此才会引起价格和经济的波动，形成经济危机或是信用周期。

由上可见，马歇尔对于传统货币理论有如下改进：一是将信用货币如汇票、支票等也算入了货币体系，扩大了货币理论的研究范围；二是在考虑货币流通和证券市场时强调了信用因素的影响，考虑了预期和信用对货币体系的影响；三是充分考虑了人口、财富、交通方式、证券的发展程度、生产效率等非货币因素对于货币供需的影响；四是颠覆了传统货币数量论的理论，传统货币数量论认为货币供给是稳定的，而货币需求是波动的，而马歇尔的分析恰好相反；五是提出了货币理论的现金余额说，不仅认识到了货币的交易职能，也认识到了货币的储存的投资职能。

然而，马歇尔货币理论的缺陷也比较明显。首先，马歇尔认识到了稳定币值的重要性，但他并没有提出稳定币值的具体方法。按马歇尔的分析，货币的购买力（币值）取决于贵金属的数量和以贵金属为媒介的通货量之间的变化，如果贵金属的数量和通货量都没有变化，那么货币的购买力则不会发生变化。但是，如果在贵金属和通货量都没有变化的情况下，生产扩张了，这时产生的通货紧缩会使得物价下降，货币的实际购买力上升，这正是英国当时的情况。由此可见马歇尔关于货币购买力的分析是有缺陷的，所以他马上用供给和需求的均衡分析来解决这一缺陷。马歇尔又认为货币的购买力（币值）取决于供需的平衡，供过于求则贬值，物价上升，通货膨胀；供不应求则货币升值，物价下降，通货紧缩。同时，马歇尔认为货币需求相对稳定，而供给则受信用体系的影响，因此货币波动源于信用的波动。但马歇尔并没有给出如何稳定信用体系的具体措施。原因是马歇尔认为信用的波动是工业波动的反映，而工业波动受到气候、技术进步等多种因素的影响，是不可避免的，是工业经济的本质特征。那么，既然工业的波动不可避免，作为工业波动的现实反映，信用的波动也就不可避免，这样一来货币购买力的波动也是不可避免的。因此，按照马歇尔的逻辑，稳定货币购买力的关键在于消除工业波动，但这又是不可能的。

其次，虽然马歇尔对于传统货币理论做了很多的改进，但是马歇尔并没有形成一个完整的，能够解释资本主义经济波动和就业波动的货币理论体系。原因可能有两个，一是马歇尔始终坚信传统货币数量论的观点，即货币只是实体经济上的一层面纱，因此，他忽略了货币理论的重要性。虽然马歇尔认识到货币购买力波动对实体经济变动的影响，但马歇尔认识这种波动只是短期的，局部的。从长期来看，实体经济对货币有决定性的作用，萨伊定律会使所有的市场都实现出清，货币最终只是实现萨伊定律的中介，不会影响萨伊定律的结果。其次，马歇尔的长期分析使他认为长期的、全面的价格波动是不会存在的。从长期来看，价格只是商品数量和货币数量的中介，而商品数量取决于商品工业生产，货币数量在金本位的情况下取决于贵金属的生产，长期价格水平必然在两者间实现均衡。因此，在马歇尔看来，长期的经济危机和持久性失业是根本不存在的。马歇尔也提到了价格变动对于产出和就业的影响，但这种分析仅见于个别产业，而对于整个社会的影响则被其忽略。用埃西格的话说，马歇尔的长期分析影响了他的短期分析，他对于长期均衡的关注使他忽略了对短期波动的研究。因此，马歇尔并没有试图去构建一个类似霍特里和凯恩斯的，解释经济波动和失业原因的货币理论。①

二、剑桥货币理论的发展

20世纪初，英国国内物价和汇率不断波动，持续爆发周期性经济危机。加之第一次世界大战期间英国被迫放弃金本位，战后英国国内生产大幅下降，美国成为最大的债权国，纽约逐渐取代伦敦成为新的世界金融中心。英国经济在国内外市场都正经历着物价、生产和失业一起崩溃的局面。以稳定物价和汇率为目标的货币改革成为当时经济学家讨论得最多的话题。正是在这种背景下，剑桥学派经济学家对当时的经济形势表达了自己的看法，剑桥学派的货币理论在此时得到了长足的发展。

拉文顿最先对货币的银行体系提出改革。他指出“要保证社会利益就需要货币的供应量根据其实际的需求做出变动，即

---

① Eshag E,*From Marshall to Keynes: an essay on the monetary theory of the Cambridge School*, London:Blackwell, 1963.

货币的供给应当是弹性的……货币的币值应当尽可能小地发生变动……然而众所周知的是频繁的币值波动严重损害了商业的正常运行”，银行是作为货币的供给单位应当为此负责，并且当前的银行体系应当进行改革。① 拉文顿进一步指出，知识的有限性与未来的不确定性使得商业运行本身就存在风险，但是社会金融体系的不稳定性使这种风险放大，如果金融体系不能提供一个合适的净利率标准，那么商业的不确定性就会进一步放大，影响社会的正常运行。② 在其 1921 年的著作当中，拉文顿进一步发展了自己的观点，他指出货币市场并非只与银行系统有关，而且关系到商业信用构建、建房协会（Building Society）运行及社会融资体系的构建，是资本主义社会的重要组成部分，是控制经济波动和商业风险的重要工具。③ 拉文顿强调在资本主义体系中，个人利益与社会利益并不存在着协调一致，因为这种一致性的存在必须有三个条件：(1) 所有市场都是完全竞争市场；(2) 所有市场参与者都是理性的，充分考虑决策的长期影响，不会只顾眼前的个人利益；(3) 所有市场参与者都具有相同水平的知识和能力，保证垄断不会形成，自由竞争长期存在。但现实中这三个条件都是不具备的，因此政府及银行体系有必要对市场采取积极的调控政策，避免经济危机的产生。

在这里，拉文顿已经认识到了资本主义体制的内在缺陷，

---

① Lavington F, “The social importance of banking” ,*The Economic Journal*, Vol.21, No.81（1911）, pp.53-60.

② Lavington F, “Uncertainty in its Relation to the Net Rate of Interest” , *The Economic Journal*, Vol.22, No.87（1912）, pp.398-409.

③ Lavington F,*The English Capital Market*, London:Methuen, 1921.

也认识到了银行体系对于资本主义经济建设的重要性。银行体系的主要责任就是采用合理的利息调控措施，减轻经济危机的危害，保证经济的平衡运行。拉文顿认为经济波动所造成的伤害，如失业和停滞，其根本原因是占社会较少数量的资源持有者（资本家）对未来不确定性的忽视所致，当然，这些资本家也享受着与风险相伴的收益。在其他条件不变的情况下，危机所造成伤害的程度取决于已投资资本的固定程度，其固定程度越大，资本的流动性就越差，危机也就越是持久。已投资资本的固定性（或叫不完全流动性）是金融风险的根源，而金融风险的存在又会进一步加剧资本的错配。虽然有多种实现的方法可以减轻经济波动的程度，但总是不能完全消除，这种不能完全消除的部分就必须依据合理的银行政策加以调控。银行可以在适当的时候调高利率，增加储蓄并限制投资；也可以在适当时候调低利率，增加资本流动性。出于对资本主义自由市场的不信任，拉文顿进一步指出，利息率并不是资本供给和资本需求均衡的产物，所谓均衡的利息率并不存在，短期利息率和长期利息率之间并不存在着必然的关联。①

除了拉文顿外，霍特里也参与了货币体系改革论战。他继承大部分马歇尔的货币理论，认为货币的价值由其供给与需求的比例决定，然而他却不认为货币只是实体经济上的一层“面纱”。霍特里认为，在现实社会中，货币或银行体系与工商业的运行是紧密联系的，而前者固有的波动性就是工业经济波动的根源。② 显然，霍特里对传统马歇尔、庇古及拉文顿的理论

① Lavington F, “Short and Long Rates of Interest” ,*Economica*, No.12, 1924.

② Hawtrey R G, *Good and Bad Trade : an Enquiry into the Causes of Trade Fluctuations*, London: Constable and Company, 1913.

体系实现了根本性颠覆。在马歇尔等人看来，货币只是实体经济的反映，工业经济和农业经济的波动是经济波动的根本原因，这种波动通过货币价格表现出来，形成了货币的波动。另外，从宏观层面来看，货币只是商品交易的中介，货币经济是实体经济上的一层面纱，经济的增长取决于技术的进步、生产效率的提高，经济的波动产生于农业和技术进步的波动，货币体系对波动有影响，但不是波动的根本原因。庇古随即对霍特里的这一论断进行了批判，认为"（霍特里）这种判断是极为肤浅的，比如某一种疾病总是表现出一种病症，但并不能认为该病症就是导致疾病的原因"①。庇古所指的疾病自然是经济波动，而货币与银行体系的波动只是疾病的症状，不是原因。因此，庇古也继承了古典经济学的货币理论，认为货币体系的波动只是实体经济的反映，只可能是实体经济影响货币体系的波动，而不是相反。②

为了解决货币理论上的争议，庇古对货币数量论进行了全新的阐述，他于 1917 年发表的《货币价值论》即是对这一问题的全面解答。开篇他就表示了对费雪货币数量论的支持，也表明自己的理论与费雪的理论并没有任何的不同，只是在分析实际问题时的角度不同。同时，他将数学分析引入了货币分析当中，他说道："分析这一问题（货币数量论）而不用任何工

① Pigou A C, "Review of Good and Bad Trade by RG Hawtrey" , *The Economic Journal*, Vol.23, No.92（1913）, pp.580-583.

② 庇古在其 1949 年出版的著作 *the veil of money* 中承认他这种想法的片面性，他在著作中指出"货币现象不能仅当成是（经济波动）的附带现象，与实体经济没有任何关联"。Pigou AC, *the veil of money*, London: Macmillan, 1949.

具，就像进行现代战场而不带盔甲和武器一样”①。随即，他给出自己的货币需求方程，即

$$P=\frac{kR}{M}$$

其中 P 为单位商品价格，k 为人们愿意以货币形式持有的财富，R 为总财富，M 为政府所提供的法币数量。如果进一步考虑人们以货币形式所持的财富中多少以法币形式持有，多少是以银行存款或是证券形式持有，以及这种持有方式对法币数量的影响，则可以进一步将上述公式细化为：

$$P=\frac{kR}{M}\left[c+h(1\text{-}c)\right]$$

其中，c 为人们以货币形式所持的财富中法币的占比，1—c 是银行存款或是证券的比例，h 为银行准备金率，根据这个公式就可以得出社会中货币的总需求公式，即

$$M=\frac{kR}{P}\left[c+h(1\text{-}c)\right]$$

在分析了货币需求后，庇古随后分析了货币的供给。但他认为货币的供给与黄金的供给一样，在长期有增长的趋势，但是在短期内是相对稳定的，因此，变动的只是货币的需求。在影响货币需求的变动因素中总产出 R 在短期内较为稳定，只受生产力发展水平的影响；k、c 和 h 是影响需求变动的主要因素，其中 k 取决于储蓄的习俗和对风险的预期，当风险增加时人们以现金形式持有财富的比例也会增加；以法币形式持有的

① Pigou A C, “The value of money”, *The Quarterly Journal of Economics*, Vol.32, No.1（1917）, pp.38-65.

比例 c 则与习俗和资产的可得性有关，银行户头越多，支票支付比例增加，账期的延长和非法币支付形式的发展都将使得 c 值减小；h 则与银行债务比例和经济的资金需求有关。

庇古的货币数量分析将马歇尔现金余额的思想进行了公式化，是对货币数量论分析的发展。因为费雪方程式只考虑了货币作为交换工具的职能，而庇古的现金余额方程式则考虑了货币作为储蓄手段的职能，同时将货币分析由原来的供给边转向了需求边，并套用了供需平衡的局部均衡分析方法将货币和其他商品等同看待。但庇古也对马歇尔的货币理论做了根本性的转换，即在货币的供需两侧，庇古认为供给相对稳定而需求变动较大，这一点与马歇尔完全相反。但是庇古完全套用了马歇尔的局部均衡分析方法进行货币理论分析，认为货币价值取决于供给和需求双方。

凯恩斯在以上剑桥学派经济理论的启发下于 1923 年出版《货币改革论》，这是其货币理论三部曲中的第一部，其理论内容也完全是剑桥学派货币理论的综合。独特之处就在于其刻薄的言语及务实的建议。在《货币改革论》中，凯恩斯开宗明义地提出："失业，工人生活不稳定，对未来的失望，个人储蓄突然消失，而投机家的唯利是图则攫取暴利——这一切都来源于货币体系的不稳"[①]。在论及货币数量论时，他也指出"这是个基本的理论，它与事实相符是没有任何疑问的"。但是，随后他就实现了对传统的背离，认为这种衡等的关系只是在短期来看是没有问题的，"但是'从长远的角度来看'本身是对分

① ［英］梅纳德·凯恩斯：《凯恩斯文集》上卷，王利娜等译，改革出版社 2000 年版，第 249 页。

析现状的一种误导，从长远的角度来看，我们都已经死去。经济学家们给自己定下的任务未免过于轻松，过于无用，因为在恶劣的气候里，他们能够告诉我们的不过是暴风雨过去之后，大海将恢复平静”①。随后凯恩斯则从货币的流通速度入手对货币数量论进行了改造。他认为从长期来看价格取决于货币的供需，但是短期内货币的流通速度也会引起价格的波动，货币流动速度加快时价格上涨，价格上涨又进一步加速货币的流动，而货币的流动速度取决于人们对未来价格的预期。因此预期可以导致价格波动，价格波动引起失业，生产成本上升，以及投资的风险增加，从而制约了经济的发展。凯恩斯认为稳定物价应当是货币政策的最重要的目标，其次才是稳定汇率（英国政府当时的想法是先稳定汇率，再稳定物价，只在稳定的汇率下才有稳定的黄金储量，而这是稳定货币及价格的前提），而且，一旦前者实现了稳定，根据购买力平价理论，汇率的稳定是自然而然的。凯恩斯指出，要实现短期内物价的稳定，政府应当在货币流动速度增加时减少货币供给，在流动速度下降时增加货币供给。他指出稳定物价水平的方法，不仅是要保证长期稳定，而且还要避免周期的振荡，应该在一定强度上让现金余额达到稳定，如果这一做法未能奏效或在实践上不可能，则应该有意识地改变钞票的供应量以及银行的储备或负债的比率，以制约现金余额的波动。②

在20世纪的20年代，剑桥学派的货币理论取得了快速的

① ［英］梅纳德·凯恩斯：《凯恩斯文集》上卷，王利娜等译，改革出版社2000年版，第307页。

② ［英］梅纳德·凯恩斯：《凯恩斯文集》上卷，王利娜等译，改革出版社2000年版，第309页。

发展，这些发展主要由拉文顿、庇古、霍特里和凯恩斯完成，但他们的理论整体上都没有背离马歇尔理论的两个基础原理：一是现金余额说，二是货币数量说。这一时期，剑桥的货币理论实现了以下几个方面的突破：(1) 剑桥学派对于经济体系中货币的影响与作用有了新的认识，普遍赞同货币体系是经济体系的重要的组成部分，货币政策对实体经济的波动有很强的影响；(2) 将马歇尔的均衡分析方法应用到了货币理论，确定了货币理论供需分析的基本框架，但是都表现出了对长期均衡分析在现实应用中的怀疑；(3) 除了庇古之外，剑桥学派其他成员已经认识到自由市场理论在货币分析中的局限性，认识到了政府和银行体系应当对货币市场进行调控的必要性，凯恩斯的《货币改革论》就是这一思想的产物。

三、罗伯特森与凯恩斯的货币理论

英国在第一次世界大战后的经济表现一直不佳。面对国内外的各种质疑，英国政府于 1925 年重新恢复金本位，希望可以借此回到 1914 年以前“黄金时代”。当时英国的部分专家也认为恢复金本位有三重好处：一是稳定国内物价；二是恢复伦敦的世界金融中心地位；三是可以保护国内银行家和部分厂商的利益免受汇率波动的影响。为此，凯恩斯发表了《丘吉尔先生政策的经济后果》对金本位进行了批判，① 次年发表了著名的《自由放任主义的终结》进一步从哲学和经济学角度对当时

① ［英］梅纳德·凯恩斯：《预言与劝说》，赵波、包晓闻译，江苏人民出版社 1997 年版，第 226—251 页。

的社会思潮进行了批判。[①]凯恩斯认为，建立在对个人的金钱动机进行培养、鼓励和保护的基础上的资本主义社会已经到患了“僵化症”，迷恋于历史的辉煌，对现实却无能为力，因此，社会改革势在必行。

1924年，马歇尔离开了这个世界，而他的两个天才般的学生——凯恩斯与罗伯特森，开始一起进行学术探讨。虽然两人性格差异巨大，但思想上的碰撞，使得双方都获益匪浅。罗伯特森于1926年出版了《银行政策与物价水平》，而凯恩斯于1930年出版了《货币论》，这两本是剑桥学派货币理论方面的最高水平的著作，同时也是导致货币理论革命（凯恩斯）和反革命（罗伯特森）论战的开战。

罗伯特森对于货币的研究相对较晚。在其早期的《工业经济波动研究》中，他刻意回避了货币理论。原因是，他认为工业的周期性波动产生于资本主义体制本身，根源于人类对增长和财富的追求。他认为“朱格拉和霍特里在货币对工业波动的影响方面有单一而充分的解释，但这一事实却正式驳斥了他们的观点。我们一直在货币表象下挖掘，但却容易在所有关键阶段陷入货币陷阱当中，我们希望我们可以从巴兰诺斯基等人的命运中跳出来”[②]。在1921年，凯恩斯组织教员编撰“剑桥经济学手册系列”丛书，分配给罗伯特森的任务是《货币》（1922年）与《工业管理》（1923年），自此，罗伯特森开始了对货

① ［英］梅纳德·凯恩斯：《预言与劝说》，赵波、包晓闻译，江苏人民出版社1997年版，第296—321页。

② Robertson D H,*A study of industrial fluctuation: an enquiry into the character and causes of the so-called cyclical movements of trade*, London: PS King, 1915. pp.211-212.

币理论的深入研究，而《银行政策与物价水平》是这方面的代表性著作。

像其他剑桥学派经济学家一样，罗伯特森也认识到了货币价值的变动会造成非常有害的影响，导致实际财富的随意分配，阻碍实际财富的创造。因此，稳定的币值是资本主义基本精神——契约精神——得以实现的基础。虽然工业的周期性波动不是由货币原因所导致的，但保证一个稳定的货币体系可以减轻波动对社会的危害，因此，货币理论虽然处于从属地位，但其研究还是有现实意义的。

罗伯特森的货币理论整体上保持了与萨伊定律以及剑桥货币数量论基本原理的一致，也谨慎地保持了实体经济与货币经济的主次关系，即实体经济起支配作用，货币现象只是实体经济波动的反映。他认为，大多数的商业危机都可以认为是由于资本匮乏所导致的。① 因为耐用品或是技术的进步，或是其他类似的社会进步都是在一个缓慢且稳定的状况下所获得的，企业长期的且缓慢的储蓄可以增加其流动资金且不影响物价，但是如果这两种行为是由银行体系在短期内引起的，则可能对经济产生不利影响。② 罗伯特森指出，货币政策的最终目标并不是稳定物价，而是改变资源的配置以实现经济效率的提高和实现长期均衡；银行政策承担的双重责任就是提供充足的通货补充短期资本匮乏以便满足资本创造的需求，同时，通过货币政策减缓实际的经济波动程度。银行提供短期资本匮乏的途径有

① Robertson D H,*Banking policy and the price level: an essay in the theory of the trade cycle*, London: PS King & son, 1926, p.90.

② Robertson D H,*Banking policy and the price level: an essay in the theory of the trade cycle*, London: PS King & son, 1926, p.59.

两种，一是转换自愿的储蓄并保持价格不变，二是抬高价格进行强制储蓄，使消费者减少消费以满足政府的长期社会利益。

除此之外，罗伯特森还论述了储蓄供给的复杂性。霍特里认为个人的储蓄决策和集体的储蓄决策结果之间存在差异，前者受习俗和偏好的影响较大；而后者则受预期和利率的影响较大，这些差异对于经济的波动有不同的影响。更为重要的是，他发现了储蓄和投资之间并不存在着直接的关联，即储蓄由个人决定，其动机较为复杂，而投资由企业家决定，其影响因素则相对简单；储蓄和投资之间没有必然的相等关系，也没有先储蓄后投资的逻辑关系，其两者间的差额决定了价格的变动，在这一点上他实现了对传统均衡价格理论的超越。与此同时，他认为货币、储蓄和投资之间存在着繁杂的关系，货币供给的变动首先影响利率，然后影响价格；而货币流通速度的变化则首先影响价格，而后才是利率。他认为长期的利率与货币的供需无关，只取决于人们对远景的预期以及生产力发展水平，而长期的价格则取决于货币供给数量。

相对于罗伯特森，凯恩斯对货币理论的研究则相对较早，应当说凯恩斯一直就是个货币理论的专家。他们共同在马歇尔和庇古的货币数量论的基础上发展出相似但又不同的理论体系，凯恩斯的货币理论最完善的著作就是其 1930 年出版的《货币论》，这是他一生中花费时间精力最多，篇幅最大的著作。

凯恩斯从 1924 年起着手写作《货币论》，一共花费六年的时间，期间还不断地修改，试图对货币理论提供一个最为精确和全面的研究。该书一共分为七篇，从货币的起源、货币的价值一直谈到货币的均衡条件、投资及货币的管理，几乎涵盖了当时所有与货币有关的理论。因此，这是一部专门研究货币的专业著作，它不仅研究了货币纯理论，也研究了应用理论，不仅延续了静态分析，更加侧重于动态分析。因为凯恩斯已经意识到了传统的货币数量论虽然在长期和总体上来看没有什么理论缺陷，但从短期和动态的角度来看该理论并没有给予现实多少启示，他希望可以一个完善的理论体系来缩短理论和现实的距离，让理论为实践提供指导，这是作为一个现实主义者的真实想法。

凯恩斯的货币理论主要建立在两个价格方程基础之上，一是消费品价格方程，二是消费和投资的总产品价格方程。其中，第一个方程式：

$$PR = E - S = \frac{E}{O}(R) + C - S = \frac{E}{O} \cdot R + I' - S$$

$$P = \frac{E}{O} + \frac{I' - S}{R}$$

其中，P 为消费品价格，R 为实际购买的消费品数量，PR 则为消费品的总支出；E 为货币总收入，I'为新增投资品的生产成本，S 为储蓄数量，O 为当期总商品数量，即消费品数量（R）与投资品的数量（C）之和。其中，需要注意的是，投资品的成本为投资品在总产品中的占比乘以货币总收入。

如果设 P'为投资品价格，那么总投资 I=CP'，则可得出第二个方程式：

$$p = \frac{P \cdot R + P' \cdot C}{O} = \frac{(E) - S + I}{O} = \frac{E}{O} + \frac{I - S}{O}$$

考虑 W 为单位劳动的报酬率，W_1 为单位产品的报酬率，e 为效率系数，则有 $W = eW_1$；同时，可得方程一和方程二与工资的关系如下：

$$P = W_1 + \frac{I'-S}{R} = \frac{1}{e} \cdot W + \frac{I'-S}{R}$$

$$P = W_1 + \frac{I'-S}{R} = \frac{1}{e} \cdot W + \frac{I'-S}{R}$$

此外，考虑到 Q_1 为生产和销售消费品的利润，Q_2 为对应的投资品的利润，Q 为总利润，则有：

$$Q_1 = P \cdot R - \frac{E}{O} \cdot R = E - S - (E - I') = I' - S$$

$$Q_2 = I - I'$$

$$Q = Q_1 + Q_2 = I - S$$

从整体上看，凯恩斯的分析没有什么新颖之处，只是更加细化，即将商品分为消费品和投资品，衍生出两者的价格、成本及利润分析。但是从这些分析的结果可以看出，市场价格和利润的均衡条件就取决于储蓄能否等于投资。古典经济学认为这一点是无须置疑的，因为市场利率的调整会使得两者自然均衡，但凯恩斯接受了罗伯特森的建议，认为两者之间不存在直接的相关性。他指出资本的增减取决于投资，与储蓄无关，“发生正投资时，消费就会少于产量，与储蓄无关，而当投资是负投资时，消费就会超过产量，仍然与储蓄无关”①。储蓄行为可以不伴随任何投资，储蓄只是实现了财富的转移，与社会财富的增减没有关系。甚至储蓄增加使得消费减少，消费品价格下降，生产商的利润减少，生产收缩，最后造成失业与贫困，同时财富从生产商向消费者转移，因为价格下降使得消费

① ［英］梅纳德・凯恩斯：《凯恩斯文集》中卷，尚妍等译，改革出版社 2000 年版，第 127 页。

者有更多的购买力。反之，则价格上涨，生产扩张，消费者购买力下降，财富由消费者向厂商转移。因此，储蓄的变动只会引起财富的转移，与投资并没有直接相关。

那么如何才能实现储蓄与投资相均衡呢？凯恩斯认为，只能通过银行对于利率的调整得以实现。一般而言储蓄与银行利率直接相关，银行利率上升则储蓄上升，投资则取决于银行利率与预期的资本报酬率，与资本品的价格间接相关。如果将储蓄与投资相均衡的利率称为自然利率，那么银行利率则可能高于也可能低于自然利率。这是魏克塞尔的观点。凯恩斯认为，这与他的观点是基本一致的。① 就英国的具体情况而言，银行利率一般是高于自然利率的，一是因为黄金生产的效率不足以提供充足的流通货币，二是为了在国际市场上保持英国的黄金储量不至于减少。因此凯恩斯认为对英国而言增加政府在公共工程上的开支是实现投资与储蓄平衡的最好方法。

此外，为了仔细研究货币的流通速度，凯恩斯在其第五章对储蓄（存款）也进行了细分，将其分为收入存款、营业存款和储蓄存款，其中储蓄存款又分为活期和定期，由于每一种存款的性质不同，其流通速度也是不同的。同时，指出“平均流通速度的变化可能不是由真正的流通速度的变化引起，而是由不同交易的相对重要性的变化引起”②。不仅如此，在《货币论》中凯恩斯还对人们持有现金余额的动机进行分析，“当一个人决定应该用他的货币收入的多大比例来储蓄时，他就是在当前消

① ［英］梅纳德·凯恩斯：《凯恩斯文集》中卷，尚妍等译，改革出版社 2000 年版，第 146 页。

② ［英］梅纳德·凯恩斯：《凯恩斯文集》中卷，尚妍等译，改革出版社 2000 年版，第 289 页。

费和财富的所有权之间做出选择，如果他优先选择了消费，就必然要购买商品，因为他无法消费钱这个东西。但如果他选择了储蓄，那么他还须作出进一步的决定，因为他可以以货币(或者是货币的流动性等价）的形式持有财富，也可以以贷款或实际资本的形式持有财富”①。这里对于货币流动性的描述已经证明凯恩斯注意到了人们的“流动性偏好”，这对其后期理论的发展有重要影响。预期分析同样也出现在凯恩斯的分析当中，凯恩斯认为人们在存款和证券之间的选择就取决于“公众的情感”，证券价格水平下跌就表明公众处于“空头”状态，即银行系统创造的储蓄存款不能完全满足公众对它的偏好，或者表明公众的“多头”状态经济银行体系紧缩的储蓄存款冲抵后还有余。②

《货币论》的出版是传统剑桥学派货币思想最完整的体现，货币论不仅在思想上坚持了传统的货币数量论，以及现金余额的分析方法，体系上更加科学更加细致。同时，它也是剑桥学派整体经济学家共同努力的成果，凯恩斯在撰写货币论时期，不仅与罗伯特森进行了全面且细致的交流，甚至分不清彼此思想的区别。③ 同时，剑桥其他学者的思想也都融入著作当中，尤其是马歇尔、庇古和霍特里的货币思想，书中随处可见对他们著作的引用。虽然由于该书出版时恬逢 1929—1932 年全球

① ［英］梅纳德·凯恩斯：《凯恩斯文集》中卷，尚妍等译，改革出版社 2000 年版，第 104 页。

② ［英］梅纳德·凯恩斯：《凯恩斯文集》中卷，尚妍等译，改革出版社 2000 年版，第 105 页。

③ 罗伯特森写道：“我和凯恩斯先生曾多次讨论了（《银行政策和物价水平》）第五、第六章的内容，并且听从他的建议重写了这两章，改动之大，达到了这样的程度：我想我们俩人都不能辨认，哪些内容是属于他的，哪些内容是属于我的”。［英］奥斯汀·罗宾逊：《凯恩斯传》，滕茂桐译，商务印书馆 1980 年版，第 44 页。

经济危机，同时引来了瑞典学派经济学家的批评，使得这本书一直不受重视，但这并不影响其本身的理论价值。

在20世纪的30年代，罗伯特森和凯恩斯进一步推动了剑桥学派货币理论的发展，他们的著作《银行政策和物价水平》（1926年）和《货币论》（1930年）代表了剑桥学派经济理论的最高水平。这两本著作的创新之处主要表现在两个方面。首先，它们对货币体系与实体经济间的影响关系进行了细致的研究，明确指出了货币数量、流通速度、价格、利息率、储蓄和投资之间的相关关系，这种细致的分析构建了货币经济与实体经济之间的桥梁，确定了货币理论的重要地位。其次，这两本著作彻底打破了传统货币理论中的均衡观念，尤其是储蓄与投资之间、货币供给和货币需求之间的均衡关系。他们认为储蓄和投资分别属于不同主体的不同决策，两者之间没有直接关系，传统理论中利息率的调整将实现使调节两者均衡的理论被彻底颠覆。即便如此，他们都没有推翻剑桥学派最后一个均衡关系，即货币数量和商品数量通过价格水平的调整将实现的均衡，这一个均衡是剑桥货币数量论的根本。因此，他们并没有实现对传统货币数量论的根本性突破，这是罗伯特森和凯恩斯之间最后的共同认识。

随着《货币论》的失意，凯恩斯马上着手他的另一部革命性著作——《通论》。在《通论》中，凯恩斯的货币理论发生了革命性的转变，这也导致了罗伯特森与凯恩斯之间长期的争论，这种争论其实是罗伯特森对传统剑桥货币理论最后的坚持守卫，也是凯恩斯理论取得革命性成功的开始。

四、罗伯特森与凯恩斯的理论分歧

剑桥学派关于货币理论的分歧，主要体现在罗伯特森和凯恩斯之间，他们在剑桥传统货币理论的基础上共同推动了该理论在20世纪20年代的发展，然而，到了30年代后两人渐行渐远，甚至变得水火不相容。争论起源于1936年凯恩斯《通论》的发表，同年的11月罗伯特森就在《经济学杂志》发表了《对凯恩斯先生的就业通论的几点看法》一文。文中罗伯特森明确地批评了凯恩斯的两个观点，而且这种批判在随后的几十年中一直坚持，一是凯恩斯的分析是静态的，没有考虑动态因素的影响；二是凯恩斯忽略了劳动生产率和节俭因素对于利率的重要影响昌。①1936年底，凯恩斯写信给罗伯特森试图缓和关系，他说“我俩之间并不存在许多基本分歧”并坚称自己的利率理论只不过是古典经济学的另一种表达方式，认为罗伯特森的利率流动性理论与他的利率由现金的供求关系决定的理论有很大的相似性。但在信的结尾，凯恩斯对罗伯特森给予辛辣的讽刺，“我对你最后的一个指责是你的古典的正统的特点，但你不像一条正常的蛇那样把这层皮蜕去”。至此，二人的争论由学术问题转为人身的攻击，并在《经济学杂志》上短兵相接。② 罗伯特森认为凯恩斯“用歪曲的眼光来看待一系列问题”，凯恩斯则认为罗伯特森的批评“毫无价值，此外，让人难以忍受地感到无聊”。争论愈演愈烈，最后只得由庇古出面来调停，

① Robertson D H, “Some notes on Mr. Keynes’ general theory of employment” ,*The Quarterly Journal of Economics*, Vol.51, No.1（1936）, pp.168-191.

② Robertson D H, “Alternative theories of the rate of interest” , *The Economic Journal*, Vol.47, No.187（1937）, pp.428-436；Robertson D H, “Mr. Keynes and ‘finance’” ,*The Economic Journal*, Vol.48, No.190（1938）, pp.314-322；Keynes J M, “Alternative theories of the rate of interest” ,*The Economic Journal*, Vol.47, No.186（1937）, pp.241-252；Keynes J M, “Comment on DH Robertson” ,*The Economic Journal*, Vol.48, No.14（1938）, pp.229-234.

劝慰罗伯特森专心于自己的研究。这场争论使得罗伯特森成为剑桥不受欢迎的人，因为凯恩斯的“剑桥马戏团”全部支持凯恩斯的观点，凯恩斯弟子——尤其是琼·罗宾逊——对罗伯特森的攻击使得罗伯特森被迫在1938年离开剑桥大学。凯恩斯《通论》的巨大成功掩盖了这场争论的激烈程度，但随着凯恩斯时代的终结，人们也逐渐认识到罗伯特森的货币理论的独特性和合理性。

在分析两人的理论差异之前，有必要了解一下两人对货币理论的共同认识，主要体现在如下几个方面：(1) 传统的货币数量论在长期来看是有效的，但在短期内由于工资、价格及利率的黏性而变得无效；(2) 储蓄和投资之间不存在着必然的联系，但是从长期来看投资决定着储蓄；(3) 短期投资的资金来源主要是货币供给量的增加，而不是即期储蓄；(4) 投资的变动能够引起社会财富（产出）的变动，而储蓄只能实现财富的转移；(5) 当资本资产的商业需求陷入低谷时，公共工程不仅能在短期内产生作用，在长期来看也很有必要；(7) 虽然两人对乘数理论的作用大小看法不一，但都同意乘数理论对现实有很大的影响力；(8) 在生产中的投资和消费是互补的关系而不是替代关系；(9) 个人单独决策的行为是正确的，而集体决策的行为则不一定正确。

此外，两人都是马歇尔和庇古的学生，都有同性恋倾向，都对艺术无比向往，且都坚持己见，然而这些共同点并不能掩盖理论上的巨大分歧，主要表现在如下几个方面：

(1) 对货币理论的重要性看法不同。罗伯特森在他所有的著作中都体现出这样一种观点，即实体经济是第一位的，货币是第二位的，即使货币不存在，经济还是会正常运行。他甚至提出，在处理危机时不必要太注重利率。然而，到了凯恩斯这里，货币就成为决定经济运行的第一要素，货币不是面纱，是现代货币经济运行的本质。

（2）对时间分析的看法不同。罗伯特森虽然也关注短期中处理危机的各项理论与政策，但他的分析总是以长期为基础的，他认为经济的波动是经济增长和工业进步所必然经历的过程，社会进步快时波动就大，进步慢时波动就小，因此，处理危机不应当只顾当前。然而，凯恩斯在其《货币改革论》中就已经表明了他的态度：从长期来看，我们都将死去。

（3）对商品价格波动的决定机制看法不同。罗伯特森认为，价格波动源于储蓄和投资之间的差额，价格水平的波动只是货币现象，而凯恩斯认为价格围绕着正常价格波动是正常现象，而正常价格则由供需决定。

（4）分析问题的视角不同。罗伯特森倾向于认为，现实的各种经济现象是一个统一的整体，不能割裂开来单独分析，尤其批评凯恩斯的货币分析忽略了实体经济的作用；短期分析又忽略了政策的长期影响；利率分析时只注重货币因素而忽略了生产力和节俭的影响；夸大了流动性偏好与乘数原理的作用。

（5）对待危机的态度不同。罗伯特森认为，危机是经济增长的必然过程，危机之后必然迎来新的技术进步和社会总财富的增加，货币理论可以在一定程度上减轻或加重危机的程度，但不能消除它。凯恩斯则认为，合理的货币政策可以彻底地解决经济危机，甚至长期适度的通胀可以保证危机不再发生。

（6）对于“流动性偏好”和“乘数原理”有不同的意见。罗伯特森认为，流动性偏好只有在极端的情况下影响利率，同时，流动性陷阱也不可能长期存在，因为长期的利率取决于生产力水平和人们对经济走向的预期，不光取决于货币数量；而乘数原理虽然有一定的理论意义，但是在应用中存在滞后。但“流动性偏好”与“乘数原理”是凯恩斯理论的基石，流动性偏好是导致银行利率高于正常利率的主要原因，而乘数原理是政府支出拉动总需求的理论基础。

(7) 对传统经济学中的萨伊定律和货币数量理论的认识不同。罗伯特森从实体经济出发，认为即使没有货币，经济照样可以运行，因此萨伊定律和货币数量论是适用的，同时他批评凯恩斯的理论颠倒了经济学中的逻辑关系，比如凯恩斯认为就业是实际产出（收入）的函数，与工资无关；有效需求取代了萨伊定律；投资和储蓄通过收入来实现均衡，而不是利率；利率只取决于货币市场的供给与需求，与生产率无关；社会资本的积累必将导致资本报酬率的递减，最终使得新资本形成率为零，而忽视了社会其他因素的影响。

第二节　剑桥学派的经济周期理论

19 世纪末期以来，西方资本主义社会周期性的经济危机一直是经济学研究的重点，马克思认为这种危机是资本主义社会化大生产和生产资料私有制之间的固有矛盾，是不可能消除的。作为资本主义制度的拥护者，剑桥学派经济学家自然不能接受这一论断，因此，剑桥学派提出了自己的经济周期理论，试图寻找周期性的经济危机的根本原因。剑桥学派的经济周期理论可分为：早期的工业波动理论、中期的贸易周期理论和晚期的经济周期理论。本节将对这些理论逐一进行分析。

一、剑桥学派的工业波动理论

早期剑桥学派的工业波动理论，形成于19世纪末和20世纪初。当时西方主要工业国家普遍性地发生周期性的经济危机，这引起了包括马克思在内的所有经济学家的注意。剑桥学派作为经济学研究的权威机构自然要对这一现象做出解释。然而由于当时多数国家并没有摆脱金本位的货币体系，所以早期的研究主要集中于工业波动，认为价格及利息波动只是工业波动的货币反映，这是早期剑桥学派对经济周期的重要观点。

早期剑桥学派对于工业波动理论的研究主要贡献来自马歇尔和庇古。马歇尔在其《货币、信用与商业》的第四篇专门讨论了工业波动的问题，而庇古更是以专著《工业波动论》对这一问题做了详细的梳理。马歇尔在其著作中回顾了英国经济的发展历程，对工业波动形成的历史进行了归纳。他认为早期的工业波动较为简单，主要是由于受气候影响的农业产生，农业的丰收和歉收都会导致农民的收入下降，从而引起需求的下降和原材料价格的波动。但由于该时期的工业分工较为模糊，行业间的工人专业技术含量较低，不同行业间的工人可以自由流动，因此波动的幅度较小，范围较小。随着工业革命后新技术的推广，不同行业工人的专业技术性越来越强，流动性下降，同时工业规模的不断扩大，以及交通工具和通信工具的发展，工业波动的幅度和影响范围随之扩大。此时的工业波动主要是新技术的革新、新市场的开发以及新矿场的开发导致的，同时，他指出，虽然“技术进步会使一小部分工人暂时失业，(但）技术进步给人类带来的害处要小于人类得自技术进步的好处，对其害处的仔细研究，凡可以补救的，都应予以补救”[①]。这可以认为是工业波动的第二阶段特征。当银行和信用体系成为工业发展之不可或缺的时候，工业波动就往往表现为信用波动，反映为价格和利率的波动，此时他认为“商业情况显然是在一个确定的圆形轨道上旋转。最初它处于静止状态，随后便是商情好转——信用高涨——繁荣——兴奋——贸易过分扩大——震动——紧张——萧条——灾难——最后又处于静止状态”[②]。同时“商业上的不信任大概十年左右波动一次，而政治上的不信任则无规律可循”[③]，“利率取决于一般企业的平均获利能力，市场贴现率围绕平均利率的波动，取决于工商业活动中各种不同的偶然事件”[④]。银行体系对贴现率的及时调整，常常可以阻止信贷的过分扩张，从而可以减轻波动的影响。

马歇尔将时间因素引入波动分析，将波动分为长期波动和短期波动。长期波动主要是由于作为货币基础的贵金属的产量波动所引起的通货膨胀或是通货紧缩；短期的波动可指经济危机或信用周期，即由外生的对于货币的供给或是需求的变动所引起的。长期波动引起价格和货币供应的持久性变化，这对于整个的生产服务没有影响；短期波动引起产量的波动与价格的

---

① ［英］阿尔弗雷德·马歇尔：《货币、信用与商业》，叶元龙、郭家麟译，商务印书馆1986年版，第247页。

② ［英］阿尔弗雷德·马歇尔：《货币、信用与商业》，叶元龙、郭家麟译，商务印书馆1986年版，第250页。

③ ［英］阿尔弗雷德·马歇尔：《货币、信用与商业》，叶元龙、郭家麟译，商务印书馆1986年版，第258页。

④ ［英］阿尔弗雷德·马歇尔：《货币、信用与商业》，叶元龙、郭家麟译，商务印书馆1986年版，第262页。

激烈变化。

马歇尔对商业波动最具有创见的地方，在于他对于波动预防机制的认识。他认为，“波动的根本原因是信贷没有坚实的基础”，同时，“经济制度是人性的产物，因而其变化速度不可能大大超过人性的变化”，因此，改善人性就可以减轻波动的影响，而其途径就是教育。他指出，“知识的更广泛、更深入的传播，将防止出现过分信任的状况，从而避免信贷的猛烈扩张和物价上涨，并将防止随后出现过分不信任的状况”。同时，“一个由公正无私、精明强干、具有广泛商业知识的人组成的委员会，最终将能够对商业风暴和商业气候作出一般性预报，这种预报将对工业部门的工作更加稳定和更加具有连续性起重大作用”①。由于马歇尔的《货币、信用与商业》是在其去世前一年出版的，由原来手稿的整理而成，照凯恩斯的说法——“已经落后了社会 50 年”②。

与马歇尔落后的理论相比，庇古的《工业波动论》则相对更为深刻、全面。庇古对工业波动的分类更加细致，他认为存在三种波动，（1）长期延续的广泛变动、（2）延续数年的较短波长的摆动、（3）随正常年度的季节变化的短期波动。而他的研究目标是延续数年的短期波动。他认为工业的波动主要表现为两个方面：生产系数的变化和就业指数的变化，而后者更加直观，更有现实意义。在对比历史数据后，他指出了当代工业波动的五个特征：（1）有广泛的国际范围；（2）在时间上连续

① ［英］阿尔弗雷德·马歇尔：《货币、信用与商业》，叶元龙、郭家麟译，商务印书馆 1986 年版，第 264—266 页。

② Keynes J M, “Alfred Marshall, 1842-1924”, *The Economic Journal*, Vol.34, No.135（1924）, pp.311-372.

发生的循环大体相似；(3) 在空间上不同职业的波动在时间和方向上大体相似；(4) 相对于消费品而言，生产工具的制造业波动具有较大的幅度；(5) 同上，生产工具制造业的波动略为领先于消费品的波动。他认为工业波动主要是由对劳工实际需求的变动开始的，而引起这种变动的原因可能是主观上的预期，也可能是客观上实际收入的变动，同时信贷创造量的波动与就业量波动之间有着紧密的关系，这是现代工业被笼罩在货币外衣之中的一种表现。

庇古认为，相对于实际收入而言，预期是引起对劳工需求变动的主要原因。而影响预期的因素则比较复杂，如战争、农业收成变化、新技术发明的出现、劳资争议、消费者偏好的变动以及国外需求的变动，都可能使得厂商对未来产生乐观或是悲观的预期。通常悲观和乐观的预期交替地产生，这就使得工业波动具有一定的节奏性和周期性。庇古认为工资政策、货币政策、信息公开的程度、信用政策等其他因素都可能对波动的幅度产生影响。总的来说，刚性的工资政策、不稳定的货币政策、信息的完全公开以及不加控制的信用政策都可以使波动幅度增大，而弹性工资、稳定的物价、相对封闭的信息以及与市场逆向的信用政策可以减缓波动。他认为，消除工业的波动是不可能的，唯一的办法就是预测危机的到来，同时，采取相应措施减轻波动造成的伤害。要提高预测水平就需要丰富的知识、完善的信息等，这对于需要较长生产周期的商品，如大型工业设备、大型建筑等尤为重要，因为这些是受波动影响最大的行业。庇古得出的结论是工业周期一般 10 年发生一次，因为大部分机器的奉命就是 10 年，这是机器的更新周期；而农业周期则是太阳黑子的活动周期。这里，庇古部分接受了杰文斯的观点，认为农业周期会对工业周期产生重要影响。①

此外，庇古区分了关于工业波动研究的几大流派。分别是收成派、心理派和货币派。收成派认为波动的原因主要是年度农业收成量的波动所致，与货币和心理无关，只要设法将农作物的产量稳定下来，工业波动虽然不会全部消失，也会大部分消失，杰文斯就是收成派的代表。庇古指出农作物产量的波动是工业波动的原因之一，但其与工业波动的关系没有如此强烈，理由有三：(1) 用来交换农产品的工业品数量较少；(2) 交通工具的发展和农业技术的进步将使得农业产量的波动更小；(3) 冷藏技术与农产品交易市场的发展可以保证每年相对稳定的农产品供给。心理派认为工业波动的原因就是预期，时而是过分乐观所致，时而是过分的悲观所致。如果政府能够让投资者建立起对经济的信心，则波动就能消除。庇古认为这一派的立论更是不可靠的，因为随着专业知识和信息技术的发展，人们对于未来会形成较为准确的预期，可靠的预期是投资者决策的主要原因，心理因素只是次要原因，因此，将心理因素作为波动的根源是不可靠的。最后，货币学派认为价格的波动是导致工业波动的主要原因，如果对货币（银行）体系实行改革，使得农业的丰收、错误的乐观情绪以及贵金属的流入等波动的原因不引起价格的上涨，也不使类似的经济活动引起价格下降，那么，波动不需要任何的控制措施，会自然消除。剑桥学派的成员如凯恩斯、霍特里等就是这种观点。但庇古认为，这一观点也存在几个方面的失误：(1) 企业家扩大生产的决策在于其个人对未来

---

① 参见［英］阿瑟·庇古：《工业波动论》，高耀琪译，商务印书馆1999年版。

市场的预期，且这种预期是建立在一般价格水平不变的基础上的，银行不能决定企业家的决策以及约束价格的定价；(2) 企业家一旦决定扩大生产时，其资本不一定来源于银行，也可以通过借款或发行证券的方式来筹得资金，银行政策的约束力是有限的；(3) 鲍利和欧文·费雪的统计数据已经表明，工业波动时期的价格变动总是滞后于就业指数的变化的，"当萧条走向恢复时，就业指数通常在批发价格指数变动之前几个月就开始增高"①，因此，价格波动只是工业波动的表象。虽然庇古反对任何一种对于工业波动的片面解释，但他也承认每一学派的合理性，认为每一种派别的理论都可以在一定程度上减轻波动的程度。但从根本上来说，庇古认为工业波动是资本主义社会的本质特征，一切应对措施只能是预防和减轻，但不可能消除。同时，庇古认为在预期工业波动方面，政府应当发挥重要作用，他强调："市政事业的消长，在某种程度上可以抵消私营企业的盛衰"②。可以说，庇古在对待政府职能这一点上，实现了对传统古典理论的突破。同时庇古提倡通过社会福利制度、缩短工时、失业保险制度来减轻波动的危害，而这又回到了他福利经济学的基本点上。

从一定程度上说，马歇尔和庇古的工业波动理论最大的贡献就是将工业波动引入了经济学分析，认识到了对经济周期理论研究的重要性。但是，他们对工业波动的认识还比较浅显，是一种朴素的经济波动理论。他们将工业的波动作为经济周期

---

① 参见［英］阿瑟·庇古：《工业波动论》，高耀琪译，商务印书馆1999年版，第203页。

② 参见［英］阿瑟·庇古：《工业波动论》，高耀琪译，商务印书馆1999年版，第310页。

理论的唯一原因，又将农业波动周期和机器的更新周期作为工业波动周期的根本原因。可见，他们并没有认识到资本主义经济危机的根本原因是资本主义制度本身，与农业和机器寿命并没有直接关联。这是他们理论的根本性缺陷。

二、霍特里和凯恩斯的商业周期理论

剑桥学派成员对于庇古《工业波动论》的评价并不好，尤其是坚持货币理论的凯恩斯，他对这本书的评价是“糟糕透了——也许马歇尔夫人的看法是对的，他应该结婚成家。他的脑子已经死亡，只是把他所知道的东西用逻辑顺序排列起来而已”[①]。凯恩斯的评价虽然有些刻薄，但也算事实。相对于霍特里、凯恩斯和罗伯特森的商业周期理论，庇古的工业波动论不论是从理论深度，还是论证的严密性都没有可比性。

早在1913年，霍特里就致力于对经济波动原因的研究，在其《好的贸易与坏的贸易》中他就得出这样的结论：“我们发现这个世界上的货币体系正是导致周期性波动的真正原因”[②]。霍特里认为银行对法币供给的收缩导致生产商低价出售商品，同时制约了生产活动的发展，导致工资下降，直到实际工资接近最低工资，这一趋势才能得以逆转，同时，国际性的货币流通体系使得这一趋势对其他国家也形成影响，从而导致整体上的价格下降。这样，“区域性的银根紧缩对经济的损伤，

---

① ［英］罗伯特·斯基德尔斯基：《凯恩斯传》，相蓝欣、储英译，生活·读书·新知三联书店2006年版，第449页。

② Hawtrey R G, *Good and Bad Trade : an Enquiry into the Causes of Trade Fluctuations*, London: Constable and Company, 1913, p.217.

因为传播到了其他国家而得以减轻”[①]。此外，政府投资并不能稳定工业，因为政府投资的资金是通过挤压私人投资资金而得到的。他指出，现实中货币供给和银行体系的运作是与工业活动紧密相连的，因此，货币供给的波动通过工业的波动得以体现，而货币及银行体系本身就具有无法消除的波动性。这也是当前无法消除工业波动的根源所在。[②]

在其1919年出版的《货币与信用》中，他又重申了这样的观点，即“经济波动的所有原因都来自于货币因素的约束，只有与目前的货币条件相适应的经济活动才能取得一定成果”[③]。面对经济的萧条，霍特里认为可以通过增加货币供给的方式得以解决，而且还不会导致价格的波动。他指出“在生产开工不足的情况下，生产者愿意接受订单而不提高价格。因此将额外的货币投入流通领域去购买这些额外的商品，物价水平并不会由此而普遍上涨”[④]。凯恩斯认为霍特里推理的逻辑问题是，厂商很可能由于流动资金的匮乏而使得生产无法继续。为了回答这一问题，霍特里创造了他的存货理论，即厂商的存货会为生产的复苏提供流动资金。霍特里指出，商人一定会根据市场情况而调整其存货量，尤其是那些通过负债方式而运营的厂商，他们对利率十分敏感，利率上升会减少存货，利率下降则增加存货。在消费领域增发货币，就可以将厂商的存货转换

① Hawtrey R G, Good and Bad Trade：an Enquiry into the Causes of Trade Fluctuations, London: Constable and Company, 1913, p.105.

② Hawtrey R G, Good and Bad Trade：an Enquiry into the Causes of Trade Fluctuations, London: Constable and Company, 1913, p.216.

③ Hawtrey R G,*Currency and credit*, London:Longmans, 1919, p.169.

④ Hawtrey R G, Good and Bad Trade：an Enquiry into the Causes of Trade Fluctuations, London: Constable and Company, 1913, p.74.

为流动资金，同时也不会导致价格的上升。[①] 由此可见，存货在霍特里的商业周期理论中占有重要的地位。

霍特里最富有意义的创新是他“有效需求”的概念，在1926年的著作中，他指出“消费者的所有支出就是市场上所有商品和服务的总的有效需求（whole effective demand）”。随后他对传统经济学中需求与供给能够平衡的说法给予了否定。他说古典经济学家认为普遍的生产过剩是不可能出现的，没有人不是为了消费而进行生产的，因此需求总是与供给相等。只是在商业繁荣时生产得更多，萧条时生产得少而已。就算供给多于需求，生产商就会有商品滞销，滞销导致生产中止或减少产量，这都将导致失业的产生，如果这种状况一直持续，滞销商品将会被低价出售，从而使得整个经济在一个低位运行，但不会导致停滞。随着经济的复苏，最终会回到正常水平。但是这没有解释为什么复苏和债务清算会在不同行业和地区同时发生？为什么复苏需要7到10年，甚至更长的时间？其根本原因是古典经济学的分析忽略了货币和信贷的存在，认为这些只是面纱，但是实际上厂商进行生产活动的决策取决于三个因素：(1) 贷款利率；(2) 预期的价格；(3) 实际的销量。其中利率取决于银行；预期价格取决于乐观或是悲观的市场环境；销量取决于有效需求，即取决于消费者的消费和储蓄的决策。其实这三者都受银行利率的影响，利率低时贷款容易，生产扩张，消费者的消费意愿强于储蓄意愿，因此销售上升，整个经济进入良性循环。而如果利率较高则会进入恶性循环。而全球

① Hawtrey R G, Good and Bad Trade：an Enquiry into the Causes of Trade Fluctuations, London: Constable and Company, 1913, p.156.

的货币流通体系使得这种循环在世界范围内扩张，这才是经济波动的真实原因，经济波动的根源在于利率的波动。①

凯恩斯基本上同意霍特里对于经济周期的分析，尤其赞成货币因素是经济周期根源的论断。但是凯恩斯的分析相对于霍特里则更加激进，他认为经济波动的根源在于资本边际效率而不是利率。他说“经济周期的基本特征，特别是能使我们称它为周期的时间过程和时间长短的规律性，主要是由于资本边际效率的波动。我相信，经济周期最好应被当作系由资本边际效率的周期性变动所造成；当然，随着这种变动而到来的经济制度中的其他重要短期变量会使经济周期的情况变为更加复杂和严重”，对比霍特里的理论，凯恩斯说“对于危机的解释，我们一向习惯于强调利率上升的倾向……有时，这一利率上升的因素确实可以起着使事态严重化的作用，偶然也许起着导火线的作用。但我认为，对危机的更加典型的，而且往往是决定性的解释在基本上并不是利率的上升，而是资本边际效率的突然崩溃”②。

为了论证资本边际效率的作用，凯恩斯从两个方面分析了经济波动的原因。一是经济如何从繁荣到萧条，二是经济由萧条到繁荣。针对第一个过程，他指出，繁荣阶段的特点是投资者对资本的乐观预期，强大到足以补偿资本品数量的日益充沛、生产成本的上涨以及利率上升。在这种情况下投资者对其所购买的商品及其收益率认识得并不清楚，当过度乐观导致价

---

① Hawtrey R G, “The trade cycle” ,*De Economist*, Vol.75, No.1（1926）, pp.169-185.

② ［英］梅纳德·凯恩斯：《就业、利息和货币通论》，高鸿业译，商务印书馆2004年版，第325—327页。

格崩溃时，资本的边际效率急剧下降，恐慌和不安使得流动性偏好急剧上涨，由于短期内资本的供给不会变动，因此，流动性偏好的上涨导致了利率的升高。这一过程可以简单地描述为：繁荣的乐观情绪导致高的资本边际效率——过度投资引起的价格下降使得资本边际效率急剧下降——流动性偏好急剧上升——高利息率，市场进入萧条期。因此高利率只是资本边际效率下降的结果，而不是经济波动的真实原因，因为利率和流动性偏好在资本边际效率下降之前会保持稳定。

第二个过程，即由萧条到繁荣的过程，将会变得相当地漫长。因为资本的边际效率不仅取决于现有的资本品数量多寡和生产它现在所需要的成本，也取决于对资本品将来收益的现行的预期。在萧条时期，资本的边际效率由无法控制和不听控制的工商业界的心理状态所决定。在个人行为自己决定的资本主义经济中，信心的恢复远非调控所能奏效。此时，利率的下降和生产成本的下降并不能导致资本边际效率的提升，因为这种提升伴随的是工商业对于未来信心的恢复。这是个长期的过程，也是经济危机难以治愈的主要原因。

经济危机为什么会显现出周期性呢？周期的时间长短又由什么因素来决定呢？凯恩斯认为周期长短取决于两个因素：(1) 既定时代的经济正常发展所决定的，耐久性资产的寿命；(2) 多余的存货的保管费。因为在萧条的状态下，存在着过剩的资本设备，其边际效率已经变得微不足道，甚至为负。要想通过磨损、腐蚀和老化来重新造成资本设备的短缺，需要一段时间，而时间的长短大致取决于当前资本设备的平均寿命，可见在这一点上凯恩斯与庇古的看法是一样的。同样，萧条时期不仅存在资本设备的过剩，也会存在库存的过剩，库存的保管费用使得必须将库存商品价格下降到足够低的程度，以便将这部分库存转化为流动资本，只有当库存被吸收完，新的一轮投资才能真正地开始，而库存费用的高低对这一时间的长短有巨大的影响。在这一点上凯恩斯又接受了霍特里的观点。

综上所述，霍特里和凯恩斯对于商业周期理论都有较大的贡献，主要体现在两个方面。首先，他们对于商业周期的分析突破了传统工业波动理论的局限，认识到了货币、预期、信用等因素在商业周期中的重要作用。他们都认为货币体系的波动是商业周期的根本原因，不同的是，霍特里认为根本原因是利息率而凯恩斯认为是资本边际效率。同时，霍特里认为货币的波动是货币经济的本性，是无法消除的，而凯恩斯认为可以通过适当的货币手段消除货币体系的波动，从而彻底解决经济危机的产生。其次，他们都对商业周期产生进行了细致的微观分析。他们从资本家投资的动机开始，分析投资产生的原因，货币因素对投资的影响，进而指出商业波动的传导机制。可以说，他们的研究确定了现代经济周期理论研究的微观基础。

三、罗伯特森的经济周期理论

对于经济周期理论，罗伯特森是研究得最深入的，经济周期理论是罗伯特森的代表性理论。同时，他的理论也是最具有剑桥特色的理论，因为他既保持了马歇尔、庇古的研究传统，又结合了霍特里和凯恩斯的货币思想。

罗伯特森对于经济周期理论的研究最初见于其 1915 年出版的《工业经济波动研究》一书。该书是罗伯特森研究经济周期理论的出发点，其后的研究只是对该书思想的进一步细化。

总的来说，罗伯特森的经济周期理论呈现出两个特点：一是坚持庇古的工业波动理论为基础，同时又吸收了杰文斯的农业波动理论和霍特里等人的货币波动理论，将三者完美地结合在一起；二是在研究经济周期过程中，注重经济波动对社会福利的影响分析。

罗伯特森认为，在资本主义社会中，自由放任的个人决策以及每个人对于利益的追求，促进了经济的繁荣与社会凝聚力的产生，但同时也是工业生产无序状态的根源。他认为经济危机是资本主义制度本身的产物。现代资本主义生产本质上的无序性，以及不懈地推动经济增长的原意是资本主义制度的本质缺陷，也是经济周期的根本原因。罗伯特森认为，对增长的追求使得经济由萧条走向繁荣，但由于资本主义无序性的存在使得繁荣不能持续。同时，农业增长的速度限制和工业技术的进步也迫使经济增长方式要不断地调整，这些都是周期性波动的原因。在罗伯特森看来，经济增长的具体表现就是经济的周期性波动，每一次波动后经济会迎来更大程度的增长。所以在资本主义社会中要消除波动，就相当于放弃增长，社会必须在波动率与增长率间寻求一种平衡。

与其他经济学家不同，罗伯特森尤其注重农业生产对于经济波动的影响。虽然，他不认为农业波动能为工业波动提供一个全面的解释，但他认为农业波动是经济波动的一个重要因素。他指出在工业社会中，原材料价格的变化以及投资的变化只是工业波动的次要原因，而需求的变化则是主要原因。引起需求变化的原因则是战争、关税、谷物价格等。“通常来说，谷物价格的上升会导致海路和陆路交通的更大需求，间接提升钢铁的需求……农业丰收会促进对生产设备的投资，这一点在新兴国家和发展迅速的国家中尤为明显”①。在其1963年的《经济学原理讲义》中，他说“大自然的慷慨的波动扮演着一个依然可以辨识的角色，考虑到太阳黑子的作用，要将危机减少到一个有规律的周期模式或许是不可能的”②。

在观察和度量经济周期方面，罗伯特森接受了庇古福利经济学的观点。在宏观上，他将“真实国民收入”作为度量标准，在微观上是个人的“总净收入”。他指出，个人的总净收入是消费的基础，而消费则是一切经济生产的终点，从消费的需求出发研究经济周期是罗伯特森的一大特点。消费对应的是消费品，消费品由资本品生产而来，而资本品的数量取决于投资额，投资又来源于与消费相对应的储蓄，这种关系就构成了储蓄和投资的关系。资本品市场和消费品市场的均衡取决于两者的边际效用之比。消费品的边际效用由消费者的偏好决定，且不断递减。资本品的边际效用则较为复杂，取决于预期、农业收成以及新技术，以及市场大规模更换磨损资本品（旧设备）等因素。正是资本品边际效用与消费品边际效用之间比率的波动才导致了经济的波动，能引起这两者波动的因素都是经济周期的原因，如消费者偏好的转变、新技术的产生、市场大规模更新资本品（设备）、预期的波动、农业产量的波动等等。

在分析具体经济周期过程时，罗伯特森是从经济复苏时开始的，这一点与凯恩斯相反。他认为，在经济复苏的阶段存在

---

① Robertson D H,*A study of industrial fluctuation: an enquiry into the character and causes of the so-called cyclical movements of trade*, London: PS King, 1915.pp. 75-85.

② [英] 戈登・弗莱彻:《丹尼斯・罗伯特森》，王磊、李素云译，华夏出版社2010年版，第84页。

着“投资的诱惑”或是“消费品旋涡”。因为在经济复苏阶段集中了三个提升资本品边际效用的原因：(1) 新技术发明的应用；(2) 大规模更换资本品设备；(3) 以及对将来好收成的预期。这些原因一起将投资推向高位，同时，由于企业家“需求的努力弹性”的存在——他们越努力，生产效率就越高，满意度也就越高，追加投资的意愿也随之增高——这就导致“投资的诱惑”。“投资的诱惑”使得大量的资本品被吸引到某几种消费品的生产当中，其结果就是其他产业的投资不足。同时，过度的投资伴随着资源的低效率使用、部分原料供给成本的上升、融资成本增加等。更加重要的是，农业的发展与工业消费品发展的速度不同步，因为农业是除工业之外唯一与工业产出发生交换的最重要的经济实体，一旦农业的产量增长不及工业投资增长就会造成对工业产品的需求短缺。以上的因素如果都结合在一起发生，就会使经济由繁荣转向萧条，这就是经济周期实际产生的原因。

从罗伯特森的经济周期理论来看，相对于真实因素对经济周期的影响，货币因素则处于次要地位。他指出：“从根本上说，货币毕竟不是一个重要的话题。对于那些让我们紧张的不和谐的现象，我们认识到既不能依靠最革命性的又不能指望最‘彻底的、健康的’货币政策来提供对策，因为这些现象已经深深根植于当前的工业结构当中，也许还有人类的本性当中”①。在论及控制经济周期的具体措施时，罗伯特森又赞成货币方法的使用。他认为要防止萧条的到来，就应当在消费品和

① Robertson D H,*A study of industrial fluctuation: an enquiry into the character and causes of the so-called cyclical movements of trade*, London: PS King, 1915.p.Vii.

资本品配置上实现平衡，在经济繁荣的阶段存在着过度投资的倾向，那么就应当采取高价格和高利率的措施，这两方面都可以抑制投资，增加储蓄，从而缩小两者间的差距，防止投资与储蓄的差距过大导致经济危机的产生。

此外，对于经济周期理论中社会福利的关注，是罗伯特森经济周期理论最重要的特征。这也是他继承了庇古福利理论的证明。他认为，在经济的发展过程中每个人都要面临两个选择：一是如何以最小的消费换得更大的效用；二是要不要节约当前的消费以进行储蓄，以创造将来更大的效用。如果将这个问题放到整个社会的高度，那么，就变成了：(1) 对于任何既定的增长率而言，我们有可能使这个经济增长的必要成本最小化吗？ (2) 以牺牲当前利益来换取未来的经济繁荣的做法可取吗？第一个问题是可以通过经济学理论来回答的问题，即可以通过市场机制，将资本品在不同产业间实现合理的配置，减少资源的浪费；同时将消费品在消费者间进行合理的配置，实现效用的最大化，这其实就是庇古福利经济学所研究的内容。经济波动不仅影响资本品在产业间的配置，产生资源浪费，也导致工资波动和失业的产生，使得社会总效用减少，因此第一个问题的答案就是要尽量减小波动的幅度，将损失降到最低。对于第二个问题的回答则比较困难，如果经济波动的根源在于人们对经济增长的追求，增长和波动相随而行，在短期内其结果到底是导致福利的增加或减少是不可知的。正如罗伯特森所说：“从某些观点看来，整个工业变化的周期呈现出这样一种现象：现在的祭品总是放在未来的祭坛上。在繁荣的时期里，所做出的牺牲与最终将要得到的享受不相称；在萧条的时期里则对享受予以克制，以免它再造成新的牺牲。从工业错位的混乱中走出后，就能使未来达到真正的长期繁荣”[①]。具体来说，在消费和储蓄之间选择，就等同于在现在和未来、在稳定与波动间选择，从本质上说这不是一个经济学问题，而是一个伦理学问题。“时代倾向于在‘具体的原因’中忽视‘最终的原因’，这个时代倾向于我们牺牲自己”，“把自己作为牺牲品献给：努力推动、推动又推动，永远顺着世界的繁殖力而向前推动（的长期利益中）”[②]。罗伯特森的所有理论都是在寻找一条限制波动，同时又不损伤推动的均衡方法。

罗伯特森是对资本主义经济周期认识最为深刻的经济学家，原因就在于罗伯特森认识到了经济周期的根本原因是资本主义制度本身，而不是工业波动，或是货币波动。经济波动是资本主义社会对财富的无理追求，以及竞争的无序性的必然结果，而这些正是资本主义制度本质的缺陷。因此，罗伯特森像马克思一样，认识到了资本主义制度的内在缺陷，这在当时的西方经济学家中已是巨大的突破。但罗伯特森并没有认识到资本主义的本质矛盾是社会化大生产和生产资料私有制之间的矛盾，这是由他的阶级属性所决定的。在分析经济周期产生的内在机制时，罗伯特森将商品分成资本品和消费品，并认为经济的波动产生于资本品和消费品的边际效用之比。这里，他否定了凯恩斯将波动归结为资本边际效率的单一规则，同时，分析资本品和消费品两种市场的边际效用。这是对凯恩斯理论的巨大进步。在如何解决经济周期的问题上，罗伯特森的结论则较为悲观，他认为，既然经济周期是资本主义制度内在固有的缺

---

① Robertson D H,*Banking policy and the price level: an essay in the theory of the trade cycle*, London: PS King & son, 1926, p.254.

② Ibid.

陷，那么，经济周期是不可能消除的，所有的政策，包括货币政府在内都只能缓解周期，而不能根除周期。在当时的资本主义国家来看，罗伯特森的观点是难以接受的。这也是凯恩斯等经济学家长期不接受罗伯特森理论的原因之一。

第三节　剑桥学派的失业理论

失业一直是资本主义社会的流弊。19 世纪末期，大规模的失业不仅造成了严重的社会贫困问题，与失业相随的工人运动也危及资本主义社会的稳定。对失业问题的研究，是当时经济学的研究重点。剑桥学派在失业理论上也作出了重要贡献。

一、福克斯威尔的失业理论

工业革命之后，失业问题一直是困扰资本主义经济发展的主要问题之一。早在 1886 年，剑桥经济学家福克斯威尔就表示了对失业问题的关注，他说："与人口过剩、无知、自私自利、欺骗、压迫等社会问题相比……失业是导致这些问题的直接或间接原因，对我来说，就业的波动问题是社会进步首先要考虑的问题，也是劳工组织最关心的问题"[①]。在分析失业形成的原因时，福克斯威尔首先反驳了三种失业理论：(1）失业源于机器对劳动力的取代；(2）失业源于工人阶级自身的堕落；(3）失业是由于工人要求的名义工资过高。对于第一种观点，他认为机器是可以在一定范围内取代部分劳动力，但是机器的

① Foxwell H S,*Irregularity of employment and fluctuations of prices*, Edinburgh:Co-operative Print company, 1886, p.3.

出现也伴随着新的就业机会的出现，因此，机器可以作为失业的原因，但肯定不是主要原因。对于第二种观点，福克斯威尔指出工人阶级一般都生活在半饥半饱之间，因此，他们是特别谨慎和节俭的阶级。当然，由于大部分被迫失业的人都是生产效率不高或是有不良嗜好的人，但堕落不是导致失业的原因，而是相反。对于第三种观点，福克斯威尔从两个方面进行了反驳。首先，他通过调查发现，英国官方统计的名义工资高于实际工资两倍，官方公布的失业率也高于实际失业率。因此官方的这种说法是推卸责任的行为，即认为是工人阶级自己的贪婪导致了失业。其次，他仔细分析了工人名义工资较高的原因，认为工人的名义工资相比较高是因为工作的不稳定所致。他指出"我们能够自鸣得意地说，失业仅仅是因为名义工资太高吗？我不敢肯定工人阶级自身是否认同这种说法，但我自己认为一份稳定的低收入远远强过不稳定的高收入，如果两者的总额是一样的话。商业社会因为工业的波动而人心惶惶，预期的收益得不到保证，赌博式的投机却四处盛行。在这样的社会中工人阶级是最终的受害者。因为对他们而言，谨慎和节俭是基本要求，一旦有经济波动产生，他们的生活标准和社会地位将会严重下降。现在社会上形成了一股小中产阶级，他们由一些领域的技术领先的工匠组成，但他们还是受到歧视，因为与政府的基层办事员相比，虽然他们的工资较高，但由于缺乏稳定性，后者更受人青睐"①。

因此，福克斯威尔认为，失业的根本原因在于工业社会的

① Foxwell H S,Irregularity of employment and fluctuations of prices, Edinburgh:Co-operative Print company, 1886, pp. 11-13.

不稳定性。他研究了英国整个19世纪工业化的历程后得出的结论是："从历史来看，工业的无政府主义时期正是工人阶级的形成时期……财富的迅速增长，同时也伴随着人口和失业的增长，这就是进步与贫困之间的联系"[①]。他进一步指出，"对自我利益的追逐使得我们进入工业社会，贸易和工业都在资本家的控制之下，而资本家的利益得失则可通过价格的波动反映出来，马尔萨斯说'商品的市场价格是社会财富生产变动的主要原因'，如果在1820年如此，那么对现代社会也是适用的，只是目前社会在一个更大的范围内运行，利润处在更高的水平，也由更大的资本家所控制"[②]。在这种更大规模的工业社会中，工业波动的危害也就更大，就业也就变得更加不稳定。福克斯威尔在研究工业波动与失业的联系时得出结论："我们不能说每一次的价格波动都导致了失业，但是可以肯定的是每一次失业都伴随着价格的波动"[③]。因此，价格的波动是失业的主要原因。那么，又是什么导致了价格的波动呢？福克斯威尔通过研究大量历史价格的数据，得出的结论是：短期的价格波动是由信用的波动引起，信用的波动与人们的预期有很大的关系；长期的价格波动主要是由货币的贬值所致。至此，福克斯威尔的失业理论到最后归结为货币理论的分析。

福克斯威尔的失业理论在当时是有积极意义的。首先，他

---

① Foxwell H S,Irregularity of employment and fluctuations of prices, Edinburgh:Co-operative Print company, 1886, p.14.

② Foxwell H S,*Irregularity of employment and fluctuations of prices*, Edinburgh:Co-operative Print company, 1886, p.16.

③ Foxwell H S,Irregularity of employment and fluctuations of prices, Edinburgh:Co-operative Print company, 1886, p.18.

否定了传统上对于失业原因的解释，认为失业并不是由无产阶级自身的堕落和贪婪所导致的，反而称赞无产阶级的谨慎和节俭。其次，他指出失业产生的原因是资本家唯利是图的投机行为。这种行为导致工业波动，人心惶惶，使得无产阶级的基本生活得不到保障，因此，他认为失业是资产阶级的贪婪所导致的。但是，福克斯威尔的科学分析到此为止，随后他又转而为资产阶级进行了辩护。比如，他将资本家的投机行为归结于价格的波动，因为价格的波动没有给资本家提供正确的市场信息，才使得资本家产生错误的预期和决策，进而导致经济的波动，产生失业。可以说，福克斯威尔的失业理论有科学成分，但他并没有将这种科学成分进一步提炼，而是进行了抹杀。这也进一步证明了剑桥学派经济学家是资本主义辩护人的基本属性。

二、庇古的失业理论

马歇尔虽然没有关于失业问题的专门论述，但他对于失业问题的分析以及对策，通过庇古的著作完整地展现出来。英国在 1908 年发布济贫法报告（*Poor Law Report*）中首次将失业问题列为社会主要问题之一，而 1919—1920 年的大规模失业使得失业成为当时社会的主要矛盾。统计学家、经济学家、社会评论家以及慈善家，都加入了这场与失业相关的论战当中。他们试图从不同的角度提出不同的解决方法。面对社会各界众说纷纭的乱象，庇古于 1933 年出版了剑桥学派失业理论的代表性著作——《论失业问题》。在书中，庇古试图以一个权威经济学家的身份对失业问题给出科学的解释，虽然这一理论后来成为凯恩斯重点攻击的目标，但庇古的失业理论还是作为新古典均衡分析方法的代表性理论在很长时期内成为主流。

为了使自己的失业理论更有说服力，庇古首先做了两点声明：(1) 经济学家并不只研究财富的生产与分配，消除和减少由于财富增加而导致的“流弊”才是经济学家研究的目标；(2) 经济学家相对于慈善家而言，对社会问题的分析更加全面，更加科学，不受情感因素的干扰，因此可以得出更为科学的结论。他说：“我们由于这些感情（同情心，悲悯心）的召唤而受到感动，因而进入了科学的庙堂（经济学），但却把大门向感情关上，请它们在外面等候我们出来”①。这两项声明，使得庇古站在了道德和科学的两重制高点上来分析失业问题。这也是其理论最受认可的原因之一。

庇古从失业的定义开始，分析失业所导致的社会问题，以及社会上对于失业问题的通俗认识，然后使用静态均衡分析方法得出了他的失业理论。即在完全竞争的劳动力市场中是不存在非自愿失业的，非自愿失业存在是由于名义工资的刚性所致，而工资刚性源于国家对于最低工资标准的干预以及工会的影响，这是造成失业的主要原因。同时，工人的流动性和经济的周期性波动也是导致失业产生的原因，但这些只是短期原因，也是次要原因。

庇古的失业理论是套用供给与需求均衡分析的产物。他认为，劳动力供给是相对稳定的，甚至短期内是刚性的。因此，决定失业的就只能是劳动力需求的变动或是实际工资对于均衡工资的偏离。从短期来看，造成工资刚性的原因有如下几个方面：(1) 弹性的名义工资制度在短期内是不可能的，因为复杂

① Pigou A C, *Essays in Economics (2th ed)*, London: Macmillan, 1952.p.2.

且正式的劳资冲突解决机制导致名义工资调整的行政成本过高；[①]（2）工资刚性成为劳资双方的必然选择，工人阶级想稳定自身收入保证生活质量，资本家的商品则必然按照劳资双方协商的价格销售，确保双方利益的公平；(3）经济萧条和繁荣的持续时间是不确定的，因此没有必要为短期的经济波动而调整工资；(4）鉴于劳资两方的不信任，劳方希望固定工资，资方希望固定成本，因此工资调整难度加大。劳动力需求的波动则源于三个因素：(1）实体经济的波动，如农业的增收或是新技术的产生；(2）信贷的扩张；(3）资本家对未来市场的预期。对于短期波动造成的失业，庇古认为政府可以通过加强职业介绍所的建设，实现劳动人员的流动和就业信息的进一步公开得以解决，同时通过财政政策稳定利率和物价都可以减轻失业的波动，虽然庇古支持弹性工资制度，但他也充分认识到这种制度不可能实现（Harris，1935）。

庇古认为，从长期来看，工资是具有弹性的，因此长期的失业率只可能是自愿失业和摩擦性失业。庇古指出，从长期来看，工资将在最高工资和最低工资之间波动，这由劳资双方长期的谈判确定，工会要求的最高工资是不能使企业破产或减产的工资，企业要求的最低工资则至少要保证劳动力的充分供给；工会能接受的最低工资必需使其不进行罢工，而企业能接受的最高工资是能确保企业开工而不是倒闭。[②]对于长期的失业问题，庇古认为政府应当加强对于非熟练工人的教育，提升整体工人的劳动效率，同时尽量使工资增加弹性。

---

① Pigou A C,*Unemployment*, London: William and Norgate, 1913, pp.92-93.

② Pigou A C,*Principles and Methods of Industrial Peace*,London: Macmillan, 1905.

综上所述，庇古将马歇尔的均衡分析完全应用于失业理论。这使其失业理论披上了科学的“外衣”，从而掩盖了资本主义失业产生的本质。庇古将失业问题归结为劳动力需求的不稳定和工资刚性，而劳动力需求的不稳定源于实体经济的波动、信贷扩张和预期。因此，庇古将失业问题看成是与资本主义制度无关的问题，他在《社会主义与资本主义的比较》一书中也指出，社会主义也会存在失业。在庇古看来，失业不是资本主义制度问题，而是个纯粹的经济问题。可见，庇古对于资本主义失业的认识是比较肤浅的。其次，庇古认为只存在短期失业，长期失业是不可能存在的这一诊断，是与资本主义现实不相符合的。失业问题是资本主义的流弊，在各个资本主义国家广泛且长期的存在，庇古的论断抹杀了历史实事。庇古的这一诊断是对资本主义制度的辩护，是对资本主义政府的不作为辩护。再次，庇古认为政府对工人最低工资的干预和工会运动是产生失业的原因，这里他忽视了工人阶级贫困的现实。庇古没有认识到，最低工资制度的真实目前是保障工人最低生活水平，工会运动也只是维护工人基本权利的手段。如果将这两者视为产生失业的原因而加以剥夺，那么工人就会失去基本生活保障和基本权利，这样的充分就业还有什么意义。由此可见，庇古的失业理论除了其分析的科学外衣之外，其内容缺乏现实意义。

三、麦格雷戈的失业理论

除了庇古之外，麦格雷戈是剑桥学派中对失业研究较多的成员之一，他的失业理论与庇古的思想有很大的相似性。他赞成庇古对于失业的原因及其影响的分析，但在失业问题的治理方面，麦格雷戈表现出了两大特点。一是强调政府等公共部门介入的重要性，认为市场内部无法解决的问题就必须依靠市场外部的力量，要打破陈旧的政府不创造就业的观念；二是强调工业化社会中的伦理缺失是导致失业问题的主要原因，企业作为劳动力的主雇，应当为失业问题承担责任。但现代的企业都唯利是图，在繁荣的时候则盲目地投资，萧条的时候则盲目地裁员，这是导致失业和社会不稳定的根本原因。他认为，利己主义的计算可能不再适用于资本主义，资本主义工业社会需要一个更高层次的，考虑全民利益的伦理思想作为基础。

麦格雷戈也认为市场在正常的情况下不会产生失业，正如他所指出："我们的社会并不是人口过剩，也不是劳动力供过于求，因为商品的供不应求在社会中普遍存在。工人本身既是劳动力的提供者，又是劳动商品的需求者。因此，每个人本身就可以使得供需平衡，并不存在多余劳动力"①。麦格雷戈认为，产生失业的原因是企业家的利己主义计算和工业经济波动的本性。他指出现代企业已经成为了利己主义计算的机器，在雇佣每一个人时都要考虑其边际生产率与价格之间的关系，一旦实现了自我利益的最大化，便不再雇佣任何一个人。这种计算在繁荣的时期还可以使非熟练工人也得以就业，但在萧条时期则导致他们的失业。企业的这种利己主义计算完全没有顾及其行为对社会贫困和社会不安定因素的影响，也没有将劳动者当成与企业家一样的独立的人来看待，因此伦理的缺失是导致失业的根本原因。

---

① Macgregor D H, "Labour exchanges and unemployment" ,*The Economic Journal*, Vol.17, No.68（1907）, pp.585-589.

麦格雷戈赞成马歇尔对于整个社会发展的描述，即社会上有两大力量：宗教力量和经济力量，两种力量的平衡发展才能创造一个富裕且和平的社会。但是现代的工业社会在利己主义思想的指导下，社会已经分化为两极——富人和穷人，他们在同一指导思想下相互造就了对方，但是他们并没有意识到他们还是相互依存的整体。正如马歇尔所说："我们越来越强烈地感到，过高尚生活的可能性依赖于物质和道德环境。尽管我们不相信激进的社会主义，但我们越来越深切地认识到，一个人如果不把他的一些时间和财产用来减少社会游民的人数，用来使更多的人能挣得适当的收入，从而有可能过高尚的生活，那他就不能高枕无忧地过太平日子"①。麦格雷戈也认为"科技的发展给予经济增长新的动力，同时将道德信仰远远地甩在了后面，进化论及适者生存的观念让我们漠视穷人的人权与价值。我们在工业化的行动和理论上都实现了超越，但信仰和伦理如何同步发展成为社会急需的问题"②。

对于失业的解决办法，麦格雷戈认为可以从两方面来解决。一是要试图改变资本家的伦理取向，不仅要考虑自身利益的最大化，更应当考虑最多数人利益的最大化。他提出如果市场需求忽然减少10%，那么企业应当与工人协商减少10%的工资和工作时间，而不是直接裁员10%。③二是要改变政府的

① [英] 阿尔弗雷德·马歇尔：《货币、信用与商业》，叶元龙、郭家麟译，商务印书馆1986年版，第267页。

② Macgregor D H, "Some Ethical Aspects of Industrialism" ,*International Journal of Ethics*, Vol.19, No.3（1909）, pp.284-296.

③ Macgregor D H, "Some Ethical Aspects of Industrialism" ,International Journal of Ethics, Vol.19, No.3（1909）, pp.284-296.

职能，在市场萧条时积极为劳动力提供就业机会。麦格雷戈认为“社会的进步有很多事情需要做”同时“很多人找不到工作”，何不将两者结合起来，让失业都为社会公共事业服务，如建设公路、桥梁、隧道、优化城市基础设施，这些工作可以在短期内解决失业问题，长期来看也会给社会带来更大的效益。他指出，“失业主要发生在私人部门，因为私人部门只考虑个人的眼前利益，而政府的职责是考虑社会的长远利益”，如果市场的矛盾不能自行解决，那么只能借助外部力量，这种力量即是政府。同时，政府应当设立公共的劳务介绍所，加快劳动力的流动；设立永久的失业基金；提供免费的且全面覆盖的职业教育和失业保险等，这些都可以将失业的损伤降到最低。①

麦格雷戈的失业理论对剑桥学派有着重要的理论意义。首先，他将伦理思想引入失业分析，认为失业是资本家过度的利己主义计算的结果，是资本家不尊重工人人权的一种表现。这是失业理论中一种全新的解释，强调了企业担负社会责任的重要性，对资本主义一向引以为荣的利己主义进行了批判，这非常有意义。其次，麦格雷戈支持政府干预市场，当市场不能提供充分就业机会的时候，政府应当提供这些就业机会。这里他又打破了传统政府不干预市场的局限，强调了政府的社会责任，对于现代政府的构建也有建设意义。再次，麦格雷戈强调了社会发展使物质文明和精神文明保持共同进步的重要性，指出物质文明相对发达的资本主义社会应当加强精神文明的建设，这种理论对于任何一个以经济建设为目标的发展中国家而

---

① Macgregor D H, “Public Authorities and Unemployment” , *Economica*, No.7,1923, pp.10-18.

言都是有借鉴意义的。

四、霍特里、罗伯特森和凯恩斯的失业理论

英国在两次世界大战间失业率居高不下。面对这一问题，霍特里、罗伯特森和凯恩斯都给出了不同的解决办法，同时，三人之间针对他人的理论都提出了意见和建议。这里，我们一一分析。

霍特里认为，就业量取决于厂商的产量，而产量取决于市场对商品的有效需求，有效需求就是消费者最终在市场上提供给厂商的货币。消费者支出由消费和投资构成，而收入可以多种多样。霍特里认为，如果政府的公共支出资金全部来源于储蓄，而不是信贷市场，那么政府希望通过贷款将储蓄转换为公共支出，以增加就业是不可能实现的。他指出，如果社会上所有消费者的现金余额平衡没有改变，同时社会上流通的货币量没有改变，那么总的有效需求就没有改变，因此总的就业量也不会改变。政府将储蓄转化为公共支出解决了原先的失业问题，但由于储蓄来源于居民收入，意味着居民要重新调整其现金余额的平衡，这样居民会减少支出，造成消费品市场上的失业。由于居民支出的减少量正好是政府在公共工程中的投资量，因此，总的就业量没有改变。可见，庇古以及麦格雷戈所支持的，政府提供就业的解决方案在霍特里看来是行不通的。①

霍特里认为唯一可以解决失业问题的方法就是增加有效需

---

① Macgregor D H, "Public Authorities and Unemployment", Economica, No.7,1923, pp.10-18.

求，增加有效需求的唯一办法就是增加消费者支出的货币。因此解决就业的方法就只有（1）增加信贷或是货币量；(2）增加原有货币的流动速度。政府如果想增加就业就应当通过银行信贷的方式进行公共工程的投资，这样可以在不影响原来总需求的情况下创造就业，但这方法效率较低。最好的方法应当是通过增加货币和信用的方式刺激总需求的增加，尤其是实行低的利率政策。利率的下降可以促使人们降低货币余额，减少储蓄从而增加消费支出，随着消费支出的增加厂商的存货会迅速减少，这将首先导致产量的提高，直接增加就业。其次，当产量提高不足以满足需求时就会促使新的投资产生，进一步增加就业。此时，宽松的信贷政策、良好的市场预期以及低利率确保了新投资的产生，市场将逐步走向繁荣。“如果每个企业都以这种方式增加就业，那么总的失业就会像融雪一样消失”①。

罗伯特森关于失业的论述主要体现在他的《失业的波动》（*The Ebb and Flow of Unemployment*）当中，他的失业理论其实就是其工业周期理论的翻版。他不认为失业是由短期内消费和储蓄的波动导致，而是由产量不足或是过分储蓄导致的。他赞成人既是生产者也是消费者的这一观点，同时也认为这正是失业和波动产生的原因。他指出：“我们必须认识到人类本性上的爱好和冲动的对立。作为商业社会的个人总是在避免饥饿和过度放纵的矛盾中徘徊，正是这种心理造就了经济的进步与文化的躁动”②。他对失业问题的建议是，在维持当前社会发展

① Macgregor D H, “Public Authorities and Unemployment”, Economica, No.7,1923, pp.10-18.

② Robertson D H,*The ebb and flow of unemployment*, London: Daily news Limited, 1923, p.132.

的前提下尽量保持稳定，使得失业率保持在一个较低水平。同时他指出，在解决失业率波动问题上，特别要注意人的两个心理：一是工人对自身利益的认识是最全面的，这决定了其工资要保持稳定，经济也要稳定，而商人对利润的追求则是不稳定的，因为利润一定程度上是风险的报酬。二是资本家对于经济的波动并没有充分的准备，他们总是在社会需要投资的时候退缩，在周而复始的波动中变得胆怯。因此，罗伯特森对于减少失业和波动给出了三种处理方法：非官方的措施、半官方措施和官方措施。非官方措施主要是提高企业家对风险的认知能力，对经济波动的理解和预见能力，不要做非理性的投资和存货；半官方措施则是政府应当帮助企业在适当的时候控制产品和库存，以免引起大的波动，这一点在大型企业以及有竞争力的企业已经做到了，但是大多数私人企业还没有做到；官方的措施则是政府应当尽可能保证社会的平稳，不要让社会产生过于悲观或是过于乐观的预期。①

相比前两位货币经济学家，凯恩斯的失业理论则更为引人关注。在其 1936 年的《通论》中，凯恩斯实现了对传统古典就业理论的超越。他认为庇古的失业理论是错误的，其原因主要有：(1) 劳动需求曲线的理论前提无法实现，即保证其他行业的供给和需求不变以及市场的总需求不变，“把有关个别行业的论点转用到整个经济上去是错误的做法，除非我们也把总有效需求不变的假设条件也转用过去”②；(2) 在现行的社会体

① Robertson D H,The ebb and flow of unemployment, London: Daily news Limited, 1923, p.132.

② [英] 梅纳德·凯恩斯：《就业、利息和货币通论》，高鸿业译，商务印书馆 2004 年版，第 267 页。

制中，弹性的劳动工资制度无法实现；(3) 在社会资本边际生产率保持一定的前提下，劳动工资的调整只会是社会财富的再分配，并不能增加社会的总需求，因此也不能增加整体就业水平。

凯恩斯认为，“在既定的被我们称为消费倾向的条件下，就业量的均衡水平（对全部企业家来说，没有动机促使他们扩大或减少就业量的水平）取决于预期的投资数量；投资数量又取决于我们所谓投资的诱导；而投资诱导则被发现取决于资本边际效率表（曲线）与对各种期限和风险的贷款利率结构之间的关系”①，“事实上，消费倾向和新投资的数量二者一起决定就业量，而就业量又决定实际工资——而不是相反”②，而消费和投资的总和也就是市场中能够参与商品交易的货币的供给量，也是总需求量，可见，就业取决于总需求，而且唯一地取决于总需求。因此，凯恩斯对于失业的分析与霍特里极为相似，其目标都在于增加有效需求，不同之处就在于霍特里侧重于市场机制的货币政策，而凯恩斯则偏好由政府主导的财政政策。

不难看出，霍特里、罗伯特森和凯恩斯三人的失业理论都是他们经济周期理论的翻版。罗伯特森坚持传统观点，认为不存在长期失业，短期失业是由经济波动导致，因此，解决了波动问题就解决了失业问题。但他同时也认识到，波动的根源是资本主义的体制缺陷，波动不能消除，只能控制，因此，失业

① ［英］梅纳德·凯恩斯：《就业、利息和货币通论》，高鸿业译，商务印书馆2004年版，第33页。

② ［英］梅纳德·凯恩斯：《就业、利息和货币通论》，高鸿业译，商务印书馆2004年版，第36页。

问题也是一样。霍特里则用他的货币理论解释了失业是由于有效需求不足，而增加货币供给就可以增加有效需求，同时由于存货的存在，货币供给增加不会增加商品价格，但可以促进生产，解决失业。在霍特里看来，政府只要通过货币政策，如增加货币供给或是提高货币流动速度，失业问题就可以得到解决。而政府的财政手段是无效的，因为增加政府直接投资只是挤占了私人投资的份额，总的投资数量并没有增加。凯恩斯对失业问题的回答集中于他的《通论》当中，他明显接受了霍特里的观点，认为有效需求不足是失业的根本原因，提升有效需求不足的方法就是增加投资需求。不同的是，他认为政府的财政政策相比货币政策更加直接有效，尤其是在利率相对较低的时候。应当说，霍特里和凯恩斯的理论虽然没有认识到失业是资本主义的制度缺陷，但是他们的理论对资本主义的内部改良提供了具体可靠的理论依据，具有较强的现实意义。

第四章　剑桥学派的经济伦理思想

剑桥学派经济学理论的一个重要特征，就是保留了经济学的伦理属性，认为经济学不能独立于伦理学而存在，人类的经济行为也不可能摆脱社会伦理的影响。从马歇尔、西奇威克到庇古和凯恩斯等，剑桥学派的经济学家大多有伦理学背景，他们的经济理论与伦理思想相互依存，互为前提。因此，剑桥学派的经济伦理思想是剑桥学派的重要组成部分。

第一节　西奇威克的功利主义及其影响

西奇威克既是剑桥学派早期的主要代表，又是功利主义的三大代表人物之一。在经济学方面他著有《政治经济学原理》和《经济科学的范围与方法》，在伦理学方面他著有《伦理学方法》。剑桥学派早期人物如马歇尔和埃奇沃思都是在西奇威克的影响下学习经济学的，庇古等剑桥学派后期的人物受西奇威克的影响也非常大。研究西奇威克的直觉功利主义伦理学对认识剑桥学派经济理论有重要意义。

一、西奇威克之前功利主义的创立与完善

功利主义（Utilitarianism）是伦理学的一个重要分支，一般同快乐主义、享乐主义、利己主义相联系。最早可追溯到古希腊时期伊壁鸠鲁提出的快乐主义。伊壁鸠鲁认为快乐就是最高的善。伊壁鸠鲁主张："我们认为幸福生活是我们天生最高的善，我们的一切取舍都从快乐出发，我们的最终目的乃是得到快乐，而以感触标准来判断一切的善"①。功利主义的无神论和经验论主张迎合了17世纪英国资本主义发展的需求，使英国涌现出一批功利主义的思想家。如17世纪的霍布斯、洛克，18世纪的孟德威尔、哈奇森、休谟和亚当·斯密等。这些功利主义思想家都强调个人利益的合理性，认为人应当从宗教和政府的束缚中解放出来，社会中每个人对个人利益的追求将会导致整个社会公共利益的繁荣。边沁在18世纪末期综合了功利主义的观点，使得功利主义有一个相对完整的理论框架。在边沁的大力推动下，功利主义渗透到社会政治、文化、法律、经济等各方面，形成了英国的功利主义思潮。继边沁之后，伦理学家兼古典经济学家穆勒实现了功利主义由18世纪向19世纪的转变，同时也对边沁的功利主义理论进行了完善。在穆勒《功利主义》《论自由》等功利主义著作的影响下，功利主义一度成为19世纪英国的主要社会思潮，直到20世纪初摩尔颠覆了传统功利主义的立论基础，功利主义才逐渐走向衰退，随后与美国的实用主义相结合，并形成新功利主义理论。

剑桥学派的发展历程正是功利主义思潮由兴盛转向衰退

① 周辅成：《西方著名伦理学家评传》，上海人民出版社1985年版，第56页。

的历程，这一点在剑桥学派的经济理论上有明显的反映。早期的剑桥学派成员都是功利主义的支持者和发展者，如西奇威克、马歇尔、庇古、埃奇沃思等。同时，晚期剑桥学派成员又是传统功利主义的批判者，如凯恩斯、肖夫和霍特里等。因此，功利主义伦理学与剑桥学派之间有密切的联系，研究剑桥学派成员的伦理思想是理解其经济理论的必要前提。同时，西奇威克本身作为剑桥学派的早期成员，他对剑桥学派的其他成员产生了重大影响，这一点是不能忽视的。要研究西奇威克的伦理思想，就有必要对其之前的功利主义思想有简要的了解。

边沁是功利主义的主要创立者和典型代表。作为伦理学家，他将心理学上的快乐主义转化为伦理学上的快乐主义，确立了快乐计算的法则；将利己主义推广为利他主义，并确定了功利主义的终极指导原则，即“最大多数人的最大幸福”。作为政治上的激进分子，他将功利主义的道德标准作为政治、立法、行政、司法改革的总的指导方针，使得功利主义不再局限于伦理学思想，而成为了一种社会思潮。边沁的功利主义思想主要体现在他的两本著作当中，即《政府概论》（1766 年）与《论道德与立法的原则》（1789 年）。在第二本著作中，边沁开门见山地阐述了他的伦理学主张“大自然将人类置于两位君王——快乐与痛苦——的宰制之下……是他们，宰制着我们的一切言行和思想……功利原则承认这种对苦乐的服从，并视之为社会制度的基础”，“所谓功利原则，就是根据任何行为对于利益攸关者的幸福看起来必将增减倾向而决定赞成与否的原则”，“共同体是个虚构体，它的利益就是组成共同体的不同成员的利益的总和”，功利原则的正确性是无须证明的，“因为用来证明其他一切事物的东西，其本身是不可能加以证明的”[①]。

其实，边沁的功利主义思想可以概括为三个观点：(1) 个人对快乐的追求就是对幸福的合理追求；(2) 普遍的快乐是个人快乐的总和；(3) 法制体系是功利原则得以实行的保证。然而边沁对于以上三个方面的论证都是失败的。首先边沁用人们趋乐避苦的经验事实来论证功利主义的合理性，并认为快乐可以计算且只有量的分别。这就存在两个问题：个人对快乐的追求能否成为其合理性的证明？如果快乐只有量的差别，那么苏格拉底的快乐和猪的快乐是同质的吗？其次，边沁认为普遍快乐是个人快乐的加总，而个人自己又是快乐的最终评价者，既然没有一定的标准，如何实现每个个人快乐的加总？当个人利益与普遍利益冲突时何者在第一位，这个问题的认定和解决又由谁来执行？如果这个进行认定的第三方不是上帝（塔克和佩利）、良心（哈奇森）、同情心（休谟和斯密）、理性（葛德文）而是立法者（边沁），那么立法者自身的个人利益与普遍利益发生冲突时又如何解决？最后，边沁认为合理的法制体系是功利原则得以实现的保证，该体系要实现“导养生存，达到富裕，促进平等，维持安全”的目标。其中安全和平等是最重要的，当两者发生冲突时安全是第一位的，这里的安全主要指生命与财产权。这里存在的问题是，当人们为了平等或正义而引发革命时，安全是否还是第一位的？如果只从事物的结果，即“最大多数人的最大福利”是否增加来判断行为的对错，那么过程的正义与否要不要考虑？最大幸福的分配要不要考虑公平？此

① [英] 杰里米·边沁：《论道德与立法的原则》，程立显、宇文利译，陕西人民出版社 2009 年版，第 2—4 页。

外，“最大多数人的最大幸福”这个最高的功利主义指导方针包含着两个最大化问题，即“个人的最大幸福”和“最大多数人”，两者能否同时实现也存在着疑问。然而，边沁并没有意识到其体系自身存在的问题，而是全身心地投入到功利主义的推广当中。对于功利主义的发展而言，作为社会改革运动学者的边沁作出的贡献大于其作为伦理学思想家的贡献，他将更多的理论完善工作留给了他的后继者约翰·穆勒。

针对边沁的功利主义理论中出现的问题，穆勒在其《功利主义》和《论自由》中给予了更正，主要包括如下几个方面：

首先，穆勒对功利主义原则做出了新的解释。穆勒认为快乐不仅有数量上的差别，也有质量上的差别；而且质量比数量更重要，精神上的快乐比肉体上的快乐更值得欲求；而不同快乐之间的质量比较则取决于经验。穆勒用“幸福”取代了边沁的“快乐”，认为“幸福”在内涵上更广泛，有区别低级快乐的含义；同时“幸福”不仅强调利己，也强调利他，实现了对边沁的利己主义的超越；在追求最大多数人的最大幸福时，只要总的福利增加超过了个人的损失，那么自我牺牲的美德也是必要的。

其次，穆勒对功利原则进行了系统的证明。整个功利主义体系的证明如下：首先，关于功利主义的终极目标——“幸福”或“善”——本身是无法推理证明的，它是其他一切证明的基础；幸福是值得欲求的这一原理也无须证明，因为事实上每个人正是这样做的；幸福是唯一值得追求的事物这一定理也无须证明，因为人们所欲求的其他东西如美德、金钱等，不是幸福的组成部分就是实现幸福的工具或手段，所以“幸福便是人类行为的唯一目的，而促进幸福便是判定一切人类行为的检验标准了"[①]。既然每个人都在唯一地欲求幸福，那么所有人都欲求最大多数人的最大幸福这一结论就可以直接证明了。虽然该论证过程存在漏洞，但穆勒的论证还是填补了边沁功利主义的理论空缺。

再次，穆勒对功利主义原则的最终约束力做了修改。人们为什么要遵守功利主义原则呢？穆勒认为有外在的约束力和内在的约束力来保证功利主义原则的实现。外在的约束力是"希望从自己的同胞和宇宙的主宰那里得到恩宠，不愿在自己的同胞和宇宙的主宰那里找不痛快，以及我们对同胞的同情热爱和对宇宙主宰的敬畏等等"[②]。但穆勒强调，功利主义原则的最终约束力是来自于内心的一种叫做"良心"的制裁力，其表现形式是道德感情，它不仅可以阻止人们违反道德原则，还可以在人们违反道德原则后让人产生悔恨与痛苦。相比上帝、立法者、理性、同情心而言，良心才是最终的约束力。

最后，穆勒分析了功利主义与伦理正义之间的相互关系。功利主义原则和正义标准都可以是人们行为的评判标准，然而这两者何者具有第一性呢？穆勒认为，正义虽然有多种理解，但从根本上来说它是个司法用语，"正义这个术语通常包含着个人权利的观念，即一个人或一些人的正当要求，例如法律在授予财产所有权或其他法定权利时所赋予的正当要求"[③]，"拥

① ［英］约翰·穆勒：《功利主义》，徐大建译，上海世纪出版集团2008年版，第39页。

② ［英］约翰·穆勒：《功利主义》，徐大建译，上海世纪出版集团2008年版，第27页。

③ ［英］约翰·穆勒：《功利主义》，徐大建译，上海世纪出版集团2008年版，第50页。

有一种权利，就是社会应当保护某个人拥有某种东西，假如反对者接着问，为什么应当保护某个人拥有某种东西？那么我能给出的理由就唯有社会功利"[①]。因此，穆勒认为正义即权利，权利的界限不是源于自然、上帝、契约，而是源于社会的功利主义原则的最大化。

个人权利的限度是哪里，或功利主义如何践行？穆勒在其《论自由》中作了进一步解释，他指出，"个性的自由发展乃是福祉的首要要素之一"，个性自由发展是培养高尚品性的前提。"一个人为他人之故而受制于正义的严格规律，这正足以发展他的以他人的利益为自己的目标的情感和能力"。[②] 同时，欲望和冲动是一个完人的构成部分，欲望代表人性，冲动代表精力，它们是人类为善和最大幸福的自然和必然条件。如果每个人都能够使其个性自由发展，人民都有高尚的品格，有向善的欲望，那么这个社会就有价值，是幸福的社会，因此，"国家的价值，从长远来看，归根结蒂还在于组成它的全体个人的价值"[③]。

穆勒的上述论证正值功利主义发展的巅峰。虽然穆勒没有解决边沁功利主义的所有理论问题，但他使得功利主义的原理更加完善、周密、系统、严谨。穆勒的著作确立了功利主义伦理学理论作为英国主流社会思潮的地位，并使得功利主义的思想对政治学、经济学、伦理学及心理学产生了持久且深远的影响。尤其是对经济学，因为他的《政治经济学原理》一直是英国经济学家的必读书目，马歇尔、西奇威克等剑桥经济学家都

---

① ［英］约翰·穆勒：《功利主义》，徐大建译，上海世纪出版集团2008年版，第55页。

② ［英］约翰·穆勒：《论自由》，许宝骙译，商务印书馆1982年版，第67—68页。

③ ［英］约翰·穆勒：《论自由》，许宝骙译，商务印书馆1982年版，第125页。

是在穆勒著作的影响下成长起来的。

二、西奇威克对功利主义修正

英国的功利主义伦理学在穆勒之后就开始走下坡路，功利主义原理本身的缺陷与矛盾逐渐暴露。以斯宾塞为代表的直觉主义者对功利主义基本原则发起的冲击，同时，社会对于公平与正义的要求加剧了功利主义理论与实现的矛盾。西奇威克正是在这种背景下继续发展功利主义伦理学的，但为了体现其理论的公正性和科学性，他将 1874 年的著作命名为《伦理学方法》，企图以一个中性的、全面的、科学的角度来对功利主义进行辩护与修正。“既不在于分析批判别人的伦理学理论或体系，也不在于证明和创立自己的道德学观点和系统；而在于检验和剖析以往各种伦理学方法，评价它们的利弊得失，说明它们的交叉联系，以寻求一种合理的伦理学方法”。[①]

西奇威克从伦理学本身的性质和研究内容出法，对以前所有的伦理学理论进行了梳理。西奇威克指出，伦理学的研究对象是人的行为，研究内容是行为是否正当，正如他所说，“我宁可把伦理学看作关于正当或应当的科学或研究；当然，这种科学或研究是以个人的意愿行为为基础的”[②]。然而，传统的功利主义对于行为的正当性存在着几种不同的标准，经验的功利主义者的标准是符合“最多数人的最大幸福”；利己主义的标准是符合个人利益最大化或欲望；宗教功利主义者认为是上帝的旨意；直觉主义者则认为是善与美德，这就是不同伦理学派

① 周辅成：《西方著名伦理学家评传》，上海人民出版社 1985 年版，第 682 页。

② ［英］亨利·西奇威克：《伦理学方法》，廖申白译，中国社会科学出版社 1993 年版，第 28 页。

之间的分歧所在。西奇威克继而指出，对正当性的判断应当基于主观的直觉和理性，而不能基于客观的个人经验（经验主义）或社会经验（社会达尔文主义），更不是上帝。因此，伦理学的研究必须以人的直觉和理性为基础，从这一点看，西奇威克受康德思想的影响较大，同时也确定了他是位直觉功利主义者。

西奇威克认为，功利主义只从行为的结果来判断行为的正当性的做法在现实中是不太可行的。现实中，人们往往在行动之前就会对行为的正当性作出判断，因此直觉主义更适合于伦理学研究。西奇威克指出，直觉主义表示这样一种伦理方法，它设定我们有能力可以清楚地从行为本身而非后果中得知该行为的正当性和合理性，同时为了避免直觉主义的抽象和臆断，西奇威克进一步将直觉主义分为知觉的直觉主义、教条的直觉主义和哲学的直觉主义。前者是一种简单的、初级的、极端的直觉主义，只承认简单的直觉，而无视道德和理性约束的存在；教条直觉主义则是一种外在的、权威的、强行的直觉主义，它已经脱离了人的本性；伦理学所遵循的应当是第三种直觉主义，即哲学的直觉主义，既尊重人的本性，又考虑了道德和理性的约束，这样就能对行为的正当性给出最科学的判定。

确立了研究伦理学的方法之后，西奇威克就着手解决直觉主义与传统功利主义、快乐主义之间的矛盾。西奇威克认为，快乐主义从个人的心理上对于快乐的追求推理出快乐是值得追求的这一结论是错误的，从心理学不能直接过渡到伦理学，因为这是两个层面的问题。同时，从个人快乐主义过渡到普遍快乐的功利主义，也存在逻辑上的不连续，因此，穆勒对上述的两个推论是失败的。西奇威克的解决方法就是借用直觉主义方法。为此，西奇威克创立了三条伦理学的自明原则：(1）公正原则：无论什么行为，对我来说是正当的，那么对于处在同样情况下的任何人来说，也都是正当的；(2）明智原则：个人应该像重视当下快乐、幸福和善一样，重视未来的快乐、幸福和善，尽管它们之间有着明确的区别；(3）仁爱原则：任何个人自己享受的善是与任何他人享受的善是同样重要的。在这些自明原则的帮助下，功利主义的论证即从心理学转向伦理学，从利己转向利他的过程都是自明的。

为了进一步调和直觉主义、快乐主义与功利主义之间的关系。西奇维克说道，“功利主义与直觉主义之间的对立是出于一种误解……但在直觉主义与功利主义之间，我却找不到任何真实的对立”[①]。西奇威克认为，应当以功利主义为原则，直觉主义为方法。在调和快乐主义和功利主义的裂隙时，西奇威克认为两者是密切相连的，因为几乎没有人是完全自私的，也没有人绝对不自私，“实际上是个人利益同这两者之中（直觉主义与功利主义）的任何一种道德之间存在着一种根本的对立。若不采取关于世界的道德统治的假设——在这点上我同意巴特勒和康德——我感到值得信任的任何方法都不能解决这种对立”[②]，这里的道德统治就是全能的上帝。

至此，西奇威克利用直觉主义观点，提出了公正原则和明智原则，修复了穆勒功利主义体系的漏洞，同时也化解了功利主义与直觉主义及个人幸福与社会道德之间近两千年的逻辑断

① ［英］亨利·西奇威克：《伦理学方法》，廖申白译，中国社会科学出版社1993年版，第19—20页。

② ［英］亨利·西奇威克：《伦理学方法》，廖申白译，中国社会科学出版社1993年版，第20页。

裂，使得功利主义达到了最完整的阶段，实现了他认为的最理想的伦理学。而同时正是由于功利主义与直觉主义的融合，使得原先以经验主义为基础的功利主义走向没落。

西奇威克不仅修复了传统功利主义体系的漏洞，并且对于传统的功利计算也提出了修改。西奇威克说道，“我们实际的功利主义推理必然是粗糙的，但是这一点不构成我们不应使这些推理尽可能准确的理由。如果我们尽可能地弄清我们应当使用的严格的计算方法，如果所有的相关因素都以数学的精确性得到了估价，我们就更能使这些推理臻于准确”[①]。因此，西奇威克对功利主义的计算作出新的设定：(1）快乐与痛苦的相称性。设定所追求的快乐和所避免的痛苦之间，有确定的数量比例关系，计算中所包括的所有快乐都能在其值得欲求的强度上有正的或负的（或者也许还有零的）量值。(2）快乐没有质的不同。当人们判断说一种快乐比另一种快乐在质上更高贵时，所指的对象，已经不是快乐本身，而是一些产生快乐的精神、物质状况或者二者关系中的某种东西；(3）快乐与痛苦之间存在着零点，以此为坐标，正的表示快乐，负的表示痛苦；(4）经验和反思可以是计算快乐的方法，虽然存在偏差，但如果加以理性的思考也可使其尽量地精确。

最为重要的是，西奇威克对于社会总体幸福的分配也给出自己的意见，这一点是边沁和穆勒都没有明确阐述的。西奇威克指出：“在一定数量的个人中间分配一定数量的幸福时，显然可以有许多不同方法。所以，为了尽可能地完善功利主义标

① ［英］亨利·西奇威克：《伦理学方法》，廖申白译，中国社会科学出版社1993年版，第429页。

准，我们应当弄清哪种分配方法最可取……功利主义准则似乎没有回答这个问题，至少是，我们不得不用某种公正原则（或对这种幸福的正确分配原则）来补充追求最大整体幸福的原则。多数功利主义者已经隐蔽地或明确地接受这种公正原则是纯粹平等原则，它体现在边沁的‘每个人只算作一，无人算作多’的准则之中”[①]。西奇威克的功利主义计算原则和分配原则对剑桥学派的价值理论，尤其是福利经济学理论产生了重大的影响。

三、西奇威克对剑桥学派的影响

西奇威克作为剑桥学派的主要创始人之一，他对剑桥学派的影响不可估量。不论是学术贡献上还是人格魅力，西奇威克都不比马歇尔逊色。西奇威克对剑桥学派的影响主要可以从两个方面来分析，一是经济学或伦理学理论方面的贡献；二是实际工作与生活实践中的影响。西奇威克的伦理思想上文已经做了介绍，即用直觉主义完善了功利主义的缺陷，这使他在伦理学上站在了穆勒和摩尔之间。西奇威克还有一部专门的经济学著作《政治经济学原理》，该书于1883年出版，并且颇受好评，但他自己认为是写得最不称心的著作。该书像其《伦理学方法》一样保守，整体上延续了穆勒的经济学思想，只是进一步完善了市场机制和分配理论的内容。与杰文斯和马歇尔的边际分析方法相比，显然是落后了一些，可以说在经济学上，西奇威克又站立于穆勒和马歇尔之间。但是，这并不能说明西奇威克的经济学思想并没有独到之处，尤其是他对社会福利和市场机制

① ［英］亨利·西奇威克：《伦理学方法》，廖申白译，中国社会科学出版社1993年版，第430页。

缺陷的论述相当精准，对剑桥学派的经济理论，尤其是庇古的理论有明显的影响，主要体现在以下几个方面。

首先，西奇威克发现了财富统计（所有商品的产出之和）与福利统计（消费者的效用之和）之间的区别。他在研究杰文斯的经济学原理时发现，商品的价格取决于边际效用，而消费者的平均满意度取决于商品的平均效用，如果商品的边际效用低于其平均效用，则消费者就得到了“免费效用”(Unpurchased utilities)。因此，西奇威克发现社会的总效用与社会的分配制度密切相关，就算总的社会产出不变，由边际效用递减的规律可知，财富由富人转移到穷人可以导致总效用的增加。西奇威克的这一发现后来被庇古写入其 1912 年的《财富与福利》当中，成为庇古福利经济学思想的重要来源。①

其次，西奇威克对自由市场理论的效率也提出了质疑。古典经济学支持自由市场理论的伦理基础是，只有消费者自己才是效用最终评判者，因此，只有给予每个消费者选择的自由，才能实现消费者效用的最大化，最终实现社会效用的最大化。但西奇威克指出，就算自由市场能保证个人效用的最大化，但自由市场也会导致其他问题，如它会导致社会不平等的产生，这种不平等还会影响社会生产效率。自由市场还会导致个人利益与社会利益相冲突，且大量的市场交易会产生巨额的市场费用（交易费用），这是社会资本和人力浪费。为此，西奇威克指出“古典经济学的理想模式并不能保证工业经济在最高效率下运行”②。

---

① Sidgwick H,*The principles of political economy*, London: Macmillan, 1901, pp.396-397.

② Ibid, pp.407-413.

再次，西奇威克对于垄断竞争理论也表达了自己的看法。他认为虽然自由竞争可以保证资源的流动性，但竞争不可避免地导致垄断，垄断组织的利益与整个社会的利益必然发生冲突，导致资本的不公平分配。因此，政府有必要参与市场，对垄断进行干预。西奇威克进一步指出，政府对市场的保护有利于生产的稳定；同时，社会土地总产出的增加应当归全民分享，而不是农业资本家独享。①

应当说，西奇威克能够在 19 世纪末提出上述福利经济学理论、市场外部性理论、垄断竞争理论是相当先进的。这些理论后来全部在马歇尔和庇古的著作中体现，成为剑桥学派重要的理论贡献之一。熊彼特认为，西奇威克还在国际价值理论方面、货币与利息理论方面都作出了有价值的论述。② 此外，西奇威克的博学多才和正直坦诚，对剑桥学派早期成员产生了深远影响，这种影响在马歇尔、庇古身上体现得尤为明显。

马歇尔与西奇威克相识于 1867 年的格罗特俱乐部——剑桥大学的一个哲学俱乐部，而西奇威克是其中的核心成员。可以肯定的是，正是在西奇威克的鼓励和建议下，马歇尔的研究由数学转为道德哲学，最后再转到经济学的。③ 马歇尔的一生中与西奇威克一直保持着密切的关系，除了在两件事情上出现大的分歧，一是 1870 年左右，马歇尔由功利主义转向达尔文主义，而后者正是西奇威克所批判的；二是 1897 年的剑桥女生学位考试运动，

---

① Sidgwick H,The principles of political economy, London: Macmillan, 1901, p.507.

② [美] 约瑟夫·熊彼特：《经济分析史》第三卷，朱泱等译，商务印书馆 1996 年版，第 119 页。

③ [澳] 彼得·格罗尼维根：《翱翔的鹰——阿尔弗雷德·马歇尔传》，丁永健、鄢雯译，华夏出版社 2011 年版，第 99—105 页。

马歇尔坚决反对授予女子学位，并不允许女生住校，这使得西奇威克和内维尔·凯恩斯非常反感。但总的来说西奇威克对马歇尔的影响是巨大的。马歇尔在 1900 年西奇威克的悼念会上说道："尽管我不是他名义上的学生，但实际上我是他道德科学上的学生，而且是最年长的一位。是他塑造了我，应当说，他是我的精神父母，当我困惑的时候他给我帮助，当我疲惫的时候他给我安慰，他从来没有让我失望过。我和他一起度过的每一分钟都是不寻常的，因为他帮助我如何生活。我与他一样经历过烦恼与困惑，而他有更为宽广的学识和更加强大的力量为我开辟道路，或许有许多人对他心存感激，但没有一个人比我更为感激"①。此外，在马歇尔人生的每一个重要阶段，如创作其《经济学原理》、设立经济学学位考试等，西奇威克都提供了莫大的帮助。

对于庇古而言，西奇威克的影响更是直接，对于他们间的关系奥唐奈② 是这样描述的，"他（庇古）在福利经济学上的主要贡献是基于'前'马歇尔理论的，只是在分析方法上披上了马歇尔的外衣，这里的'前'马歇尔理论就是亨利·西奇威克的理论……在庇古分析市场外部性问题和政府角色的时候，他绕过了马歇尔的体系，回到了西奇威克—穆勒的观点当中，其结果就是西奇威克的思想与马歇尔的分析方法的结合"。庇古的福利经济学继承的就是西奇威克的功利主义原理，同时也继承了西奇威克保守的态度。正因如此，虽然庇古从功利主义角度认识到了财富转移对社会福利的作用，但是他并没有因此而

① Keynes J M, "Alfred Marshall, 1842-1924", *The Economic Journal*, Vol.34, No.135（1924）, pp.311-372.

② O'Donnell M G, "Pigou: an extension of Sidgwickian thought", *History of Political Economy*, Vol.11, No.4（1979）, pp.588-605.

提出激进的分配改革方案。庇古虽然在西奇威克的理论基础上做出了较大发展，但从一定程度上说，庇古的理论是西奇威克思想的延续也不是毫无根据的。

第二节　剑桥学派对功利主义的发展与应用

马歇尔是先学习的伦理学后学习经济学的，因此，他的著作中表现出了强烈的伦理学色彩。但马歇尔为了让经济学科获得独立的发展空间，他又极力避免在论述经济理论时直接涉及伦理学原理。因此，马歇尔的经济伦理思想一直存在争议。本书认为，马歇尔不赞成杰文斯的利己主义，而是将进化论思想引入经济学分析，形成了他独特的进化论功利主义伦理学，并在此基础上形成了他的经济学。

一、马歇尔的经济伦理思想辨析

马歇尔经济学最大的特点之一就是其强烈的伦理色彩。马歇尔曾多次表示，他研究经济学的目的就是要消除贫困，[①]在他的《经济学原理》开篇，马歇尔就明确指出：经济学既是一门研究财富的学问，也是一门研究人的学问。同时，他还明确反对纯粹“经济人”的利己主义假设，指出经济动机不全是利己的，欲望本身也许是出于高尚的动机。[②]虽然马歇尔的著作

① Keynes J M, “Alfred Marshall, 1842-1924”, *The Economic Journal*, Vol.34, No.135（1924）, pp.311-372；[澳] 彼得·格罗尼维根：《翱翔的鹰——阿尔弗雷德·马歇尔传》，丁永健、鄢雯译，华夏出版社 2011 年版。

② [英] 阿尔弗雷德·马歇尔：《经济学原理》，廉运杰译，华夏出版社 2005 年版，第 3—18 页。

表现出如此强烈的伦理学色彩，但经济学家对于马歇尔的经济伦理思想一直存在争议，甚至令人难以辨析。

要分析马歇尔的经济伦理思想，可以先从马歇尔本人的性格特征着手，凯恩斯认为马歇尔的性格有两个特点，首先是“谨小慎微，不容批评，一有争论——哪怕是无关紧要问题上的争论——就坐立不安”[①]。因此，马歇尔对于任何的观点都不明确表示接受或是反对，害怕卷入争论当中，比如在方法论战中，他就将自己置于四个人的方法中间（参见第二章第三节）。马歇尔对于宗教、哲学、数学、历史学派、社会改革、自由主义等等问题都能表现出两面性。马歇尔性格上的第二个特点是行善心切，“经济学中与人类福利或工人阶级生活状况等等虽有极重要的间接联系，但缺乏直接联系的理论研究，他是鄙视的，并且认为要是他也进行这种无的放矢的研究，那他就有违献身于经济学研究的这一崇高志向了”[②]。正因如此，他的著作中始终表现出一种强烈的人文关怀。

具体而言，马歇尔的性格具有很强的两面性，这方面的例子不胜枚举。比如马歇尔一方面接受功利主义，但又将达尔文主义的“自然没有飞跃”作为座右铭，完全不觉得两者之间存在冲突，这让西奇威克极为不满；他一方面希望建立一个“价值中性”的科学的经济学体系，但又认为“经济人”的假设与事实不符合，因此对于杰文斯和埃奇沃思的著作没有过高的评价；他一方面承认人本身是历史环境的产物，并随着环境的变化而变化，这种变

① ［英］梅纳德·凯恩斯：《艾尔弗雷德·马歇尔传》，滕茂桐译，商务印书馆1990年版，第33页。

② ［英］梅纳德·凯恩斯：《艾尔弗雷德·马歇尔传》，滕茂桐译，商务印书馆1990年版，第34页。

化使得每个时代都需要自己的经济学理论，另一方面他又反对历史主义方法，认为“真理是沉没的”，需要人们用理性的方法来寻找其中不变的规律，这一观点又让坎宁安大为恼火。正因如此，马歇尔的伦理学立场极不鲜明，甚至摇摆不定。凯恩斯对于马歇尔的个性有个讽刺性的比喻，认为“他具有双重性”，第一天性是牧师，第二天性是科学家，于是经常在两者间切换，“有着锐利眼睛和矫健翅膀的鹰（第二天性），不能志在空中，还得听从传教士（第一天性）的命令，不时飞回地面”①。

然而，马歇尔多面的性格并没有阻止经济学家们对马歇尔经济伦理思想的探索，对于马歇尔的伦理思想目前存在两种代表性观点。第一种观点认为马歇尔的伦理思想就是维多利亚中期的思想，如熊彼特所说“我承认，最让我受不了的是他（马歇尔）那套维多利亚中期的，糅合了功利主义的说教，且以一种中产阶级的价值观表现出来，毫无魅力和激情可言”②。这一说法得到了很多经济学家的赞同，如吉勒鲍德③、帕森斯④等，尤其是伦威克（C. Renwick），他说道“至今为止的经济思想史当中，没有一本书像马歇尔的《原理》这样糟糕，它是典型

---

① ［英］梅纳德·凯恩斯：《艾尔弗雷德·马歇尔传》，滕茂桐译，商务印书馆1990年版，第10页。

② Schumpeter J A, “Alfred Marshall's Principles: a semi-centennial appraisal”, *The American Economic Review*, Vol.31, No.2（1941）, pp.236-248.

③ Guillebaud C W, “Marshall's Principles of Economics in the Light of Contemporary Thought”, *Economica*, Vol.19, No.74（1952）, pp.111-130.

④ Parsons T, “Wants and activities in Marshall”, *The Quarterly Journal of Economics*, Vol.45, No.1（1931）, pp.101-140；Parsons T. “Economics and sociology: Marshall in relation to the thought of his time”, *The Quarterly Journal of Economics*, Vol.46, No.2（1932）, pp.316-347.

的维多利亚中期式作品：利用建筑、文学、音乐和油画来展示其优雅，用宏大的规模显示其庄严，但所有这些华丽的外表都建立在一个不牢靠的基础之上，这种维多利亚的精神阻止了几代人对新思想的追求，直到20世纪中期才得以消除"①。这里所谓的维多利亚中期精神，即代表自大、保守、反对功利主义教条，同时对生物学所形成进化论表现出强烈的兴趣，并试图将其理论应用于社会科学当中。② 客观地说，这种维多利亚精神在马歇尔著作中是体现得非常明显的。马歇尔在其《原理》的序言中就指出："'自然不能超越'，这句格言特别适合用来指导经济学的基本著作"，"经济学家的目标在于经济生物学，而不是经济力学"。在马歇尔的每一本著作，及每一个原理的说明当中，我们都能够发现生态学隐喻的踪迹，马歇尔的想法是"我认为在经济学发展的后期阶段，生态学的隐喻比物理学隐喻更加贴切，经济学的早期分析是借鉴物理学的静态分析，但应当逐渐由生物学取而代之"③。马歇尔的生态学隐喻在一定程度上促成了生态经济学的形成，尼曼④ 和拉菲亚利⑤ 对马歇尔的这一思想进行了深入的阐述。

---

① Levitt T, "Alfred Marshall: Victorian relevance for modern economics" ,*The Quarterly Journal of Economics*, Vol.90, No.3（1976）, pp.425-443.

② Black C R D, "Jevons, Marshall and the utilitarian tradition" ,*Scottish Journal of Political Economy*, Vol.37, No.1（1990）, pp.5-17.

③ Marshall A, "Distribution and exchange" ,*The Economic Journal*, Vol.8, No.29（1898）, pp.37-59.

④ Niman N B, "Biological analogies in Marshall' s work" , *Journal of the History of Economic Thought*, Vol.13, No.1（1991）, pp.19-36.

⑤ Raffaelli T, "Marshall' s metaphors on method" ,*Journal of the History of Economic Thought*, Vol.29, No.2（2007）, pp.135-151.

另一种观点则认为马歇尔还是传统功利主义的信徒，他只是藏而不露，就像他对数学的态度一样。马歇尔是由数学转向伦理学，在圣约翰学院做的是伦理学讲师，随后再由伦理学转向经济学。因此，马歇尔对于伦理学的研究是有相当基础的，但在对待功利主义这一问题上，他又表现得如此地小心谨慎。正如惠特克所说，“马歇尔是如此不情愿地接受了功利主义，以至于似乎不能将他看作一个功利主义者”，“在马歇尔的思想中，对功利主义的认同与诋毁实现了和谐的共存，在功利主义的统治时期，他实现了对利己主义的物质追求、休闲和消费的批判”[①]。凯恩斯也曾表示：“我认为，要说马歇尔从来不曾彻底背离支配他以前那一代经济学家的功利主义的观念是正确的。不过，他是怎样谨慎小心地处理这一类的一切问题——这正好是他远远超过西奇威克，而且又与杰文斯适成对比的一点——这是十分值得注意的”[②]。的确，西奇威克和杰文斯都是著名的功利主义者，与他们相比马歇尔则几乎不像是个功利主义者，因为马歇尔对他们的观点都不太赞同，也正因如此，他与这两人的关系都不算友好。他不同意西奇威克对于穆勒功利主义传统的修正，也不赞同西奇威克对社会达尔文主义的批判；他认为杰文斯的功利主义是“一意孤行”，其著作是“新瓶装旧酒”[③]，“不过是在把经济科学降低为边沁微分学在数学上的应

---

① Whitaker J K, “Some neglected aspects of Alfred Marshall’s economic and social thought”, *History of Political Economy*, Vol.9, No.2（1977）, pp.161-197.

② ［英］梅纳德·凯恩斯：《艾尔弗雷德·马歇尔传》，滕茂桐译，商务印书馆1990年版，第8页。

③ ［英］梅纳德·凯恩斯：《艾尔弗雷德·马歇尔传》，滕茂桐译，商务印书馆1990年版，第20页。

用，这多令人失望!"[①] 尽管如此，这并改变不了马歇尔是个功利主义者的本质，他的需求理论、价值理论、厂商理论，以及分配理论，都是建立在功利主义的利益最大化的伦理学假设之上的。这是不容争议的事实。

既然马歇尔对于功利主义计算是基本同意的，那么为什么马歇尔会对功利主义表现得如此疏远，甚至反感呢？我想这里有两个必须考虑的原因，（1）马歇尔想将经济学独立出道德哲学，不希望与其发生任何的关联。"他（马歇尔）真正的意图就是消除原先人们对经济学的印象——经济学研究必需基于一种人类行为动机的假定，这种印象的消除是经济学研究的前提：使得测量经济行为的动力成为可能，只有排除了伦理学的动机，并让货币成为度量经济行为动力的标准，这样经济学的数量分析才有可能"[②]。凯恩斯同时也指出："我认为，马歇尔的著作中，没有一段是把经济研究和某种伦理学联系起来的"[③]。（2）马歇尔认为经济学应当有更"高层次"的追求，不应当拘泥于快乐与痛苦的微分计算。这种高层次可能是"对造成贫穷原因的研究"，使全社会过上绅士般的生活，但这一点马歇尔并没有说明。但是有一点是肯定的，即马歇尔从历史学派和社会达尔文主义那里认识到，影响人类经济行为的因素并不只有快乐或是经济利益，其他因素对于社会的影响不容忽视，因此

---

① ［英］梅纳德·凯恩斯：《艾尔弗雷德·马歇尔传》，滕茂桐译，商务印书馆1990年版，第66页。

② Raffaelli T, "Utilitarian premises and the evolutionary framework of Marshall's economics", *Utilitas*, Vol.8, No.1（1996）, pp.89-108.

③ ［英］梅纳德·凯恩斯：《艾尔弗雷德·马歇尔传》，滕茂桐译，商务印书馆1990年版，第8页。

经济学的研究也不能只限于对人们效用的计算。“马歇尔明确指出，效用理论只是经济学的一部分，一个次要的部分，更主要的部分是研究经济环境对人类个性的影响”，“人类区别于动物和原始人的原因就在于，人类对某种特定的行为的奉献和人类自身个性的发展，目标和行为不相符则永远无法实现，对于经济学也是一样，生命的意义就在于在不断的变化中追寻自己的目标”。①

二、马歇尔对传统功利主义的改造

马歇尔对达尔文主义表现出极大的兴趣，并将经济生物学认为是经济学的终极目标。同时，马歇尔在经济分析中又遵循着功利主义的传统，只是这种功利主义计算是在达尔文主义掩盖之下进行的。功利主义与达尔文主义在马歇尔的著作中实现了完善的结合，然而，这其中还是存在着让人不解的地方：（1）马歇尔既然明白传统功利主义计算与实现生活不符，反对“经济人”的理论假设，为什么他还选择功利主义？（2）马歇尔作过剑桥大学圣约翰学院的伦理学讲师，而且常年与西奇威克一起讨论伦理学，应当也能认识到穆勒功利主义存在的缺陷。既然他不同意西奇威克用直觉主义对穆勒理论的修正，那么，他又是如何处理这些功利主义的内部矛盾的呢？

针对第一个问题。马歇尔接触过两种建立在功利主义基础上的经济学体系，一种是以穆勒《政治经济学原理》为代表的古典经济学体系。当时，该体系饱受攻击，比如，理论脱离实

① Parsons T, “Wants and activities in Marshall”, *The Quarterly Journal of Economics*, Vol.45, No.1（1931）, pp.101-140.

际、“经济人”的假设与事实不符、对自由贸易过于依赖、利己主义阻碍了对整体社会福利的改进；另一种以是杰文斯、门格尔为代表的边际主义经济学。他们完全信奉“经济人”的假设，也试图将经济学科学化，但其方法主要就是边际分析，并没有考虑伦理、习俗等其他社会因素对于个人行为的影响，也没有对社会矛盾进行分析。这两种体系都不能满足马歇尔对于经济学的设想，在马歇尔的经济学设想中，人们不是自私地追求财富，而是“头脑冷静，内心热情，能够不遗余力地与周围的社会苦难作斗争，为使人们获得更多美好、高尚的生活所必需的物质财富而努力”①。按此标准，古典经济学是有“热情”而没有“头脑”，边际主义经济学是有“头脑”没有“热情”。因此马歇尔必须将这两者进行结合才能实现自己的目标，这也是他被称为折中主义者的伦理原因。

其次，相对于其他经济学的分析方法或伦理思想，功利主义虽然不是最好的选择，但也是相对较好的选择。当时对功利主义提出挑战的主要是以康德为代表的理想主义，而理想主义所强调的“自我牺牲”似乎不太现实，有点像社会主义的“乌托邦”。相比而言，功利主义更符合实际，且只要克服了其利己主义的倾向，功利主义也是支持财富平均分配的。更重要的是，功利主义以结果作为行为的判断标准使得它的理论可以随着经验的增加而发展，类似于哲学上的一种动态学习方法——试错法。经过不断的尝试，功利主义总是能达到人们所期望的状态。此外，功利主义的缺陷可以通过进化论的思想加以弥

① ［澳］彼得·格罗尼维根：《翱翔的鹰——阿尔弗雷德·马歇尔传》，丁永健、鄢雯译，华夏出版社 2011 年版，第 226 页。

补，虽然这种弥补西奇威克不屑一顾，但斯宾塞以及其他英国伦理学家都在尝试，这也是马歇尔所尝试的方向。1875 年，马歇尔在题为“美国的工业特征”报告中指出：“讨论（一国的工业状况与其社会伦理间的关系）所产生的问题将使得传统的功利主义向进化论的伦理教义转向，这是我们经过深思熟虑后的决定，也是我们努力的方向”①。

对于马歇尔来说，这种转向的实现取决于对功利主义三个问题的解决：(1) 个人利益向社会利益的转化，即利己主义转为功利主义；(2) 如何解决穆勒认为的快乐存在质的差别的问题；(3) 个人的功利计算与社会整体发展的关系，是促进还是阻碍。

对于第一个问题，穆勒的回答是求助于同情心，西奇威克通过自明的公正原则。但两者同时都表示，最终的解决只有依靠上帝。然而，马歇尔认为，生存竞争与自然选择就可以解决这一个问题，它会使得富有同情心种族得到更快的发展，获得更大的满足。他指出，“其成员不强索报酬而互相帮助的那些种族，不但在当时最可能兴旺发达，而且最有可能培养出许多继承他们有益的传统的子孙后代”。“在人类生活的原始阶段中，个人对别人提供的服务有许多几乎像蜜蜂和蚂蚁那样，完全是出于遗传以及毫无理性的冲动。但是，不久就出现了有意识的因而是有道德的自我牺牲。这种自我牺牲是由有远见的预言家、僧侣和立法者培养出来的，并且寓言和传说也谆谆教导这一切……如果其他条件不变，凡是这些特征得到高度发展的

① Raffaelli T, “Utilitarian premises and the evolutionary framework of Marshall's economics”, *Utilitas*, Vol.8, No.1（1996）, pp.89-108.

民族，在战争以及与饥饿和疾病的斗争中，必然会比其他民族坚强，势必占优势。因此，生存竞争终于使人类中这样的民族得以生存。个人最愿为了周围人的利益而牺牲自己，因而是最适合于共同利益环境的民族”①。

对于第二个问题。西奇威克是直接否定了该问题的存在，他认为一旦“快乐”涉及质的差别就与道德等其他因素有关，这不是功利计算应当考虑的问题。马歇尔对于这个问题也没有直接回答，但他认为可以从两个方面来解决这个问题：一是，“经济学家并没有声称可以衡量心中任何情感，或者说直接衡量情感，情感只能通过情感的结果间接地进行衡量”②，“虽然在我们所考虑的有些动机中，有些是属于人类的较高品性，有些则属于人类的较低品性，但也不会引起新的困难”，“如果对两个事件引起的幸福用货币来衡量是相等的话，那么一般来说这两个事件幸福的多少就没有什么很大的差异”③。二是，他认为快乐本身并没有明确的高级与低级之分。对快乐的感受每个人都不相同，更重要的是对快乐的评价是一个动态过程，就算在某一时刻存在着选择性困难，但都是暂时的。随着时间的发展，人们的偏好、品位以及伦理思想也不断改变，就像自然界的生物进化一样，较好的、较高级的快乐会逐渐取代较差的、较低级的快乐。这一过程是一个渐进的、缓慢的、自然的

① [英] 阿尔弗雷德·马歇尔：《经济学原理》，廉运杰译，华夏出版社 2005 年版，第 207—208 页。

② [英] 阿尔弗雷德·马歇尔：《经济学原理》，廉运杰译，华夏出版社 2005 年版，第 13 页。

③ [英] 阿尔弗雷德·马歇尔：《经济学原理》，廉运杰译，华夏出版社 2005 年版，第 112 页。

过程。人们的一次决策并不影响整体的进化过程，因此在马歇尔，从长期来看穆勒的问题是不存在的。

第三个问题涉及功利主义与社会现实的对接问题。传统的古典经济学与边际主义经济学的失败都是源于没有处理好这个问题。同时，马歇尔最成功之处也正是对这个问题的圆满解决。传统功利主义认为个人对自己的利益的追求必然导致社会的繁荣，如《蜜蜂的寓言》一般。但现实的问题是，社会在经过一定的繁荣后就出现多种社会问题，失业、贫困、周期性经济危机、政府的不作为与企业的无所不为等等。马歇尔认为个人的功利计算是经济学开始的第一步，也仅仅是第一步，是市场竞争机制形成的基础，这种对利益的竞争就好比自然的生存竞争。但“竞争可以是建设性的，也可以是破坏性的；即当建设性的时候，竞争也没有合作那样有利”，“‘竞争’这个词充满了罪恶的意味，而且还包含着某种自私自利以及对他人的安康漠不关心的意思”。① 为了消除功利主义的弊端，他建议用“经济自由”取代“竞争”；用“自我满足（Self-satisfaction）”取代“快乐（Pleasure）”，同时，只将功利计算用于短期和局部的分析当中，长期的和全面的经济分析则用进化论取代。

马歇尔认为，与物理学相比，经济学所研究的经济行为（倾向）具有不确定性，“现在没有一种经济倾向能像引力那样永恒不变地发挥作用，像引力那样被精确地衡量”，“经济学规律可与潮汐规律相比较，却不能与简单而精确的引力律相

① ［英］阿尔弗雷德·马歇尔：《经济学原理》，廉运杰译，华夏出版社2005年版，第6页。

比”。[①] 显然，是马歇尔看来，从规律的确定性和可测度性来说，经济学与大自然更加相似。其次，虽然马歇尔的研究主要是局部的静态的均衡研究，但他所关注的却是全面的动态的经济问题。马歇尔认为经济力量由多种因素决定，整体经济发展必然表现出类似自然发展的特征：动态的不均衡与长期的波动。“事实上，本书（《原理》自始至终研究的是引起发展的种种力量，基调是动态的，而不是静态的）”[②]。基于进化论的观点，马歇尔认为局部的均衡是一种假设的状况，全面的均衡是不存在的，而长期的发展必然是波动的。这就是马歇尔将功利主义限定在局部静态均衡分析的原因，也是其没有像帕累托一样寻求一般均衡的原因，也是剑桥学派后期集中于工业波动理论研究的主要原因。在马歇尔这里，短期的、静态的、力学的功利主义计算与长期的、动态的、进化论的经济生态实现了完美的结合。

三、庇古的功利主义与福利经济学

庇古在 1908 年继承了马歇尔的政治经济学教授席位，并成为 20 世纪初期英国最重要的经济学家。大多数经济学家都认为，庇古对马歇尔的理论一直保持着“如对待父亲般”的尊重，因为庇古在经济学上的发展，保持了与马歇尔研究的一致性。如以边际效用递减为基础的福利经济学理论、失业理论、现金余额的货币数量论以及工业波动理论等，无一不体现着对

① ［英］阿尔弗雷德·马歇尔：《经济学原理》，廉运杰译，华夏出版社 2005 年版，第 25 页。

② ［英］阿尔弗雷德·马歇尔：《经济学原理》，廉运杰译，华夏出版社 2005 年版，第 8 页。

马歇尔的继承。但如果从经济伦理的角度来分析，这种继承的关系就不明显，甚至可以说存在着背离。笔者认为，庇古在经济伦理方面对马歇尔的背离主要表现在如下几个方面。

首先，在处理经济学与伦理学的关系上，庇古相较马歇尔表现得更为大度。出于经济学科的独立发展考虑，以及出于经济学科的科学性考虑，马歇尔尽量让经济学与伦理学保持一定的距离。尽管马歇尔充分考虑了伦理、习俗对人们经济行为的影响，但马歇尔在研究经济理论时从不涉及伦理问题。从本质上来说，马歇尔反对经济学家的伦理学倾向，或者反对认为经济学必须依存于伦理学。但庇古则不同，作为剑桥大学伦理学荣誉考试的状元（1901 年，当时政治经济学还是伦理学的一个分支），他认为伦理学与经济学应当相互学习。他在 1908 年的就职演说中表明了这一思想："经济学与伦理学是相互依存的，两者都为现实社会所必需。前者好比是手，而后者则是脑。两者中任何一方的进步都会使得另一方受益。我认为现在的经济学家急需补上伦理学这一课"①。

其次，庇古没有接受马歇尔的以进化论为基础的功利主义。马歇尔的经济学充满了进化论的色彩，并且他巧妙地用"自然选择"等概念修补了传统功利主义的漏洞，同时又对传统的、纯粹的功利主义计算表现了强烈的反感，如对杰文斯、帕累托的作品就是如此。如上文所说，马歇尔隐藏了自己功利主义的倾向。但庇古则不同，他的福利经济学就是建立在功利主义福利分析基础之上的，同时他明确表示了对传统功利主义

① Pigou A C,*Economic Science in Relation to Practice*, London: Macmillan, 1908. pp.13-14.

的批判，庞古认为不论是直觉论的还是进化论的功利主义，都是“自然主义谬误”的结果，从这一点看他接受了摩尔对功利主义的批判，自然也就远离了马歇尔进化论的功利主义。

再次，庞古没有继续朝着经济学生态学的“麦加”前进。众所周知，马歇尔经济学的一个重要特征是向物理学和生态学学习，认为局部的、静态的经济理论应该向物理的均衡力学学习；而在宏观的、动态的经济理论则应当向生态学学习，因此经济生态学是经济学的“麦加”。但庞古对于这一看法并不认同，他不赞成社会生态学中关于社会进步的观点，即“社会的进步本质上是生育基因的进步而非教育的进步，是配子的进步而非社会培训的进步”，“生态学家在一方面是专家，但是另一方面他们也只是个学生，当他们试图将生态学应用于社会实践时，就属于第二种情况，而非第一种”。[①] 此外，庞古认为在处理有关社会进步的问题时，我们需要面对两个问题，一是哪种类型的社会是好的，或是相对较好的；二是我们应当如何实现这种较好的社会。其中第一个问题是个伦理学问题，不是生态学或是经济学这种实证科学可以予以回答的，因此生态学只是“工具”而不是“目的”。不难看出，庞古的这种分析方式有着明显“摩尔式伦理学”的痕迹。

庞古在剑桥大学的任教时期，剑桥大学内部的伦理学盛行着两个流派。一是以西奇威克为代表的规范伦理学，一是以摩尔为代表的实践伦理学。庞古的伦理学思想则介于两者之间，他同意摩尔对西奇威克的批判，以及摩尔对“善”的定义，但

① Pigou A C, “Social Improvement in the Light of Modern Biology”, *The Economic Journal*, Vol.17, No.67（1907）, pp.358-369.

又不同意摩尔对于整体与部分关系的论述，即善的“有机整体”的概念；他接受西奇威克对于善的性质的认定，以及社会幸福平均主义的分配方式，但又不同意西奇威克对于个人福利与整体福利之间关系的认定，即要求助于万能的上帝来对两者进行调和。总体来看，庇古的经济伦理思想主要体现在如下几个方面，而这些方面又同他的福利经济学思想密切相关。

首先，庇古对于善和福利的定义，以及对福利与经济福利关系做了新的论述。对于善的判断，庇古完全接受了西奇威克和摩尔的思想，认为“善”同“黄”一样是直觉的概念，是不能定义和分析的，唯一认识的办法就是个人的自觉。“判断一个事物是不是‘善’的唯一办法就是审视它，我们面对的是现实和想象的世界……其内容可分为‘善’的和‘恶’的，就像可分为红色或黄色一样”①。同时，马歇尔将这一定义用于他的福利经济学，“福利就是和善一样的东西，它也不能被定义，不能被分析……事实上，伦理学的主要任务就是判断某一事物是不是福利，或是通过什么方式实现福利”②。

然而，上述“福利”的概念是抽象的，是无法测量的。为了方便福利经济学的研究，以及功利主义的计算，庇古将福利分为经济福利与非经济福利，前者可以用货币测量，后者则是类似善、爱心、美德、真诚、无私等无法测量的情感。庇古也认识到经济福利与总福利之间可能不存在着精确的对应关系，但他认为这种研究仍然是对总福利研究的一种替代，因为“任何一种因素影响经济福利时，除非有特殊的证据给予否定，否

① Pigou A C, “Some points of ethical controversy”, *International Journal of Ethics*, Vol.18, No.1（1907）, pp.99-107.

② Pigou A C, *Wealth and welfare*, London:Macmillan, 1912, p.3.

则我们则认为这一因素在方向上，虽然未必在数量上，将会对总福利产生一致的影响；而且，当我们确认一种因素比另一种因素对于经济福利的影响更为有利时，在相同的条件下，我们得认为这种因素对总福利的影响也更为有利”[①]。可见，庇古与摩尔一样，对于福利的研究也存在着二重性。即在定义上认同直觉主义的观点，而在实践中又应用经验主义的计算，并且有一种“未经证实的概率”将两者联系在一起。这一点比摩尔的伦理学体系更加完善，即确定了摩尔第二类伦理研究（什么事物其本身是善的?）和第三类伦理研究的基本关系（我们应当怎么做?）。

其次，庇古构建了善（福利）的函数理论。庇古接受了摩尔的观点，认为伦理学可以分为三种，其中第二种即研究什么事物作为其本身而言是善的这一问题。对于这一问题，传统伦理学家（边沁，穆勒等）认为快乐作为其本身是善的，而且是唯一值得追求的；摩尔则认为对于善的事物的判断基于两个问题：这事物是什么？它的哪些部分是善的？事物的善是一个“有机整体”，每一组成部分可以是善的，也可以是恶的，且整体上的善大于部分之和，作为整体的善的大小取决于其组成部分的善的大小及有机体的构成方式。庇古接受了摩尔关于善的多样性的理论，即善的事物不仅仅包含快乐，美德、无私、奉献、真诚、激情、执着等作为其本身而言都是善的，都可以作为善的要素。但庇古不同意其“有机整体”的理论，他认为既然对善的判断取决于“觉性”（直觉），那么善的大小则取决于“觉性”的程度，而“觉性”的程度又取决于人们所有的知识

① ［英］阿瑟·庇古：《福利经济学》，金镝译，华夏出版社 2007 年版，第 16 页。

和经验的总和[①]。他指出："我们唯一要做的就是观察我们所知道的或是可以想象的人，然后将他们的'善'作为一个整体来直接给出评价，只要我们有足够的经验，我们就可能分析出这个人的'善'是由哪些因素组成，如果这一步能够成功，那么随后的分析将变得简单明了"[②]。随后，庇古在一定"觉性"基础的前提条件下，构建了个人的"善"（福利）函数，而快乐、满足、毅力、宽容等都是该函数的自变量，通过这一函数庇古对传统的快乐主义进行了驳斥，即该函数的因变量（善或福利）不会因为自变量"快乐"的增加而增加，因为他的"快乐"有可能来自于不良嗜好或对他人的损害；也不会因为快乐的减少而减少，因为减少的"快乐"可能是为了某一种更加重要的使命。

再次，在处理个人利益与社会利益的矛盾时庇古实现了创新。对于功利主义来说，个人利益向社会利益的过渡一直是个核心的问题，穆勒和西奇威克都没能解决，"西奇威克既认为个人应当不顾他人的利益追求自我利益，也认为个人应当具有为集体利益奉献的牺牲精神"[③]。摩尔则认为两者间本来就存在着根本的矛盾，不可能调和，只能根据经验的因果关系来具体问题具体分析。然而，庇古则完全站在了社会利益一边，他认为"个人的确是其自身利益的最佳判断者，只有本人才知道他

---

① Pigou A C, "Some points of ethical controversy", *International Journal of Ethics*, Vol.18, No.1（1907）, pp.99-107.

② Pigou A C, "Some points of ethical controversy", International Journal of Ethics, Vol.18, No.1（1907）, p.84.

③ Pigou A C,*Economic Science in Relation to Practice*, London: Macmillan, 1908, p.91.

自己‘想’要什么，但这并不意味着他是否知道他‘应当’要什么”①。他认为实践伦理学所研究的是行为的“应当”或“正当”的问题，这种研究必需以经验事实为基础，是一门实证科学而非规范科学。因此，在处理社会福利问题时就着重对“应当”的研究，而不由个人的情绪偏好所控制。“有一种推论认为，人们在不加干预的情况下，其消费所能带来的效用比有干预的情况下更大，然而这个推论有时是错误的，因为人们‘想’要的不一定是他‘应当’要的，他们可能并不将‘救助’用于卫生或教育这些他们应当花费的项目上”②。从这种观点出发，庇古认为，既然平均分配财富能产生最大的福利，社会就应当推行。同时，对于穷人的救济应当以规定的形式给予，直接用于改善他们的健康、卫生和教育水平，而不是以现金的形式助长其不良嗜好，虽然后者能给他带来更大的效用。因此，在庇古这里，个人的主观效用要服从于社会的客观效用，社会利益优先于个人利益。这也是国家必须推行福利经济政策的依据所在。

第三节 剑桥学派理想功利主义伦理思想

摩尔的伦理学不仅实现了对传统功利主义的颠覆，在它的影响下，新一代经济学家也实现了对传统经济理论的颠覆。凯恩斯、肖夫和霍特里都是摩尔伦理思想的奉行者，研究摩尔的伦理思想也是从深层次认识他们经济学理论的重要前提。

---

① Pigou A C, “The unity of political and economic science”, *The Economic Journal*, Vol.16, No.63（1906）, pp.372-380.

② Pigou A C, *Essays in Economics (2th ed)*, London: Macmillan, 1952, p.158.

一、摩尔的理想功利主义

在20世纪初的英国，社会思潮方面表现出来的混乱不亚于经济方面。这种混乱表现出人们对现实社会的不满与恐慌，他们在探索资本主义的未来，思考人类行为的对错标准。前者是一个经济学或社会学问题，后者是一个哲学和伦理学问题，两者互相影响。当时的功利主义存在如下分支：传统经验论的功利主义、直觉论的功利主义、进化论的功利主义以及康德或黑格尔的理性主义。所有这些理论都在试图回答一个问题：什么样的行为是正当的？面对现实中理论的混乱，摩尔认为，这些理论都没有找到问题的根本，即“不首先去精确发现你所希望回答的是什么问题，就试图作答”①。摩尔指出，伦理学的根本问题有两个：什么是善？我们应当怎么办？

对于第一个问题，摩尔认为善是单纯的，独立的，不可分析和推理的，只能作为目的而存在的内在价值，是不能下定义的思想对象，他说“善是一单纯的概念，正像‘黄’是一单纯的概念一样，正像决不能向一个事先不知的人阐明什么是黄一样，你不能向他阐明什么是善”②。对于善的认识只能寄托于直觉与其自明性，不能依据传统的分析、推理或计算。所有传统的伦理学都试图对“善”下定义，就是没有明了善是什么就试图作答，即没有区分“善”本身与“善的”事物，因此才会导致了其伦理上的逻辑缺陷，摩尔将其称为“自然

① [英] 乔治·摩尔：《伦理学原理》，长河译，上海世纪出版集团2005年版，第1页。

② [英] 乔治·摩尔：《伦理学原理》，长河译，上海世纪出版集团2005年版，第11页。

主义的谬误”。用“自然主义的谬误”这一个工具，摩尔几乎推翻了原来所有的伦理学理论。以前的伦理学都试图用经验存在的自然物，或是超自然存在物作为“善”的标准，如斯宾塞的“生命的扩张和程度”；边沁和穆勒的“最大多数人的最大快乐”；康德的“善良意志”，“目的王国”；新黑格尔主义的“自我实现”等。在摩尔看来，这些伦理学并没有认识到“善”本身的内涵，没有区分“善”与“善的”事物，将作为目的的“善”与作为手段的“善”混为一谈。因此，传统的伦理学都存在逻辑上的缺陷。

对于当时占英国主导地位的快乐主义与功利主义，摩尔进行了重点的批判。摩尔认为，功利主义在逻辑上存在三个错误：(1) 混淆了“可欲的”和“被欲的”，将“实际欲求”等同于“值得欲求”，混淆了善的“目的”和善的“工具”；(2) 将快乐当成唯一的善，而忽视了其他因素如义务、美德等作为善的事物存在的理由，摩尔指出“善”本身应当有更为深远的内涵，这种内涵虽然只能依靠直觉去领悟，但绝不等于简单的快乐；(3)“一己的快乐”与“普遍的快乐”之间的不可调和性。对于这两者的调和，穆勒寄希望于同情心，西奇威克则诉诸“神的万能”，马歇尔则将其归于自然的进化与选择。然而，事实是任何一种力量都无法解决这一矛盾，因为两者的主体不同。

伦理学的第二个问题：我们应该怎么办？阐述的是伦理学与行为之间关系，也就是关于伦理学的实践问题。对于这一问题的回答，摩尔借用了经验主义的结果论，他认为，“探究我们应采取哪种行为，或者哪种行为是正当的，就是探究某行动和某行为将产生哪种效果，如果不利用因果归纳，任何一个伦理学上的问题都不能予以解答”①。摩尔认为，行为的正当性取决于该行为所直接或间接的结果，正当的行为应当比其他行为能够导致更多“善”的产生。换句话说，传统功利主义所主张的快乐或满足并不是行为正当性的判断标准。摩尔指出，我们所有的行为都应当围绕着如何最大化“善”而进行，但由于人类知识的有限性，我们不能对当前行为所导致的结果有全面的预期。所以，“我们不能期望发现什么是在已知条件下可能最好的选择，而只能发现在极少数几种选择中，哪一个比其余的好一些”②。因此，人们有必要遵守一些传统的道德规范和伦理法则，如“汝勿说谎”，“汝勿杀人”等。这些道德规范和伦理法则可以为我们的行为提供一般性的指导，而且遵守这些规范和法则的行为所导致的结果往往比不遵守要好。摩尔支持人们遵守传统的道德规范，如尊重个人财产权、勤勉、节欲、守信等，他认为这些道德规范不仅其本身是善的，而且是最大化“善”的手段。

在完成了对传统伦理学的批判之后，摩尔着手建立自己的伦理学体系，他认为，一切伦理学问题都可以归为三类中的一类：(1)“善”作为伦理学的研究对象，它有一个独特的属性，它的本性是什么？换言之，善是什么意思？(2)这个属性在什么程度上直接属于哪些事物？哪些事物就其本身而言是善的？(3)用什么手段我们将能使世界上存在的事物尽可能好一些？本身最好的事物与其他各事物之间存在什么因

① [英] 乔治·摩尔：《伦理学原理》，长河译，上海世纪出版集团2005年版，第138页。

② [英] 乔治·摩尔：《伦理学原理》，长河译，上海世纪出版集团2005年版，第145页。

果关系？[①]这三个问题中，前两个问题是自明的，只能靠直觉加以研究，如果分不清这两个问题的内在关系就会陷入“自然主义谬误”。而第三个问题就是实践伦理学所研究的内容，也就是关于行为的伦理学。这时，摩尔指出了研究行为伦理学的唯一方法就是经验考察法，“探究我们应采取哪种行为，或者哪种行为是正当的，就是探究某行动和某行为将产生哪种效果，如果不利用因果归纳，任何一个伦理学上的问题都不能予以解答”[②]。

摩尔在其关于“理想事物”的分析当中，将“有机统一原则”引入了伦理学分析，这一原理是：一整体的内在价值跟其各部分价值之间既不同一，也不成比例。如果理想的事物是至善的整体，那么根据有机统一原理，这个至善的整体的价值并不在于其包含了多少有内在价值的事物，它可能是一个根本不包含任何我们所熟知的实在善的整体。这种有机的整体具一种“混合”善，即它作为整体是善的，但包含一些真正恶或是真正丑的要素。比如勇敢和同情本身是真正值得欲求的精神状态，但二都必不可少地包含一种对坏事或丑事的认识。摩尔接着指出，大善往往取决于对某一事物的认识，而这一事物的实在却必定是一大恶。

虽然摩尔对传统的功利主义进行了激烈的抨击，但在落实伦理学的行为研究时，摩尔又回到了经验主义的老路上，确切地说是回到了功利主义计算当中。摩尔指出：“当我抨击快乐

① ［英］乔治·摩尔：《伦理学原理》，长河译，上海世纪出版集团2005年版，第39页。

② ［英］乔治·摩尔：《伦理学原理》，长河译，上海世纪出版集团2005年版，第138页。

主义时，我仅仅抨击这样的学说，它主张快乐作为目的或者就本身而言是善的。我既不抨击这样的学说，它主张快乐作为目的或者就其本身而言是善的；我也不抨击关于什么是我们所能采取的最好手段，以获得快乐或者达到任何其他目的的任何学说。一般说来，快乐主义者们所推荐的行为方针跟我所要推荐的是十分相似的。我同他们争论的，并不是关于他们的大多数经验结论，而仅仅是关于他们似乎认为足以证明其结论的那些理由”①。

如上所述，摩尔先是用直觉主义批判了经验主义，然后又用经验主义批判了理性主义，当最后论及伦理学的实践时，摩尔又回到了功利主义。因此，凯恩斯一语道破了摩尔的缺陷，凯恩斯说道，“他的一只脚已经跨入了新的天堂的门槛，然而另一只脚却仍然深陷于西奇威克和边沁的功利主义计算以及正统行为的一般准则中”②。即便如此，摩尔对于20世纪之前各种伦理学说的批评在很长一段时间内使得伦理学家不敢有过多的涉足，因为很容易就会犯其所谓的“自然主义谬误”。由于摩尔长期在剑桥大学任教，到1939年退休时已经在职达28年之久，摩尔的《伦理学原理》一经出版，就在剑桥大学的秘密学社——布鲁姆斯伯里（Broomsbury）和使徒学社（Apostle Society）——引起了热烈的讨论。摩尔被称为布鲁姆斯伯里的先知，摩尔的伦理学思想对新一代剑桥经济学家，包括凯恩斯、霍特里和肖夫产生了深远的影响。

---

① ［英］乔治·摩尔：《伦理学原理》，长河译，上海世纪出版集团2005年版，第62页。

② ［英］梅纳德·凯恩斯：《精英的聚会》，刘玉波、董波译，江苏人民出版社1997年版，第428页。

二、凯恩斯的经济伦理思想

在摩尔所处的时代，伦理学方面的混乱与经济学类似，这种混乱反映出人们对现实社会的不满与对资本主义未来的恐慌。摩尔的《伦理学原理》一经出版，就在剑桥大学的秘密学社——布鲁姆斯伯里（Broomsbury）和使徒学社（Apostle Society）——引起了热烈的讨论，里根[①]和利维[②]的研究充分证实了这一点。他们指出，摩尔被称为布鲁姆斯伯里的先知，对青年的凯恩斯产生了很大的影响。凯恩斯在1938年回忆道："对我们这些在1903年很活跃的人来说，摩尔的影响完全取代了麦克塔格特、迪金森和罗素。他的影响不仅仅是压倒性的，而且是与斯特雷奇常说的'令人沮丧'相对立的另一个极端。这一切是多么令人兴奋啊，这是又一次文艺复兴的开始，是一个新的人间天堂，我们正是这新的天命的预言者，我们什么都不怕"[③]。在凯恩斯看来，摩尔的著作比《新约全书》和柏拉图更胜一筹，"因为它从不耽于空想。它传达出了摩尔的思想中的美感，他的见识的纯粹和饱含激情，他的从不空想和从不斧凿"。这些都让凯恩斯着迷，他觉得"没有理由放弃《伦理学原理》中那些基本的直觉"。[④]正像斯基德尔斯基指出的，对

---

① Regan T,*Bloomsbury's prophet: GE Moore and the development of his moral philosophy*, Pennsylvania:Temple University Press, 1986.

② Levy P. *Moore GE Moore and the Cambridge Apostles*, London:Weidenfeld & Nicolson, 1989.

③ [英] 梅纳德·凯恩斯：《精英的聚会》，刘玉波、董波译，江苏人民出版社1997年版，第482页。

④ [英] 梅纳德·凯恩斯：《精英的聚会》，刘玉波、董波译，江苏人民出版社1997年版，第490页。

于摩尔的伦理学，凯恩斯终身“奉为圭臬”[①]。

那么，摩尔的伦理思想对凯恩斯经济理论的影响主要表现在哪些方面呢？笔者认为，可以从如下四个方面来考虑。

（一）经济行为的动机不是功利主义计算

凯恩斯在其回忆录中写道，“我的写作受到了来自摩尔的《伦理学原理》和罗素的《数学原理》两方面影响”，“这使我们大大前进了一步。因为我们已把享乐主义抛出窗外，又放弃了摩尔那些很成问题的利益计算，从而回到现实中来”，“因此，我们成了这一代人中最早，也许是唯一摆脱了边沁传统的人”，“实际上，把经济标准奉为圭臬的边沁的功利主义计算在破坏着大众的理想”。[②]显然，摩尔对功利主义的批判使凯恩斯摆脱了功利主义的束缚，也使凯恩斯对以功利主义为基础的古典经济学理论产生了怀疑。更确切地说，凯恩斯在接触经济学之前，就已经意识到古典经济学的功利主义假设存在的问题，并认为这些假设使得古典经济学理论脱离现实，经济学只有摆脱功利主义计算，才能回到现实中来。在凯恩斯看来，人们在大多数情况下并没有，也不应当将最大化效用作为经济行为的唯一动机。在摩尔伦理学观念的影响下，凯恩斯跳过了以边际效用计算为核心的微观层面的供给和需求分析，而是侧重对经济行为的非功利动机的研究，这是凯恩斯经济理论实现突破的前提。

理解凯恩斯对功利主义的背离是理解凯恩斯经济学理论的

① ［英］罗伯特·斯基德尔斯基：《凯恩斯传》，相蓝欣、储英译，生活·读书·新知三联书店2006年版，第123页。

② ［英］梅纳德·凯恩斯：《精英的聚会》，刘玉波、董波译，江苏人民出版社1997年版，第491—492页。

关键。首先，在微观经济理论上，凯恩斯没有将局部均衡的效用最大化作为经济行为的动机。比如在分析储蓄时，他认为人们进行储蓄可能有八种动机：防患于未然、有远见、谨慎、追求进步、寻求独立、事业心、自豪感、贪财；在分析消费行为时，他又指出有六种动机：享乐、短视、慷慨、不谨慎、虚荣、奢侈；在分析流动性偏好时他总结出四种动机：收入动机、业务动机、谨慎动机和投机动机。[①] 由此可见，凯恩斯的微观分析并没有将功利主义的效用最大化，或是将快乐最大化作为经济行为的唯一动机，而是更加注重其他各种非功利动机对经济行为的影响，这使得凯恩斯的微观经济理论更加切合实际。其次，在宏观经济理论上，凯恩斯也没有将一般均衡作为其经济理论的分析目标。新古典经济学的一般均衡状态是功利主义效用最大化分析的最终目标。但凯恩斯并不承认这种市场全部出清的一般均衡状态存在的可能性，因为工资刚性和流动性偏好的存在，市场总是存在着有效需求不足的。尽管凯恩斯经济学中的确存在总需求与总供给的均衡分析，使得帕廷金等经济学家一度认为，"《通论》是瓦尔拉斯一般均衡理论的第一次实际应用"[②]。但对这一观点，贝特曼给予了坚决的否定，他说："就算凯恩斯在《通论》中有均衡分析，但这种均衡并不是建立在功利主义上的瓦尔拉斯的一般均衡"[③]。应当说，正是凯恩

① ［英］梅纳德·凯恩斯：《就业、利息和货币通论》，高鸿业译，商务印书馆2004年版，第201—202页。

② Patinkin D,*Keynes' monetary thought: a study of its development*, Durham, NC: Duke University Press, 1976, p.8.

③ Bateman B W, "G.E Moore and J.M Keynes: a missing chapter in the history of the expected utility model" ,*American Economic Review*, Vol.78, No.5（1988）, pp.1098-1106.

斯认识到了功利分析的不现实性，认识到了均衡分析的局限性，才着手创作《通论》，以便对传统经济理论提出修改。综上所述，凯恩斯理论创新的前提就是其对于传统功利主义的否定，以及对以功利主义哲学为基础的古典经济学理论的否定。

（二）经济理论可以不受传统观念和传统道德的约束

作为教条主义的坚决反对者，凯恩斯似乎不愿意全盘接受摩尔的观点。[①] 他说："我接受了摩尔的信仰，又拒斥了他的道德信条。实际上，在我看来，他的信仰最大的优点之一，就是使道德信条成为不必要的东西——'信仰'指向人本身以及终极目标，而'道德'不过指向外物与中介"[②]。如果将这里的"信仰"理解为作为目的的善——终极目标，"道德"是作为手段的善——外物与中介。那么，作为实用主义者的凯恩斯，在目的和中介间权衡时，必然会为了目的而适当地放弃中介，认为传统道德只是不必要的东西。正如凯恩斯自己的宣言："我们完全否认个人有遵循普遍原则的义务，我们主张根据事情的是非曲直加以实事求是地分析。智慧，经验和自制力正可以胜任这一切。这是我们信仰的重要组成部分，我们毫不动摇地维护着它"，"我们拒斥那些传统的道德，保守的观念和陈腐的智慧"，"我们不承认有什么道德义务或内在约束，也不准备顺从或遵守什么，在天堂面前，我们自己对自己进行审判"。[③]

---

① ［英］奥斯汀·罗宾逊：《凯恩斯传》，滕茂桐译，商务印书馆 1980 年版，第 55 页。

② ［英］梅纳德·凯恩斯：《精英的聚会》，刘玉波、董波译，江苏人民出版社 1997 年版，第 482 页。

③ ［英］梅纳德·凯恩斯：《精英的聚会》，刘玉波、董波译，江苏人民出版社 1997 年版，第 492—493 页。

凯恩斯将保守观念和传统道德视为“陈腐的智慧”，凯恩斯的经济理论和经济政策都实现了对这些“陈腐的智慧”的背离。首先，在《通论》的开篇，凯恩斯就对以马歇尔、庇古和埃奇沃思为代表的“古典学派”宣战，他指出：“我要进行争辩，说明古典学派的假设条件只能用于特殊情况，而不适用于一般通常情况”，“如果我们企图把古典理论应用于来自经验中的事实的话，它的教义会把人们引入歧途，而且会导致灾难性的后果”。[①] 事实上，凯恩斯的理论，尤其是他的就业理论、利息理论和货币理论实现了对古典理论的全面背离，使得传统以萨伊定律为理论前提的均衡就业理论、均衡利息理论和货币数量论不再有效。其次，凯恩斯的经济政策也实现了对传统道德的背离。比如凯恩斯反对节俭与储蓄，大力提倡消费甚至浪费，虽然这种做法有违传统美德，但可以增加总需求；凯恩斯支持扩张的货币政策，支持政府直接投资，虽然他明知货币数量的增加是对居民个人财产的间接剥削，政府的直接投资也会挤压企业资本，但只要这些政策有利于解决失业和经济停滞，那么就是可取的。在凯恩斯看来，解决失业和促进经济增长是经济理论的目标，而节俭的美德和对个人财产权的尊重只是中介和外物，是不必要的东西。

（三）直觉概率论与长期经济的不稳定性

凯恩斯不仅反对遵守传统道德，也反对为传统道德辩护的经验概率论。为了反驳经验概率论，凯恩斯在 1904 年就著有《伦理学与行为的关系》的论文，并于 1921 年出版了他唯一的

① ［英］梅纳德·凯恩斯：《就业、利息和货币通论》，高鸿业译，商务印书馆 2004 年版，第 7 页。

伦理学专著《论概率》。在该书中，凯恩斯借用了摩尔的手法创造了他的直觉概率论。凯恩斯认为，概率不是由经验获得的，而是一种和“善”一样的抽象的、不可分析的事物，是一种人们直觉上，或心理上自明的概念。他说道，“对概率进行准确定义是不可能的，除非能在一定的理性信念基础上确定概率关系的可靠程度，试图通过简单的概念来分析繁杂的概率关系是不可能的”①。概率既然不能准确定义，那么，就只能依靠直觉进行感知。凯恩斯指出:“如果我说‘行为A发生的概率大于行为B’，我并不是断言A一定会比B发生的几率高，而是说我对A发生几率高于B有更多的证据”②。这种证据可以是经验，也可以是理性的分析，还可以是直觉。在凯恩斯看来，概率只是人们预期的数字反映，概率本质上是主观的判断。客观经验可以为主观概率提供参考，但由于经济现实的不断变化，经济现实在空间上不存在同质性，在时间上不存在重复性，因此，经验概率在逻辑上存在不可靠性。从而，人们在面对具体经济问题时更多的是依据个人的理性分析和主观判断，个人经验的不同、知识程度的不同以及心理状态的不同，都会影响概率的判断。

20世纪80年代，当宏观经济学转向不确定性和理性预期的研究时，凯恩斯关于概率的论述一度成为研究的焦点。凯恩斯的直觉概率论对他的经济理论产生了明确的影响，这一点集

---

① Bateman B W, “G.E Moore and J.M Keynes: a missing chapter in the history of the expected utility model”, *American Economic Review*, Vol.78, No.5（1988）, p.1103.

② [英] 罗伯特·斯基德尔斯基:《凯恩斯传》，相蓝欣、储英译，生活·读书·新知三联书店2006年版，第127页。

中反映在《通论》的第十二章当中。在这一章，凯恩斯详细考察了资本的长期预期状态，他认为在对未来的收益进行估计时，人们主要依据的是信心状态和人的本能。这也是造成经济波动的根本原因。对于经验知识，凯恩斯认为是“极端靠不住的”；对于统计学的数学期望值，他驳斥道，“从哲学的观点来看，这一数据并不是唯一正确的，因为，我们现在所知的事实并不构成充分的根据来计算出正确的数学期望值”。[①] 同时，对直觉概率论的信奉，使得凯恩斯形成了长期经济不稳定的观点。在 1937 年反对其批评者的论文中，凯恩斯进一步强调这一观点，他说：“确信无疑的是，市场的投资总额无时不发生剧烈的波动，因为它所依赖的两个因素（预期的利息率和预期的资本收益率）都没有稳定的基础，且两者的波动也不存在着相互抵消的倾向”[②]。在凯恩斯的经济理论中，直觉概率的存在不仅否定了传统的古典经济理论，否定了经验统计概率的合理性，更重要的是直觉概率论使凯恩斯认为，人们的经济行为更多地取决于人的本能和天性，而这种本能和天性正是造成经济发展不稳定的根本原因，因此经济的稳定需要政府的持续干预。

（四）经济学本质上是道德科学

摩尔对伦理学体系的划分也为凯恩斯提出“经济学是一门道德科学”奠定了基础。凯恩斯指出，经济学研究的对象是人的经济行为，而作为社会向善论者，每个人的行为正当与否就

---

① ［英］梅纳德·凯恩斯：《就业、利息和货币通论》，高鸿业译，商务印书馆 2004 年版，第 156 页。

② Keynes J M, “The general theory of employment”, *The quarterly journal of economics*, Vol.51, No.2（1937）, pp.311-372.

取决于其行为是否能够促进社会“善”或福利的增加。从这一角度来看，经济学就是属于实践伦理学的一个分支，其研究的内容就是分析何种经济行为能够产生最大的社会福利，因此，经济学本质上是道德科学。在凯恩斯1938年批判罗宾逊《经济科学的性质与意义》的文章中，凯恩斯就重申道：“我再一次郑重地强调我的观点，即经济学是一门道德科学，我曾说过，它是研究人类内省和价值判断的，现在我认为还要将人类心理的动机、预期和不确定性加入其中。我们必须对经济学将事物看成是不变且单一的观点表示坚决反对”①。在这里，凯恩斯将人类的内省和价值判断而非传统的财富或效用最大化作为经济学的研究核心，并明确了经济学价值判断的重要性，否定了经济学寻求价值中立的假设。根据戴维斯的研究，凯恩斯将经济学视为道德科学这一想法源于摩尔的伦理学，凯恩斯在其1904年的论文《伦理学与行为的关系》中就已经说明了这一点，即人的行为只受自身经验反思和价值判断的影响，与其他因素并无多大关联。

凯恩斯将经济学视为道德科学这一主张，使经济学与伦理学的结合向前推进了一大步，并对西方经济学产生了三个方面的重要影响。首先，凯恩斯的经济分析更加强调人的本能和情感，而将人的理性放到了次要的地位。凯恩斯指出：“我们的大多数决策很可能源于动物的本能”，“推动社会的车轮运行的正是我们内在的进行活动的冲动，而我们的理智则在我们能力所及的范围内”，“以动机而论，我们的理智却往往退回到依赖

① Bateman B W, Davis J B., *Keynes and Philosophy: Essays on the Origins of Keynes's Thought*, England: Edward Elgar Publishing, 1991, p.94.

于我们的兴致、感情和机缘的地步”。[①] 其次，凯恩斯反对自然科学的研究方法，尤其是数学方法在经济学中的过度应用。凯恩斯承继了马歇尔的观点，相信数学在检验思想时是有用的，但决不能用来思考问题。同时，凯恩斯终生对建立在脆弱逻辑基础上的相关系数采取保留的态度。[②] 再次，凯恩斯坚信经济学和道德科学一样，直觉在经济学推理中有重要的作用。经济学家的直觉应当和艺术家的直觉一样受到尊重。[③] 将经济学看作一门艺术，也一直是凯恩斯经济理论的独特之处。

三、肖夫和霍特里的经济伦理思想

除了凯恩斯外，肖夫也深受摩尔伦理学思想的影响。肖夫是凯恩斯的学生，且一生都没有离开剑桥大学，著名经济学家理查德·卡恩是肖夫的学生，并且是在肖夫的鼓励和帮助下实现了从物理学向经济学的转变。肖夫一生治学非常严谨，因此，他虽然著作很多，但很少公开发表。肖夫经济学研究的动机与马歇尔类似，马歇尔是为了解决社会贫困而研究经济学，肖夫则认为经济学是实现社会公正的一个手段。因此，肖夫的经济学有浓重的伦理学色彩，他不仅是摩尔的忠实信徒，也是推行摩尔伦理学在经济学应用最为积极的剑桥经济学家。

1911 年，肖夫作为剑桥使徒学会青年成员，同时提交了

---

① ［英］梅纳德·凯恩斯：《就业、利息和货币通论》，高鸿业译，商务印书馆 2004 年版，第 165—166 页。

② ［英］奥斯汀·罗宾逊：《凯恩斯传》，滕茂桐译，商务印书馆 1980 年版，第 53 页。

③ ［英］罗伯特·斯基德尔斯基：《凯恩斯传》，相蓝欣、储英译，生活·读书·新知三联书店 2006 年版，第 515 页。

两篇博士论文，其中一篇名为《关于摩尔伦理学在政治问题上的应用》。[①] 这是一次史无前例的壮举，标志着理想功利主义伦理学在经济学上的第一次正式的应用，结束了功利主义与经济学长达一个多世纪的统治。摩尔曾将伦理学分为三个分支，其中一个重要的分支就是研究哪些事物作为其本身是善的，其程度如何？基于摩尔的伦理思想，尤其是对“善”的定义对肖夫影响较大。肖夫认为“善”是一切经济行为和事物的终极判断标准，而作为有机体的善是社会所追求的终极目标。以此为出发点，肖夫对传统的功利主义经济学提出了两点根本性的批判。(1) 以“最大多数人的最大福利”为目标的经济学是不存在的。因为社会是一个有机整体，社会整体的善也一个有机体，按照摩尔的理论，作为有机体的善是善的物质与非善物质相结合的联合体，是物质和精神、实体和直觉的联合体。如果这一论点成立，功利主义的经济学则存在三点不足：功利主义的统计忽略了有机体中非善事物的重要性；作为有机体而存在的整体善不必然等于部分之和；只统计了具体财富方面的“善”，而忽略了精神方面的“善”。(2) 肖夫认为，纯粹的“自由”和“公平”是善的，但作为社会整体的一部分则不一定能促进整体善的增加。以功利主义为基础的古典经济学一直高举自由经济和贸易公平的道德大旗，认为只要保证个人财产权不受侵犯，个人行动和决策自由，贸易坚持自愿公平原则，政府不对市场进行任何的干预，这样就可以最大程度上促进社会福利的增加。然而，肖夫指出，“自由”与“公平”与社会福利（有

① Shove G F, *Notes on the application of G.E. Moore's system of Ethics to some problems of political theory*, PhD. Cambridge:King's College, 1911.

机体的善）之间并不存在必然的关联，就像作为“部分的善”与作为“整体的善”之间不存在直接相关一样。[①]

肖夫对于摩尔伦理学的应用，打破了传统功利主义经济学的基本信条：个人财富的增加不一定导致社会福利的增加；社会物质财富的增加也不一定导致社会总福利的增加；自由放任的经济体制与社会整体财富的增加并无直接关联；对个人财富权的保护不一定能促进社会公平。这些信条都在一定程度上反对资本主义极端的个人利己主义，并为政府干预市场、干预财富的分配提供了伦理基础。然而，令人遗憾的是肖夫在此之后并没有继续这方面的研究，可能是由于他的研究没能引起太多人的注意和赞同，也可能是无法解决摩尔伦理体系中二元性的矛盾。摩尔认为伦理学对于现实的意义只在于判断什么事物作为其本身是善的，以及这种善的程度如何，但并没有提出对行为的具体指导方针。在其关于行为的伦理学中，摩尔也只是强调了道德和义务的作用，进一步又回到了功利主义计算的巢穴当中，并没有在其伦理理论与现实当中构架一座新的桥梁，也可能他认为这架桥梁就不存在，因为他认为伦理学本身的研究就只能依靠直觉和内省。摩尔伦理学上的缺失使得肖夫的进一步研究成为了无源之水，因此他的后期著作主要集中于纯科学的经济学理论，并试图将伦理学踢出经济学的研究范围，他说“科学不是伦理学，关于人性的价值判断以及行为的正当性判断都不是科学研究的范围”[②]，“经济学科学应当避免对人性价

① Macciò D D, “GE Moore and political philosophy: Gerald F. Shove's fellowship dissertation (1911)”, *History of European Ideas*, Vol.37, No.1 (2011), pp.63-75.

② Shove G F, “Modern economics”, *The Athenaeum*, Vol.10, No.31 (1919), p.1269.

值及行为的正当性的伦理判断”[①]。

与肖夫不同，霍特里对于摩尔伦理学的应用更为坚定也更为全面。他这方面的著作主要表现在其1926年的《经济学问题》当中。他还计划在1950年左右写一部名为《公德心：伦理评价在政治学中的应用》，但一直没能成稿。[②]此外，他的其他著作如《经济学的命运》（1944年），《信仰的需求》（1946年），及手稿《正确的政策：政治学中的价值判断》和《思想与现实》都体现出了他对伦理学的关注，但随后的这些著作都没有实现对《经济学问题》的突破。像肖夫一样，霍特里从摩尔伦理学的视角对传统的经济学理论给予了批判，他借用摩尔的“非法的抽象”一词，提出经济学中对抽象的过度运用——如“经济人”假设——阻碍了对人们正常经济行为的全面考察，同时，忽略了人们对“至善”的真实追求。这种狭隘的经济分析使得经济学将现实生活引入迷途，同时也失去了对现实的指导意义。霍特里将摩尔有机体的概念与奥尔森《集体行动的逻辑》进行了结合，认为经济问题类似于社会中集体行为的理论，即研究如何在个人差异的情况下统一行动，为实现社会利益的最大化而努力。传统个人主义的理论假设与现实并不相符，用市场机制协调集体行为也不恰当；消费者并不能引导市场的发展，反而是被市场引导的对象；现实中价格向均衡水平调整的速度很慢使得价值理论脱离实际；劳动力市场中，信息不对称和传统习俗使其根本不具备自由市场的条件；贸易周期

---

① Shove G F, “Moral and economics”, *The Athenaeum*, Vol.12, No.28（1919）, pp.1119-1120.

② Black C R D, “Ralph G. Hawtrey 1879-1975”, *Proceedings of the British Academy*, Vol.63, No.4（1977）, pp.363-398.

和货币波动使得整个自由市场极为不稳定；而且分配的不平等与垄断的形成是自由市场不可避免的缺陷。因此，霍特里建议将伦理学中的制度、习俗及法律，还有心理学和人类学等思想引入经济分析，以完善古典经济学所存在的缺陷，并试图构建新的经济学体系。[①] 霍特里的经济伦理思想，主要表现在以下几个方面：

（1）经济行为动机的伦理学解释。霍特里对人的经济行为动机进行了全面的分析。他认为，人们对金钱的追求并不是因为金钱是交换的中介物，而是出于一种对金钱本身的渴望。金钱本身就具有价值而且能赋予其持有者权利，尤其是选择的权利，正是这种对权利的追求使得人们会持有现金而不是全部消费。[②] 这一观点继承了剑桥学派的现金余额理论，也与凯恩斯的流动性偏好理论相似。霍特里还指出，市场经济中“经济人”自由选择的假设是不现实的，因为厂商的行为取决于消费者，而消费者的行为则受制于他自身的经济状况和习俗，穷人只能将消费集中于生活必需品，因此市场上的每个经济行为者都不是完全自由的。同时，消费习俗和时尚对消费者的影响非常大，如果原有产品能够满足他们的需求，消费者一般不愿意去冒险选择新的产品。此外，“社会人”也不是完全利己的，尤其是在家庭行为中，利他的思想占有主导地位，社会中对家庭责任的约定在很大程度上制约了其家庭成员消费的自主性，因为他们必须为教育、健康投资，故以家庭为单位而不是以个人

---

① Macciò D D, “GE Moore’s philosophy and Cambridge economics: Ralph Hawtrey on ethics and methodology”,*The European Journal of the History of Economic Thought*, Vol.22, No.2（2015）, pp.163-197.

② Hawtrey R G,*The Economic Problem*, London: Longmans, 1926.

来研究经济学更为合理。同时，女性在经济中的行为一直被排除在经济学研究之外，虽然女性主要任务是维持家庭，但她们对于经济决策的影响是很大的。① 在这一点上，霍特里又有部分女性经济学的观点。

（2）经济伦理思想与福利经济学。霍特里指出，传统经济理论将经济学定义为研究财富的科学本身就是片面的，而忽略对人的研究则更是错误的。他认为将经济学定义为市场机制的商品买卖的科学缺乏一般性，因为市场作为制度而言并非唯一。在此，他又沿用了奥尔森的概念，认为经济学是一门研究人们集体行为的学问，通过协调人们各自不同的集体行为去创造最大可能的“善”或“福利”。有鉴于此，霍特里关于福利的定义是“福利是个伦理学概念，它包含于各类生活当中，人们根据经验可以确定哪些事物本身是善的，哪些事物可以作为人们行为的目标，这个目标可以是经济的也可以是非经济的。但是不能将福利限定为物质财富或是其他。福利与善的概念一样，是经济行为的终极目的，而非手段”②。可见，霍特里的福利不仅仅是经济福利，而是像“善”一样不可定义的、不可分析的概念，这是经济学的终极目标。“善”既不是效用，也不是财富。这些只是实现善的手段之一，伦理学家不能接受传统经济学对于效用和财富的定义，因此，庇古用经济福利完全取代福利也是极其错误的做法。“福利”“效用”和“偏好”在霍特里的眼里都是伦理学和心理学概念，传统经济学对于这些概念都进行了扭曲，使其失去了原本的含义，这是种错误。由这

① Hawtrey R G,The Economic Problem, London: Longmans, pp.152-153.

② Hawtrey R G,The Economic Problem, London: Longmans, p.185.

些概念所描述的经济行为都无法摆脱伦理学的影响，因此，霍特里的结论是“经济学不能独立于伦理学而存在”[①]。

（3）经济伦理思想在商品理论中的应用。霍特里将关于善的定义扩展到了商品领域，他认为经济学研究的目标就是社会的福利或“善”的增加，而商品是实现福利的手段。摩尔指出，增加“善”的手段有两种，一是除恶，二是行善。因此商品根据其作用也可以分为两大类，一是预防性商品（Defensive products），二是创造性商品（Creative products），前者是预防“恶”的形成，主是生活必需品和药品，后者促进“善”的产生。创造性商品又可以分为三类，一类是创造生理上的喜悦的商品（Give physical gratification），如美食、美酒等能带给人们喜悦的商品；第二类是健身器材（Sport Equipment），这里的健身器材是统指所有有利于身体健康的商品，因为健康是幸福的物质基础；第三类是文艺品（Intellectual and artistic product），这种商品具有两重性，首先其本身就是善，同时也是实现善的手段。低收入群体主要是消费预防性商品，而高收入群体则主要消费创造性商品。[②] 同时，霍特里否认随着商品消费的增加会存在边际效用递减的情况，他认为每个人从商品中得到的满足程度（或“善”）受到多种因素的影响，其偏好和满足程度只消费者自己最清楚，而且这种伦理学和心理学上的“善”在人际间不具有可比性，因此，他对于马歇尔和庇古所提倡的财富转移并不支持。这里，他又站到了新福利经济学的立场上。

① Hawtrey R G,The Economic Problem, London: Longmans, p.148.

② Hawtrey R G,The Economic Problem, London: Longmans, pp.198-208.

第五章　剑桥学派学术思想的评价

研究经济思想史的目的就是要以史为鉴，在更深刻地认识前人经济思想的同时，为当下的经济学理论发展提供启示，这就需要对剑桥学派有一个中肯的评价。剑桥学派到底为现代经济理论做出了哪些理论贡献？剑桥学派的经济伦理思想对经济学研究有什么影响？剑桥学派在经济思想史中应当处于什么样的地位，对现代经济学研究有哪些启示？这些是本章试图回答的问题。

第一节　剑桥学派经济理论的评价

本书研究了剑桥学派的三个宏观经济理论，对经济理论的评价可以从两个方面进行，一是站在当时剑桥学派所处的时代来评价其理论的现实意义，二是站在当下的理论角度评价剑桥学派理论对当下的理论发展作出了哪些贡献。对剑桥学派经济理论的评价，将按以上标准进行。

一、剑桥学派货币理论的评价

货币理论是剑桥学派所有经济理论最重要的理论，这是由剑桥学派所处的时代所决定的。在20世纪初，英国面临着周期性的经济危机、金本位取舍以及世界货币体系的调整等一系列货币政策问题。这就决定了货币理论是这一时期经济学的研究重点。剑桥学派的很多经济学家对于货币理论都做出了独特的贡献，并产生了三位重量级的货币经济学家，凯恩斯、罗伯特森和霍特里。但由于凯恩斯革命的巨大影响，剑桥学派的货币理论在凯恩斯之后很少引起经济学家的重视。认为它只不过是一种古老的，错误的，与古典经济学一样的货币数量论而已。凯恩斯之后，弗里德曼的货币数量论才是现代货币理论的代表。这种想法忽略了剑桥学派在货币理论所作出的重要贡献，也否认了历史发展的连续性。笔者认为，剑桥学派的货币理论有三个重要的贡献：

首先，剑桥学派的货币理论实现了对传统货币数量论的超越。传统的货币数量论是以休谟和费雪为代表的，朴素的货币数量论。只认识到了货币作为交换中介的职能，只对货币数量与价格间的关系成比例地简单描述，除此之外再没有其他。然而，剑桥学派的货币数量论则不同，剑桥学派认识到了货币的储蓄和投资职能，并从人们持有货币的动机出发，形成了以剑桥方程式为代表的现金余额理论。这种现金余额理论也就是现代货币的需求分析，从此，货币经济学才确立了供需分析的基本理论框架。这是对现代货币理论分析方法的重大贡献。同时，与传统的货币数量理论不同，剑桥学派成员详细分析了影响货币流通速度的因素，除了传统的交通、通信等因素之外，剑桥学派尤其强调了信用体系和预期对货币流通速度的影响，这使得预期和银行体系第一次成为经济学的研究对象，该理论进一步发展成为货币经济学的核心内容。再次，剑桥学派对于货币数量与价格间的传导机制进行了详细的研究，例如罗伯特森就指出货币供给的变动首先影响利率，然后影响价格；而货币流通速度的变化则首先影响价格，而后才是利率，同时他们也认识到了价格和工资的刚性，利率和货币量变化之间的关系。这种细化的研究是对传统货币数量论的重大突破，同时对于政府的货币政策有着重大的指导意义。

其次，剑桥学派的货币理论是凯恩斯和弗里德曼货币理论得以成形的基础。目前西方经济学的货币理论主要可分为两个体系，一是以凯恩斯学派为代表的凯恩斯体系，另一个是以弗里德曼为代表的现代货币数量论体系。这两个体系都吸收了剑桥学派现金余额的货币数量学说。在凯恩斯的"流动性偏好"分析当中指出，人们持有货币有三种心理动机：交易动机、预防动机和投资动机。前两种动机对货币需求是基本稳定的，只有投资动机的货币需求变化较大。投资动机的货币需求与利率有直接的关系，而与价格只存在间接的关联。同时，在短期内由于价格和工资黏性的存在，就使得货币量变成了只与利率有关的函数。政府通过增加货币供给，则降低利率，从而在一定预期收益率的前提下增加投资，导致产出增加和就业增加，只要经济还没有达到充分就业水平，货币的增加是不会引起整体价格水平上升的。然而，现代货币数量学则认为，在"名义"货币数量增加后，每个人都会重新计算自己持有的"实际"现金余额，多余的部分不是全部用于债券市场，而是在债券、商品和服务、资本品及耐用品等系列中进行选择。因此，名义货币量的供给导致利率下降和投资增加，同时，会导致价格上涨及降低名义资产的实际价值。而后者将阻止利率下降和投资的增加，最终经济恢复原状，整体价格水平上升。由此可见，不论是凯恩斯学派还是弗里德曼的分析都是以剑桥学派的现金余额分析为基础的，只是存在着短期和长期的区别，以及对于利率的不同认识。

最后，剑桥学派对于货币现象的分析，尤其是其对于货币经济与实体经济之间关系的研究，对于处理现代经济问题有很大的启发。剑桥学派与凯恩斯主义的分歧主要在于他们对货币现象的认识不同。前者认为货币分析虽然很重要，但与实体经济相比是次要的，从长期来看，经济的波动与实际利率的确定都取决于生产力发展水平及其变动，货币只是次要原因。而凯恩斯主义则认为货币是现代经济体系的核心，是消费、投资等一切行为的载体，稳定的价格和利率就可以消除经济的波动，推动经济持续平衡地发展。然而，凯恩斯理论在西方至今的八十余年的应用表明，货币经济与实体经济间存在的关系非常复杂，可以说，货币政策对于实体经济的影响是有限的，经济的发展最终取决于技术的进步和劳动生产率的提高。这一现实恰巧与庇古和罗伯特森的货币理论有相似之处，罗伯特森甚至预言了凯恩斯理论最终将导致滞胀的结果。因此，剑桥学派的货币理论，尤其是罗伯特森的货币理论对我国的经济建设有巨大的启示意义。

二、剑桥学派经济周期理论的评价

20 世纪以来，经济周期理论一直是西方宏观经济学的研究重点，如何解释资本主义经济中总产量为什么会反复地经历趋势性波动的问题，一直被经济学家们看成是对这一学科的主要挑战。总的来说，现代的经济周期理论可以分为两大组成部分，一是与货币有关的货币经济周期理论（MBC：Monetary Business Cycle），也叫信贷周期理论，二是实体经济周期理论（RBC：Real Business Cycle），也叫贸易周期理论。剑桥学派对于这两个周期理论都作出了不可忽视的贡献。

首先，在信贷周期理论（MBC）方面，霍特里可以说是西方国家中率先进行这项研究的经济学家之一，也是最纯粹的信贷周期理论的支持者，因为他坚持认为经济周期就是纯粹的货币现象。他认为周期和上升阶段是从信用扩张开始，其表现就是低利率，低利率使得储蓄下降消费增加，商人增加存货积累，并刺激生产扩张，投资和消费品需求的增加导致存货—销售额比率非意愿性地降低，商人则进一步积累存货，使得扩张进一步推进。当货币供应受到外界（全球流动性）的制约时，经济扩张开始收缩，由于在前期扩张阶段货币需求不是和总支出及消费者收入同比例地增长，因此银行体系可以得到货币的净回笼。但是，一旦货币需求赶上收入的增长，银行的流动性就开始恶化，迫使他们提高利率并压缩信贷，经济由扩张转为衰退，而衰退过程中滞后的货币需求又为下一次经济扩张作了准备。他的这一理论成为后来哈耶克经济周期理论的基础，哈耶克以霍特里的理论为基础，加上奥地利学派特有的“迂回生产”理论，形成了其特有的货币周期理论，并成为该领域的代表性思想。

其次，在贸易周期理论（RBC）方面剑桥学派也做出了开创性的贡献，一般而言，贸易周期理论还可细分为过度投资理论和消费不足理论，前者以罗伯特森为代表，后者则以凯恩斯为代表。罗伯特森认为，经济社会面临的最大问题就是决定当前的产出有多少比例要放在“未来的祭坛”上，以便为后期经济的发展提供资本。由于人类天性中对增长的追求，总会在经济相当繁荣时产生“过度投资的冲动”，这种计划的投资控制如果能够控制在充分就业水平的储蓄数量之内，则经济不会发生大的波动，但如果超出了这个限度就会导致“强制储蓄”产生，这就是经济危机的根源。因此，有必要通过利率的反向调节将波动控制在最小范围。罗伯特森的这一理论成为现代以萨缪尔森为代表经济学家的高度赞扬，并称之为其“永久性的贡献”，同时，罗伯特森对人类“冲动”的描述，也引发了后期经济学对“动物精神”的研究。① 凯恩斯的有效需求不足理论，则从罗伯特森相反的角度为经济周期提供了解释。自《通论》之后，该理论就成为主流经济学重要组成部分，其影响力自不用细数。虽然《通论》里的思想是否属于传统剑桥学派还存在争论，但至少可以肯定的是，凯恩斯是剑桥学派的一员，而且他本人并没有声称其理论是对传统的背离，只是说是传统理论的“另一种表述方式”②。这一点要与凯恩斯主义者的观点区分开来。此外，庇古的工业波动理论对熊彼特和卢卡斯的现代经济周期理论也有深远影响。这一点已经得到了充分的证明。③

---

① Samuelson P A, “DH Robertson（1890–1963）” ,*The Quarterly Journal of Economics*, Vol.77, No.4（1963）, pp.517-536.

② ［英］罗伯特·斯基德尔斯基：《凯恩斯传》，相蓝欣、储英译，生活·读书·新知三联书店 2006 年版，第 602 页。

③ Collard D, “Pigou and modern business cycle theory” ,*The Economic Journal*, Vol.106, No.437（1996）, pp.912-924.

三、剑桥学派失业理论的评价

就失业产生的原因，大体可以将失业分为三种：摩擦性失业、结构性失业和超出自然失业率的失业。对于前两种失业，剑桥学派将它们统称为摩擦性失业，是指人们在转换工作时的暂时性失业，而对于总需求不足所导致的失业是剑桥学派失业理论存在分歧的所在。根据新古典经济学的观点，劳动需求取决于企业追求最大化利润的决策。在市场竞争的条件下，最终的就业率会使企业的实际工资同单位劳动的边际产出相等，因此劳动需求是单位劳动边际产出的直接反映，正常的劳动需求曲线是关于与劳动边际产出呈递减的函数。如果劳动的供给超过需求，则会产生失业，解决的办法就是降低实际工资。这一点是福克斯威尔、马歇尔和庇古失业理论的核心。但他们也认识到，市场的不完全性、工会的影响以及政府对最低工资的干预，都使得实际工资的短期调整存在困难。同时，工业生产的波动是促使调整成为必需的真实原因。因此，失业理论同经济周期理论就在剑桥的经济理论中成了“孪生兄弟”。解决失业的问题取决于这几个方面：对于摩擦性失业，政府应当加强职业介绍所的建设，免费为劳动者提供充分的市场信息。对于结构性失业，政府应当加强职业培训，使得失业人员重新掌握就业所需的技能。同时，政府应当取消对工资的干预，削弱工会对工资的干预，让劳动市场的工资和商品市场的价格一样实现快速调整。此外，通过稳定币值等手段尽量将经济的波动程度降到最低，这样也可以减少由于经济危机所导致失业的人员程度，使得社会失业率尽可能接近自然失业率。霍特里和罗特特森也认为，经济在正常的情况下，也就是均衡的情况下是不存在大量失业的，失业只是经济萧条的产物，解决了经济萧条就解决了失业，因此他们的失业理论其实只是其经济周期理论的副产品。

凯恩斯的《通论》虽然颠覆了传统的失业理论。但是，对于摩擦性失业和结构性失业，凯恩斯并没有对庇古的理论表示反对。除此之外的失业，凯恩斯认为是总需求不足所导致的，并且认为就业是总需求的函数，而与市场价格、工资没有关系。虽然凯恩斯强调货币工资的刚性是导致失业的根本原因，但按照凯恩斯的逻辑，就算货币工资可调也是无法解决失业的。假设在最初时总需求不变，同时市场中存在着失业，货币工资可以调整到一个较低的程度，这时就业增加，总产出增加，但由于商品市场上总需求并没有改变，增加的供给势必压低商品价格，价格下降导致企业的收入减少，进一步导致企业的投资不足，进一步增加失业，经济最终会在一个较低的货币工资水平和较低的总需求水平上实现均衡，这没有任何的意义。① 因此，凯恩斯认为增加总需求才是解决失业的唯一途径，而增加总需求的方法则是增加政府的直接投资和低利润政策下的市场投资。

然而，凯恩斯的失业理论在 20 世纪 70 年代后却遭到了多方的挑战。新古典综合学派认为，如果通过货币政策来解决失业问题，那么，凯恩斯理论实际上与新古典经济学并不存在差异，由于名义工资不变，宽松的货币政策可以在名义工资不变的情况下提升商品价格，这相当于实际工资的下降。这和庇古

---

① Patinkin D,*Money, interest, and prices: An integration of monetary and value theorym*, New York: Harper & Row, 1956.

所主张的价格不变、货币工资下降没有本质的区别，只是凯恩斯的方法在现实中更为可行，但也会导致通胀的产生，换句话说这就是著名的菲利普斯曲线理论。萨金特和华莱士则进一步指出，在考虑理性经济行为者的前提下，只有政策上非预期的变化才会对失业有效，一旦政策被预期就不会影响就业和产出。① 同时，供给学派从另一个方面提出批评，他认为，政府投资的资金来源有三种：国债、税收和增加通货。前两种只是挤占了原有的投资资金，后一种则会导致通货膨胀，因此，都不是解决失业的根本方法。

新古典经济学与凯恩斯主义关于失业理论的争论，到目前都没有形成定论，但总的来说，在不充分信息导致的价格黏性和预期困难的情况下，现代宏观经济学广泛认为，失业可能背离它的“自然”水平，在这种条件下，凯恩斯的需求管理理论对失业有一定的现实意义。而分歧就在于自然失业率的确定，即多大程度的失业是自然的？对这一问题的回答，也存在着广泛的分歧。当然，这已经超出了本书所研究的范围。

第二节 剑桥学派经济伦理思想的评价

剑桥学派中有三种主要的经济伦理思想，直觉的功利主义、进化论的功利主义和摩尔的理想功利主义。这三种功利主义思想分别形成了不同的经济理论，如庇古的福利经济学理论、马歇尔的生态经济学理论以及凯恩斯和霍特里的货币经济

---

① Sargent T J, Wallace N. "'Rational' Expectations, the Optimal Monetary Instrument, and the Optimal Money Supply Rule" ,*The Journal of Political Economy*, Vol.82, No.3（1975）, pp.241-254.

学理论。本节试图对这三种功利主义的思想进行较为全面的评价。

一、西奇威克功利主义经济伦理思想的评价

功利主义最初作为一种社会政治改革激进派的指导思想，虽然它没有在政治上获得成功，但却意外地在经济学上取得了巨大的成功。功利主义与经济学的正式结合是由穆勒完成，而剑桥学派及19世纪70年代的边际革命将这种结合以确定的形式固化为经济分析的一部分，尤其是对个人效用的计算，以及边际效用递减原理的阐述。虽然在边际革命的三位著名经济学家中只有杰文斯明确表示了对功利主义的逢迎，而门格尔和瓦尔拉并没有与功利主义表示出直接的联系，[①] 但他们分析结果的一致性还是使得功利分析成为现代微观经济理论的基础。因为功利主义从根本上满足了现代资本主义经济思想的几点根本诉求，即对个人财富追求的肯定，对自由市场行为的追求，对封建贵族和政府干预的批判，以及使经济学科学化的努力。最后一点尤其重要，因为在一个崇尚科学主义的社会，只有让经济学披上科学的外衣，才能使经济学获得社会的认可，这也是经济学不断数学化的一个根本原因，而经济学的数学化历程在一定程度上表现为一个功利计算函数不断改进的过程。这是经济学始终对于功利主义不离不弃

① 边际革命在三个国家中同时产生，而且这三个国家在经济环境和意识形态上却少有共同点，当时英国的意识形态是功利主义，奥地利是新康德主义，瑞士则是笛卡尔哲学思潮，为什么会同时产生基本一致的分析方法，这一点至今也没有一个统一的解释。[英] 马克·布劳格:《经济理论的回顾》，姚开建译，中国人民大学出版社2009年版，第224—225页。

的一个重要原因，也是剑桥学派得以实现经济学独立的重要原因。

然而，自功利主义诞生时起，它就遭受了各种批判。历史主义从现实的角度批判其脱离实际；理性主义从逻辑角度批判其论证缺陷；直觉主义则批判其对人性的认识不足；剑桥学派的功利主义经济学正是在这种多元文化的冲击下产生，这也决定了剑桥学派早期成员的折中主义立场。马歇尔调和了边际主义对古典主义的批判，内维尔·凯恩斯则负责化解历史主义的攻击，西奇威克则实现了理性主义、直觉主义和功利主义的折中。通过他们的努力，功利主义顺利成为剑桥学派经济理论的基本前提。然而，折中的同时也使得剑桥学派失去了理论上的锋芒，不能树立其鲜明而独特的理论特征。而这些独具锋芒的特征在其他学派表现得十分明显，如新剑桥学派、奥地利学派、洛桑学派等。也正是出于同样的原因，凯恩斯的革命使得人们淡忘了剑桥学派，摩尔伦理学革命则使人们忽视了西奇威克的贡献。然而，笔者认为相对于锋芒而言，折中则更需要智慧，西奇威克的伦理学则是这种智慧的体现，主要表现在以下两个方面：

首先，西奇威克实现了功利主义对利己主义的替代，第一次将公共利益置于个人利益之上。功利主义自边沁创立以来一直以“最大数人的最大幸福”为终极目标，但其主张的个人财产不可侵犯、自由放任市场政策、最少政府干预政策却带来种种社会问题，其根本原因就是个人利益至上的基本逻辑。即当个人利益与共同（市场）利益相冲突时，个人利益是第一位的。唯利是图的利己主义导致社会贫富不均、垄断形成、社会矛盾突出。面对这些问题，传统的功利主义观点无能为力。这也是穆勒经济学饱受质疑的原因。但西奇威克却指出，将个人利益置于社会利益之上并不是功利主义的终极目标，而应当将社会利益置于第一位。在其《政治经济学原理》中他明确地指出了当时社会的种种弊端。西奇威克认为，社会总财富和总福利计算之间存在着偏差，就算财富不增加，只要改变分配方式也可以增加社会福利。西奇威克说："如果共产主义的分配方式能够比现代的分配方式带来更多的福利，同时共产主义的实现过程不影响当前的生产状况，也不对每个人进行政治审查，那么这种分配方式无论如何都是可取的"①。西奇威克甚至支持国家逐步地、缓慢地接管企业生产和分配，这样会使社会更加稳定，工资更加合理。②同时，国家可以对垄断企业实施监管。由此可见，西奇威克已经认识到了传统利己主义的弊端，建议通过资本主义改良的方式予以消除，这种改良就是有必要将社会利益置于个人利益之上，即个人利益并非不可侵犯。但西奇威克的这种思想直到1883年在其《政治经济学原理》中才体现出来的，而在其1874年《伦理学方法》中他还继承了穆勒的观点，认为只能将矛盾归于万能的上帝。可见，在这十年间，西奇威克的思想发生了重大变化，同时，正是这种思想的转变，使得以庇古和凯恩斯为代表的第二代剑桥经济学家都将公共利益置于个人利益之上，实现了经济学由研究财富增加向研究财富分配的转变。庇古的《福利经济学》和凯恩斯的《通论》都体现了这一点。

其次，西奇威克赞成功利主义，但否认功利主义与个人财

---

① Sidgwick H,*The principles of political economy*, London: Macmillan, 1901, p.525.

② Sidgwick H,The principles of political economy, London: Macmillan, 1901, p.528.

产不可侵犯之间的关联，为政府实施财富转移和干预经济提供了伦理基础。自约翰·洛克提出“个人财富神圣不可侵犯”以来，这一信条一直是资本主义的最高原则。边沁与穆勒也都将其奉为保证功利主义原则得以实施的基本条件。在这一指导原则下，社会上所有的财富分配只能依靠市场，任何对个人和企业的税收，或是财富的转移都是不被允许的，因为这是对个人利益的侵犯。在这种信条的约束下，政府对于社会的贫困和垄断无能为力，社会问题日益恶化。然而西奇威克却认为个人财富不可侵犯是存在前提的，其前提就是约翰·洛克所说，“为他人留了够多和够好的机会”（Leaving enough and as good for others）。西奇威克将其解释为“不能大幅减少他人获得类似财富的可能性”①。然而，现实中垄断企业对自然资源的控制、资本家对资本的控制已经违反了这一原则。它实在地阻碍了工人阶级获得财富的可能性。因此，政府有必要对垄断进行管控，对资本家的资本进行转移。

二、马歇尔进化论功利主义经济伦理思想的评价

经济思想史学家给马歇尔最多的评价就是“折中”，即实现了边际主义与古典主义的折中；实现了归纳法和演绎法的折中；但是在更大的程度上，马歇尔实现了经济学、伦理学、物理学和生物学的折中②，尤其是其对生物学进化论的运用，成

---

① Sidgwick H,*The Elements of Politics*, London: Macmillan, 1897, p.50.

② 也有学者认为在马歇尔的原理中出现了包括工程学、建筑学、物理学、心理学、地质学、天文学、化学、医学及生物学等多种学科的隐喻。Raffaelli T. “Marshall's metaphors on method” ,*Journal of the History of Economic Thought*, Vol.29, No.2（2007）, pp.135-151.

为众多后来经济学家的研究对象。[①]马歇尔对进化论的偏爱有很多种解释，除了本书第二章第二节中所述的四个原因之外，还有其他几个原因。首先是马歇尔的维多利亚思维模式，使其对进化论有天生的好感，玛丽·马歇尔的回忆录中就记有马歇尔在阿尔卑斯山度假时有一直在研究斯宾塞的著作，这一点在其 1885 年的就职演讲中也有体现。[②]其次，达尔文的进化论中的“物竞天择，适者生存”的思想本来就来自古典政治经济学，因此它与经济学有天然的契合性。[③]再次，从当时自然科学和社会科学的发展状况来看，除了生物学中的进化论，马歇

---

① 这方面文章有 Moss L, “Biological theory and technological entrepreneurship in Marshall’s writings”, *Eastern Economic Journal*, Vol.8, No.1（1982）, pp.3-13；Levine A L, “Marshall’s Principles and the Biological Viewpoint: a Reconsideratoin” ,*The Manchester School*, Vol.51, No.3（1983）, pp.276-293；Thomas B, “Alfred Marshall on economic biology” , *Review of Political Economy*, Vol.3, No.1（1991）, pp.1-14；Moss L S, “Evolutionary Change and Marshall’s Abandoned Second Volume” ,*American Journal of Economics and Sociology*, Vol.69, No.1（2010）, pp.359-374；等。

② 马歇尔在 1885 年就任剑桥大学政治经济学教授的演说中讲道，“生物学在 19 世纪取得了长足的发展，这种发展使得人们对自然生物有了更为清晰的认识，从而改变了传统的经济学、历史学和伦理学……经济学要在学术界和专业领域与生物学保持同步，以便分享其进步的成果。同时与其他自然科学保持密切的联系，也获得更多的支持”。Marshall A,*The present position of economics*, BiblioBazaar: LLC, 1885, p.154.

③ 研究表明：(1) 达尔文在剑桥大学读书时对功利主义在伦理学与政治学上的应用较为熟悉，读过麦克库洛克、西斯蒙第等人的著作；(2) 达尔文对马尔萨斯的著作非常熟悉；(3) 达尔文深受法国动物学家 Henri Milne-Edwards 理论和亚当·斯密劳动分工理论的影响，前者则建议达尔文将经济发展动力的两个要素——竞争和分工——引入生物学研究当中。Schwebwe S, “Darwin and the political economists: divergence of character” ,*Journal of the History of Biology*, Vol.13, No.2（1980）, pp.189-195.

尔似乎没有更好的选择，经济学向物理学学习的工作已经由杰文斯完成，且马歇尔并不满意。其他学科，如历史学、伦理学与经济学的结合则已经由历史学派等完成，生物学似乎是马歇尔经济学的唯一选择。然而，马歇尔的进化论功利主义并非一无是处，我们可以从两个方面来进行评价：

首先，进化论与经济学的结合在一定程度上缓解了经济学危险处境，重新树立了经济学的学科地位，为经济学后期的发展赢得了时间。在19世纪末期，古典经济学已经解体，而新的经济理论尚未形成，杰文斯的英年早逝使得新经济学创建的重担就落在了马歇尔一人的头上。据科茨的描述，当时经济学的处境“极度令人失望”，因为“社会公众对于古典经济学的极度反感使得经济学声名狼藉”，“经济学内部也因为方法论上的分歧而分崩离析”。① 此时的马歇尔要想重振经济学的声望，就必需对于这门尚且“幼稚”学科有所改进，而向进化论学习则是最好的选择。首先可以保证经济学与伦理学的结合，因为斯宾塞本人就是直觉主义者；其次可以缓解历史学派的攻击，因为生物学的主要研究方法就是历史归纳法；再次可以提升公众，尤其是工商界人士对经济学的理解程度，由于进化论已经是世人皆知的理论，而且也是新科学的代表，将经济学类比为生物学有利于经济理论的推广，重树经济学的科学形象。因此，马歇尔的著作在1890年出版之后，其销量一直比较稳定，30年间历经8版修改，但读者看不出大的变动。这本书“有着刻意的平淡与低调”，“如涓涓细流，很少有哪一段会阻止或

① Coats A W, “Sociological aspects of british economic thought（ca. 1880-1930）”, *The Journal of Political Economy*, Vol.75, No.5（1967）, pp.706-729.

迷惑机智的读者（哪怕他只懂很少的经济学）……书在大众中广为传播，它使大众增加了对经济学的敬重，仅有最少的争议被提出……随着时间的流逝，书的智慧品质已经渗入英国的经济思想中，毫无杂音和纷扰，达到了一种得到人们广泛重视的程度”。①

其次，马歇尔进化论的功利主义改变了传统经济学的研究方法，使得经济学更加注重实际研究，同时也使经济学家注重了对人性的研究。在马歇尔之前的经济伦理当中，经济学对于人有两种假设，一种是客观理性的“经济人”，一种是主观理性的“道德人”，然而这两种假设将人置于现实社会的两个极端当中，“经济人”是唯利是图的小人，而“道德人”则是舍己为人的君子，前者过于现实，后者又过于理想，其结果都是远离现实。而马歇尔的生态人则强调了经济理论与现实的联系，因为经济学的生态学应用则要求对于现实进行详细分析，因为进化的过程就是在现实中实在地发生着，经济学家要时刻注意这种变化的产生，以便做出合适的判断。“经济学家的主要工作——收集事实，分析事实并进行推理——应当根据上述主要问题来安排”，同时，“实际问题随时间和地点的变化而不同”。②这就要求经济学家要因地制宜地，从实际出发，避免了古典经济学脱离实际的弊端。此外，传统的经济学研究要么将人当成是“快乐的计算器”，要么则是“上帝的使者”，而没有对人性本身进行研究，没有认识到“人”是介于“神”和“机

---

① ［澳］彼得·格罗尼维根：《翱翔的鹰——阿尔弗雷德·马歇尔传》，丁永健、鄢雯译，华夏出版社2011年版，第307页。

② ［英］阿尔弗雷德·马歇尔：《经济学原理》，廉运杰译，华夏出版社2005年版，第32页。

器”之间的动物。马歇尔的进化论功利主义则提出人具有双重性，在市场上主要表现为利己，在家庭则主要表现为利他，具体问题要具体对待，这是经济研究的一大进步。

然而，马歇尔的这种进化论的功利主义在20世纪30年代以后就销声匿迹了，连其嫡系传人庇古也没有朝着生态学的麦加进一步向前，究其原因主要是这种进化论功利主义所隐含的一个致命的前提假设，就是“顺其自然，无为而治”。因为自然竞争所产生的优胜劣汰就是最好的结果，对自然界过多的人为干预反而会阻碍其正常发展，对于经济学而言也是如此。因此，马歇尔并没有提出对垄断和社会贫困给出具体的治疗方法，他认为垄断企业终有其生命周期，而贫困的解决只能寄托于“经济骑士”的出现。面对20世纪20年代到30年代的严重的社会问题，这种处理方式显然是不合时宜的，因此庇古和凯恩斯都放弃了这种进化论上的“无为”，而认为政府应当“有所为”，他们的理论就是政府行为的理论指导。同时，随着30年代生物基因学说的出现，对传统进化论理论实现了颠覆，因此就进一步加速了马歇尔进化论功利主义走向灭亡。直到后来，在60年代兴起的演化经济学或生态经济学，重新提出了经济学与生态学的结合，生态学重新在经济学中获得重视。

三、摩尔的理想功利主义经济伦理思想的评价

摩尔所开创的伦理学理论，尤其是其“自然主义谬误”，是20世纪英国伦理学上的一次“哥白尼式革命”。然而，这场革命并没有为人们提供一个新的伦理学体系，而在于帮助人们打破了旧的伦理学体系，也推翻了以功利计算为基础的古典经济学。从一定程度上说，摩尔的“自然主义谬误”也切断了此

后伦理学与经济学之间的联系，使得经济学在凯恩斯革命之后成为脱缰野马，再也不愿受伦理学中“信仰”和“道德”的制约。这种结果并不是摩尔所能预见的，也不是摩尔所期望的。虽然他的两个信徒——凯恩斯和霍特里，一再强调经济学的伦理属性，甚至声称经济学本质上只是伦理学的分支，但都扭转不了经济学与伦理学的背离。第二次世界大战后，美国成为世界经济的研究中心；量子力学打破了传统牛顿力学体系；生物基因学破解了进化论的密码；加上美国实用主义在20世纪40年代以后的长期盛行，这一切使得充满英格兰色彩的剑桥学派毫无疑问地走向没落，而摩尔的伦理学体系则提前为这一没落清除了伦理学上的障碍，可以说摩尔的伦理学正是一场熊彼特所言的“创造性的破坏”。

摩尔对于善的定义以及其对伦理学的划分对经济学研究，产生了很大的影响。“善”是不可定义的，“善”事物只有两种，一种是就其本身而言是善的，另一种是实现善的手段。经济学如果是作为研究“福利”的学科，那么，“福利”既是目的也是手段；但如果经济学只是研究“财富”的学科，那么，就只能是作为实现善的手段。因此，经济学是摩尔的第三种伦理学——实践伦理学的分支。这是凯恩斯和霍特里对经济学学科性质的认识。从摩尔的伦理学框架内来看，这一推论过程逻辑严密，结果正确。然而，这种分析无疑将经济学装入了伦理学的牢笼当中，而这个牢笼又恰好被摩尔自己摧毁了。按摩尔的逻辑，如果经济学是伦理学中关于实践伦理学的分支，那么经济学的研究就必须先回答两个问题，即经济学的目标是不是善？经济行为是否正当？通俗地说，前者是经济学家的信仰——目标的善，后者是经济学家应当遵守的道德——手段的善。古典经济学的利己主义和马歇尔经济学的进化论功利主义都符合这个伦理学框架，但摩尔又批判它们将目标和手段混为一谈，犯了“自然主义谬误”。结果，这两种经济学在摩尔之后再也没有人继续研究，就像在摩尔之后再也没有人研究传统功利主义经济学一样。正如凯恩斯所说，摩尔使他们这一代人从传统的功利主义计算中解脱出来，这种解脱其实就是对马歇尔及其之前伦理学和经济学的背离，而背离是创新的第一步，这可以说是摩尔最大的贡献所在。

摩尔推翻了传统的伦理学体系，使剑桥学派的经济学家的思想得到了解放，但他却没有给这些“被解放者”提供一种新的、可实践的伦理学框架。这就使得凯恩斯这一代经济学家成了脱缰之马，每个人凭着自己的理解去创造新的理论。这种自由可以产生突破性的新理论，也可以产生理论间的矛盾与隔阂。凯恩斯声称他接受了摩尔的信仰，但抛弃了他的道德。换句话说，是接受了善的目的，而不需要考虑行为的正当与否。因此，凯恩斯成为一个现实主义者，只要是能解决现实问题的——创造更大的善的行为，如解决失业、贫困等——经济手段都可以使用，不必拘泥于手段是否正当。例如他鼓励浪费反对储蓄，鼓励政府赤字与通胀等，其实都是伦理学上的不正当行为。与凯恩斯相反，庇古和罗伯特森则接受了摩尔的道德和信仰，所以他们赞成凯恩斯的目的，却反对凯恩斯的手段。这是他们存在争论的根本原因。庇古和罗伯特森没有意识到目的和手段往往只能取其一，摩尔的伦理学体系也没有将两者调和，只能将其分为研究什么是善的伦理学本原问题，与研究怎样才能达到善的实践伦理学问题。按摩尔的逻辑，目的和手段是不可能调和的，否则就无法避免“自然主义的谬误”。“自然主义的谬误”像一把达摩克利斯之剑一样悬在传统剑桥学派经济学家的头上，也悬在所有伦理学家的头上。这使得剑桥经济学家和伦理学家在很长一段时间内不敢有大的作为，没有实现理论上的突破。

摩尔之后的相当长一段时间里，伦理学家专心于“善”的基本理论的研究，经济学家则专心于财富增长和分配的手段研究，两者都不想进入对方的领域当中。伦理学变得与现实相脱离，经济学则越来越“贫困化”①。与凯恩斯的经济理论相比，这种“贫化”的经济学既没有了信仰，也没有了道德。或者说是信仰的多样化与道德的多样化并存。因此，在20世纪70年代凯恩斯理论体系坍塌之后，经济学则呈现出百舸争流之势，思想纷杂，学派林立。然而，终究也没有实现对凯恩斯和传统古典经济学本质上的突破。这是现代经济学家们需要思考的一个问题。

第三节　剑桥学派的总体评价

总体评价是将剑桥学派的所有理论看成一个整体，试图从整个经济学发展史的角度对剑桥学派给予一个总的定位。分析剑桥学派的历史贡献和历史地位，并分析现代经济学应当在哪些方面从剑桥学派得到启示。

一、剑桥学派的理论贡献

剑桥学派作为19世纪末和20世纪初西方经济学的主要

① ［印度］阿马蒂亚·森：《伦理学与经济学》，王宇、王文玉译，商务印书馆2014年版，第79页。

流派，它对经济学的发展作出了巨大贡献。这些贡献大体上表现在两个方法，一是经济学理论，二是经济学的分析方法。在经济学理论方面，剑桥学派贡献了马歇尔的《经济学原理》、庇古的《福利经济学》和凯恩斯的《通论》。这些著作的理论价值是毋庸置疑的，但仅仅从这几本代表性著作来评价剑桥学派的理论贡献是不全面的。原因是剑桥学派除了以上三位之外，还有很多其他经济学家，而且，这三位经济学家除了自己的代表作外，还有其他的理论贡献。因此，应当站在剑桥学派整体的角度上来评价其理论贡献。总的来说，剑桥学派在如下几个方面作出了较为突出的贡献：现代微观经济学理论，现代福利经济学理论，现代货币数量论、经济周期与波动理论，以及失业理论。剑桥学派对于货币理论，经济周期理论和失业理论的评价第一节已经进行了论述。因此，这里重点评价前剑桥学派的两项理论贡献，以及剑桥学派对于经济学分析方法的贡献。

如果将现代西方经济学理论分为宏、微观两个体系，那么，剑桥学派在微观系统方面的贡献较为引人注目。这一点在马歇尔的著作中体现得尤为明显。马歇尔用一个局部均衡分析的方法创造了多种微观经济理论，如厂商理论、需求理论、价格理论，以及与此相关的对工资、资本利息和利润的分析。虽然马歇尔在这些分析方法上的首创性值得怀疑，但事实上就是通过马歇尔及剑桥学派的努力，这些理论才奠定了现代微观经济学的基础。同时，这种从微观角度分析经济问题的方法在现代经济学中得到广泛的应用，甚至认为是一切经济理论的分析基础。这也是为什么 20 世纪 70 年代后，为宏观经济学寻找其微观基础成为经济学重要研究内容的原因。

福利经济学理论是剑桥学派的一个首创，对于福利经济学的产生有两种说法。一种认为福利经济学是西奇威克、马歇尔及庇古等经济学家对于经济现实的关注所产生，如马歇尔认为经济学研究的目的就是解决贫困问题，西奇威克认为平均分配才能产生社会最大效用，庇古也积极献身于福利事业。正是这些“内因”的影响，福利经济学应运而生。另一种说法认为，福利经济学是当时英国政府推行福利社会政策的“外因”所致，剑桥大学作为当时新经济理论的代表，自然承担起了对福利社会进行经济分析的重任，而福利经济学正是这一政治思潮的产物。现在来看，福利经济学产生的原因已经远不如其结果重要，虽然旧的福利经济学为新福利经济学所取代，但福利经济学对现代经济理论作出了两大贡献：一是实现了经济学研究目的的转向，即从研究财富增加转为研究财富分配；二是确定了政府进行市场干预的伦理学基础。

剑桥学派是在新旧经济理论的交替时期产生，也是在关于经济学方法论的激烈争论中产生。从一定程度上说，剑桥学派对于经济学研究方法的贡献不亚于其经济理论贡献，其经济学研究方法的创新主要体现在三个方面：(1) 将时间因素引入经济分析；(2) 将心理因素引入经济分析；(3) 推动了经济学研究的数学化。

强调时间因素在经济分析中的作用，一直是剑桥学派的特点，也是剑桥学派经济理论区别于古典经济学的一个重要特点。剑桥学派普遍认为，古典理论的失败就是缺乏对时间因素的考虑，或者说以长期分析为基础的古典经济学没有考虑其理论与短期经济现实的联系，因此，导致其经济理论脱离实际。

从马歇尔开始，剑桥学派经济学家就将经济现象分为长期与短期，其划分是依据经济变量的调整时间，而不是常规的物理时间，在长期内一切变量具有充分弹性，可以实现均衡；在短期内，由于工资、价格及资本供给缺乏弹性，则产生了失业、生产过剩等周期性问题。吉尔博认为，马歇尔《经济学原理》从第 1 版到第 8 版的一个重要进步就体现在他的时期分析当中[①]。自马歇尔之后，长期的均衡和短期的波动成了剑桥学派经济分析的基础，这一观念也被后来的新古典综合理论所接受，对现代经济学产生了深远的影响。虽然奥地利学派一直强调，对时间因缘的最全面分析源于庞巴维克，但这并不能否认剑桥学派实现了时间分析在经济学中的广泛应用。

剑桥学派的经济理论虽然以功利主义哲学为基础，但剑桥学派成员一直反对将人视为完全的“经济人”，他们认为经济行为受到多种非经济因素的影响。福克斯威尔、西奇威克和马歇尔最初认识到心理因素在经济行为中的作用，他们强调了家庭责任感、利他心理的作用，并提出了“机会成本”和“真实成本”的概念。同时，他们也认为社会发展并不是完全以增加财富为目的，还应当包括每个人的身心健康，而经济上的贫困是导致社会堕落的根本原因，马歇尔从心理因素出发提出了现金余额学说的雏形，并发展成为著名的剑桥方程式，成为剑桥学派货币理论的核心。庇古在研究经济福利的同时也指出非经济福利的重要性，同时在分析经济波动和失业问题时引入了心理预期的概念。罗伯特森则强调了人

① Guillebaud C W, “The evolution of Marshall’s principles of economics”, *The Economic Journal*, Vol.52, No.208（1942）, pp.330-349.

们心理上对增长的潜在追求是过度投资的根本原因；霍特里也分析了预期因素在决定厂商存货数量时的重要影响；凯恩斯则从流动性偏好和预期的资本边际报酬率出发，提出了他的短期需求管理理论。可以说，对心理分析的强调是剑桥学派经济学的重要内容特点，这种强调对现代经济学，尤其是理性预期学派产生了深远的影响。

最后，剑桥学派对于现代经济学的数学化起了重要的推动作用，虽然剑桥学派的大部分经济学家都对数学的应用比较保守，但是剑桥学派成员并没有否认数学应用的科学性，虽然剑桥学派的经济学著作大多数以理论叙述为主，但在其附件和部分论文中都可以看到成熟的数学分析。可见，剑桥学派所反对的是盲目的、脱离现实的数学应用，而并不反对数量在逻辑推理中的重要作用。鉴于当时数学的发展程度不高，剑桥学派还是实现了对其经济理论的数学化，如马歇尔实现了对需求和供给分析的数学化和图表化，庇古将现金余额学说转换为剑桥方程式，凯恩斯也在其《货币论》中列举了大量的基本方程式。20世纪30年代，数学分析当是剑桥经济学家的常用工具之一。应当认识到，与现代公理化和对策论为基础的数学相比，早期以牛顿力学为代表的数学分析，只能局限在函数和联立方程的应用当中，也限制了数学在经济分析当中的推广，但这是由数学本身的发展阶段所决定的。因此，剑桥学派不但没有阻挠经济学的数学化，反而在相当大的程度上推动了现代经济学的数学化。

二、剑桥学派的历史地位

要评价剑桥学派的历史地位，可以从两个方面来进行，一是以历史重建的方法，将剑桥学派与同时期其他学派进行比较；二是用理性重建的方法，评价剑桥学派对现代经济学所产生的影响。

剑桥学派产生于资本主义工业革命时期，同时也是西方国家民族主义的兴起时期。在这一时期，资本主义的工商业在西方各国得到快速发展，这也导致了资本主义经济学的阶段性繁荣。英国作为当时世界第一的资本主义国家，其经济学理论就集中于剑桥大学，而以马歇尔为首的剑桥经济学家也一直保持着传统的英格兰色彩。随着古典经济学和历史经济学在英国的衰退，剑桥学派逐渐占据了理论高地，成为英国经济理论的代表。但从世界范围内来讲，随着英国国际地位的下降，和德国、美国等新兴资本主义国家的兴起，剑桥学派的经济理论失去了像亚当·斯密或李嘉图理论一样的全球影响力，德国、美国及其他国家在这一时期都形成了自己的经济学体系。

在20世纪30年代前，与剑桥学派属于同一时代的经济学流派主要有以门格尔为首的奥地利学派、以克拉克—费雪—陶西格为代表的美国学派、以瓦尔拉—帕累托为代表的洛桑学派以及以维克塞尔为代表的瑞典学派。虽然在德国、法国和意大利也产生了部分著名的经济学家，但由于受到国内政治活动的影响，学院经济学一直没有能够取得独立地位，经济学理论只是政治家的工具和手段，因此，在这些国家并没有形成与剑桥学派一样的代表性流派。与其他同时期的经济学流派相比，剑桥学派在理论贡献和社会影响力上都占据了优势。在经济理论的贡献上，剑桥学派提供了一整套有关资本主义社会的经济理论，涵盖了微观主体的生产、分配、交换和消费的全部理论，也包括了宏观经济的经济周期、货币、失业、财政、国际贸易等全方位的理论，这是当时其他任何一个学派都没有做到的。在社会影响力方面，剑桥学派实现了对英国主流经济学的统治，剑桥大学以师徒关系为代表的传承体制，使得剑桥大学培养了一大批新一代的经济学家，他们都致力于维护和完善该学派的理论体系，这也是其他学派所望尘莫及的。同时，马歇尔、庇古和凯恩斯不仅成为英国学术界的代表，也是各届英国政府经济顾问的主要成员，剑桥学派经济学家对于当时英国经济政策的影响力可能只有晚年的门格尔才能与其相提并论。

但是，在 20 世纪 30 年代之后，剑桥学派的经济学地位则不断下降，这种下降表现在国内和国外两个方面。在国内，伦敦政治经济学院经过 40 余年的发展，已经逐渐确立了自己的学术影响力，并试图对剑桥大学的统治发起挑战，随着哈耶克等一批经济学家的加盟，伦敦政治经济学院成为剑桥大学的主要竞争对手。更为重要的是，在凯恩斯之后，J．罗宾逊在新一代剑桥大学的经济学家中影响力不断增大，她对传统的庇古、费伊、肖夫和罗伯特森的理论体系提出了批判，并且将罗伯特森排挤出剑桥大学。同时，帕西内蒂和斯拉法的加盟也对剑桥传统的师生传承体制形成挑战，《经济学杂志》也不再维护剑桥传统经济理论。在凯恩斯革命和新剑桥学派成员的批判下，剑桥学派逐渐失去了对经济学的统治能力，除了极个别经济学家，如马歇尔、庇古为后人所记忆。

到了 20 世纪 40 年代以后，洛桑学派在美国得到复兴，其一般均衡理论成为主流经济学的基础，而帕累托最优的分析也成为经济决策的首要判断手段；同时，瑞典学派和奥地利学派也取得了快速的发展，魏克塞尔和卡塞尔的理论得到普遍的认同，林达尔、缪尔达尔、伦德贝格和奥林进一步发展了瑞典学派的理论，瑞典学派逐渐走向鼎盛。此外，米塞斯和哈耶克对于凯恩斯经济学、社会主义经济学以及弗里德曼经济学的批判，使得奥地利学派逐渐走入主流经济学的视角。更为重要的是，以萨缪尔森为代表的新古典综合学派理论不断成熟，并在很长时期内实现了对经济理论的统治。在新古典综合理论体系中，剑桥学派整体的经济思想被“肢解”成单个的经济理论，而且只有马歇尔、庇古和凯恩斯等少数剑桥经济学家被提及。另外，新古典综合学派与新剑桥学派关于资本的争论吸引了大多数经济学家的目光，可以说，两者中不论哪一派取得胜利，剑桥学派都不会改变其被淡忘的命运。

值得肯定的是，相对同时期的其他学派而言，剑桥学派是新古典经济学时期最重要的学派，既是古典经济学的继承者，又是现代经济学的奠基者，在经济学发展史中有重要的历史地位。但历史总是容易记住那些具备鲜明特征的理论，以及具有传奇色彩的人物，而剑桥学派保守和调和使它不具备鲜明的特征，在理论的首创性方面剑桥学派似乎也没有独特的贡献，马歇尔的局部均衡分析在边际革命中已经出现；凯恩斯的货币与利息理论与维克塞尔的极为相似；庇古对剑桥方程式的演绎也只是将费雪方程式中的一个变量放在了等号的另一边；在经济伦理方面剑桥学派也完全是伦理学家们的门徒，这样看来剑桥学派似乎没什么特别值得称道的首创性贡献。但是，剑桥学派的贡献重点不在于理论的创新，而在于理论与现实相结合，在于理论对现实经济行为的指导。如果说理论的价值大小取决于该理论的现实意义，那么，在现实中应用和推广新理论的人，其成就应当不亚于理论的首创者。例如，虽然劳动价值论、唯物主义和辩证法都不是马克思的首创，但正是马克思对于这些理论的合理应用，才使得这些理论发挥了巨大的现实价值①。同理，虽然边际分析、均衡分析、货币数量论也都不是剑桥学派的首创，但通过剑桥学派将这些理论与经济现实相结合，才实现了这些理论的巨大价值，也确定了剑桥学派的历史地位。

三、剑桥学派对现代经济学的启示

当前的主流经济学是以新古典综合学派为基础的，新古典综合学派在第二次世界大战后得到快速发展。对于现代经济学而言，剑桥学派的研究可以得出两点启示。

首先，现代经济学研究不能过度忽视伦理思想对经济行为的影响。经济学与伦理学有着密切的联系。从经济学的发展渊源来说，经济学在1903年以前一直是伦理学的组成部分，功利主义也一直是经济学的伦理基础，剑桥学派经济学家一直保持着伦理学的研究传统。这一传统直到美国现代经济学体系的建立时才被抛弃，但这种抛弃只是导致了经济学的“贫化”。从经济学和伦理学的研究属性上来说，这两个学科都以研究人类行为为对象，人类的所有行为既受经济动机

① 毛泽东指出：“在马克思主义产生以前就已经有唯物主义，资产阶级曾经发挥了唯物主义，例如法国的唯物主义。辩证法也不是马克思发现的，例如德国过去有唯心辩证法。马克思是改造了这两种东西。他把唯物主义改造成为辩证唯物主义。”《毛泽东文集》第八卷，人民出版社1999年版，第1页。

驱动，也受伦理道德的约束，两者密不可分，甚至很难区分哪些行为是经济动机，哪些是伦理动机。此外，从学科的研究目标来讲，经济学侧重于物质财富的研究，伦理学侧重于精神财富的研究，两者相互影响，相互促进，不能说何者具有决定性或第一性，应当说两者是实现一个目标的不同手段。脱离了伦理学的经济学研究，会导致对人性的错误认识，将人当作效用计算的机器，忽视非经济因素在经济行为中的影响，最终由于理论与现实相脱离，使经济学真正成为“经济空闸”①。

与此同时，强调伦理学的研究还可以理解经济行为背后的真实动机，对经济学家的经济思想形成更为深刻的认识。本书的研究指出，如果从伦理学的角度来分析剑桥学派的经济思想，则会对马歇尔、庇古、凯恩斯等人的经济思想有全新的认识。马歇尔作为古典经济学的守护者和新经济学的开拓者，他反对杰文斯的纯粹快乐主义，也拒绝古典经济学的利己主义，而接受了斯宾塞的进化论的功利主义，这就是马歇尔将“自然不能飞跃”作为经济学信条的根本原因。与马歇尔不同，庇古接受了摩尔关于“善”和伦理学的定义，但接受了西奇威克的直觉主义伦理学，并基于这种伦理思想，对垄断与财富分配剔出了庇古财富转移的经济学理论，可以说庇古的福利经济学就是西奇威克伦理学思想的实现。凯恩斯是摩尔伦理学的终身信徒，但凯恩斯声称他接受了摩尔的信仰，却抛弃了他的道德，

---

① “经济空闸”最初见于克拉彭于1922年发表在《经济学杂志》上的论文，论文名为《空洞的经济学》。Clapham J H, “Of empty economic boxes”, *The Economic Journal*, Vol.32, No.127（1922）, pp.305-314。后来，该词进入经济学领域，意指与经济实践相脱离的抽象经济理论。

这使得他成为一个完全的现实主义者，凯恩斯的非功利主义伦理学使得他成为第一批摆脱微观功利主义计算的经济学家，这是他后期宏观经济理论创新的前提。现代经济学家应当认识到完全脱离伦理学的经济学是不现实的，也是不存在的，因为经济学家自己也不能摆脱伦理因素的约束。

其次，现代经济学应当学习剑桥学派的经济学研究方法。由于剑桥学派形成于经济学方法论的争议时期，这使得该学派在经济学研究方法的应用上极为谨慎，对每一种经济学中可用的分析方法都有辩证的认识，尤其是对数学的应用。剑桥学派认为数学可以使经济分析更加简明，逻辑更为清晰，但过度的抽象和演绎不利于经济学家之间的交流，同时会导致经济理论脱离现实。此外，剑桥学派还强调了历史研究的重要性，他们认为历史研究可以加深经济学家对现实经济现象的理解，而历史上经济理论也可以对当前经济学提供启示与借鉴，马歇尔就提出，“由于缺少对上世纪和本世纪前 50 年中有关英国经济发展的像样记载，已经严重地妨碍了我们对现时代各种问题的正确理解”①；凯恩斯也声称自己是马尔萨斯的学生，马尔萨斯提出的有效需求原理给予了凯恩斯重要启示，② 同时，凯恩斯还认为重商主义所强调的贸易顺差是治理失业问题的合理工具。③ 可以说，剑桥学派合理运用了各种经济学研究方法，这

① 载于 1897 年马歇尔给阿克顿的一封信，转载于［英］约翰·伊特韦尔、［美］默里·米尔盖特、［美］彼得·纽曼：《新帕尔格雷夫经济学大辞典》(第 1 卷)，经济科学出版社 1996 年版，第 466 页。

② ［英］梅纳德·凯恩斯：《精英的聚会》，刘玉波、董波译，江苏人民出版社 1997 年版，第 103 页。

③ ［英］梅纳德·凯恩斯：《就业、利息和货币通论》，高鸿业译，商务印书馆 2004 年版，第 346—348 页。

在经济学发展史上是难能可贵的。从一定程度上来说，现代经济学在研究方法上同时犯了两个错误，即过分强调数学的作用,[①] 同时又过分轻视对历史的研究。[②] 这是现代经济学的主要问题，因此，现代经济学家应当学习剑桥学派对待数学和历史的态度。

---

① Streeten P, "What's wrong with contemporary economics?" ,*Interdisciplinary Science Reviews*, Vol.27, No.1（2002）, pp.13-24.

② Evensky J, "HES Presidential Address: What's Wrong with Economics?" ,*Journal of the History of Economic Thought*, Vol.34, No.1（2012）, pp.1-20.

参考文献

中文类文献

[1] [澳] 彼得·格罗尼维根:《翱翔的鹰——阿尔弗雷德·马歇尔传》，丁永健、鄢雯译，华夏出版社 2011 年版。

[2] [德] 弗里德里希·李斯特:《政治经济学的国民体系》，邱立伟译，华夏出版社 2009 年版。

[3] [美] 丹尼尔·贝尔、欧文·克里斯托尔:《经济理论的危机》，陈彪如等译，上海译文出版社 1985 年版。

[4] [美] 杰拉德·M．库特:《英国历史经济学》，乔吉燕译，中国人民大学出版社 2010 年版。

[5] [美] 克莱顿·罗伯茨、戴维·史伯茨、道格拉斯·R．比松:《英国史》下册，潘兴明等译，商务印书馆 2013 年版。

[6] [美] 曼瑟尔·奥尔森:《集体行动的逻辑》，陈郁等译，上海人民出版社 2011 年版。

[7] [美] 斯坦利·L．布鲁、兰迪·R．格兰特:《经济思想史》第八版，中国人民大学出版社 2014 年版。

[8] [美] 约瑟夫·熊彼特:《经济分析史》全三卷，朱泱等译，商务印书馆 1996 年版。

[9] [印度] 阿马蒂亚·森:《伦理学与经济学》，王宇、王文玉译，商务印书馆 2014 年版。

[10] [英] 阿尔弗雷德·马歇尔:《货币、信用与商业》，叶元龙、郭家麟译，商务印书馆 1986 年版。

[11] [英] 阿尔弗雷德·马歇尔:《经济学原理》，廉运杰译，华夏出版社 2005 年版。

[12] [英] 阿瑟·庇古:《论失业问题》，何新译，商务印书馆 1959 年版。

[13] [英] 阿瑟·庇古:《工业波动论》，高耀琪译，商务印书馆 1999 年版。

[14] [英] 阿瑟·庇古:《福利经济学》，金镝译，华夏出版社 2007 年版。

[15] [英] 阿瑟·庇古:《社会主义和资本主义的比较》，谨斋译，商务印书馆 2014 年版。

[16] [英] 奥斯汀·罗宾逊:《凯恩斯传》，滕茂桐译，商务印书馆 1980 年版。

[17] [英] 边沁:《道德与立法原理导论》，时殷弘译，商务印书馆 2000 年版。

[18] [英] 达尔文:《物种起源》，王之光译，译林出版社 2013 年版。

[19] [英] 戈登·弗莱彻:《丹尼斯·罗伯特森》，王磊、李素云译，华夏出版社 2010 年版。

[20] [英] 哈罗德:《凯恩斯传》，谭崇台译，商务印书馆 1995 年版。

[21] [英] 赫伯特·斯宾塞:《社会静力学》，张雄武译，商务印书馆 1996 年版。

[22] [英] 亨利·西奇威克:《伦理学方法》，廖申白译，中国社会科学出版社 1993 年版。

[23] [英] 杰里米·边沁:《论道德与立法的原则》，程立显、宇文利译，陕西人民出版社 2009 年版。

[24] [英] 罗伯特·斯基德尔斯基:《凯恩斯传》，相蓝欣、储英译，生活·读书·新知三联书店 2006 年版。

[25]［英］马克·布劳格:《经济理论的回顾》，姚开建译，中国人民大学出版社 2009 年版。

[26]［英］梅纳德·凯恩斯:《艾尔弗雷德·马歇尔传》，滕茂桐译，商务印书馆 1990 年版。

[27]［英］梅纳德·凯恩斯:《精英的聚会》，刘玉波、董波译，江苏人民出版社 1997 年版。

[28]［英］梅纳德·凯恩斯:《预言与劝说》，赵波、包晓闻译，江苏人民出版社 1997 年版。

[29]［英］梅纳德·凯恩斯:《凯恩斯文集》上卷，王利娜等译，改革出版社 2000 年版。

[30]［英］梅纳德·凯恩斯:《凯恩斯文集》中卷，尚妍等译，改革出版社 2000 年版。

[31]［英］梅纳德·凯恩斯:《就业、利息和货币通论》，高鸿业译，商务印书馆 2004 年版。

[32]［英］内维尔·凯恩斯:《政治经济学的范围与方法》，党国英、刘惠译，华夏出版社 2001 年版。

[33]［英］乔治·摩尔:《伦理学原理》，长河译，上海世纪出版集团 2005 年版。

[34]［英］斯坦利·杰文斯:《政治经济学理论》，郭大力译，商务印书馆 2009 年版。

[35]［英］亨利·西奇威克:《伦理学史纲》，熊敏译，江苏人民出版社 2008 年版。

[36]［英］欣斯利:《新编剑桥世界近代史》第 11 卷，中国社会科学院世界历史研究所编译，中国社会科学出版社 1999 年版。

[37]［英］亚当·斯密:《国民财富的性质和原因的研究》上下卷，郭大力、王亚南译，商务印书馆 2002 年版。

[38]［英］约翰·伊特韦尔、［美］默里·米尔盖特、［美］彼得·纽曼:《新帕尔格雷夫经济学大辞典》第 1—4 卷，经济科学出版社 1996 年版。

[39]［英］约翰·穆勒:《功利主义》，徐大建译，上海世纪出版集团 2008 年版。

[40] [英]约翰·穆勒:《论自由》，许宝骙译，商务印书馆1982年版。

[41] 董江阳:《现代基督教福音派思想研究》，博士学位论文，中国社会科学院研究生院，2001 年。

[42] 方福前:《从〈货币论〉到〈通论〉》，武汉大学出版社 1997 年版。

[43] 胡代光:《新剑桥学派述评》，《经济研究》1983 年第 1 期。

[44] 黄丽蓉:《凯恩斯经济伦理思想探析》，硕士学位论文，湖南师范大学，2008 年。

[45] 刘涤源:《阿·马歇尔经济学说提要》，上海人民出版社 1986 年版。

[46] 刘涤源:《略论凯恩斯对马歇尔经济思想的背离与继承关系》，《经济研究》1989 年第 1 期。

[47] 刘涤源:《凯恩斯经济学说评论》，武汉大学出版社 1997 年版。

[48] 刘旺霞:《凯恩斯以来货币政策与经济周期相关理论研究综述》，《生产力研究》2009 年第 5 期。

[49]《毛泽东文集》第八卷，人民出版社 1999 年版。

[50] 庞娟、郭殿生:《凯恩斯货币与通货膨胀理论的演进及启示》，《税务与经济》2012 年第 5 期。

[51] 乔洪武:《正谊谋利》，商务印书馆 2000 年版。

[52] 邱杨:《庇古经济伦理思想研究》，硕士学位论文，南京师范大学，2010 年。

[53] 外国经济学说研究会:《现代国外经济学论文集》第 1 辑，商务印书馆 1979 年版。

[54] 王志凯:《对凯恩斯货币理论的再认识与我国的通货紧缩》，《金融研究》2000 年第 1 期。

[55] 翁乾麟:《庇古失业理论的基本要义浅探》，《广西社会科学》1997 年第 6 期。

[56] 薛芳:《庇古福利经济伦理思想探析》，硕士学位论文，江西师范大学，2005 年。

[57]《马克思恩格斯选集》第 1 卷，人民出版社 2012 年版。

[58] 周辅成:《西方著名伦理学家评传》，上海人民出版社 1985 年版。

外文类文献

[1] Aldcroft D H, "The Entrepreneur and the British Economy, 1870-1914", The Economic History Review, Vol.17, No.1（1969）.

[2] Aspromourgos T, "On the origins of the term'neoclassical'", Cambridge Journal of Economics, Vol.10, No.3（1986）.

[4] Backhouse R E, "Sidgwick, marshall, and the cambridge school of economics",History of Political Economy, Vol.38, No.1（2006）.

[5] Backhouse R E, Bateman B W. The Cambridge Companion to Keynes, Cambridge:Cambridge University Press, 2006.

[6] Backhouse R E, Bateman B W. "Keynes and capitalism". History of Political Economy, Vol.41, No.4（2009）.

[7] Bateman B W, "Keynes's changing conception of probability", Economics and Philosophy, Vol.3, No.1（1987）.

[8] Bateman B W, "G.E Moore and J.M Keynes: a missing chapter in the history of the expected utility model",American Economic Review, Vol.78, No.5（1988）.

[9] Bateman B W, Davis J B., Keynes and Philosophy: Essays on the Origins of Keynes's Thought, England: Edward Elgar Publishing, 1991.

[10] Bateman B.W,Keynes's Uncertain Revolution. Ann Arbor: University of Michigan Press,1996.

[11] Becattini G,Alfred Marshall e la vecchia scuola economica di Cambridge, G. Becattini（a cura di）, Il pensiero economico: temi, problema e scuole, Turín, UTET,1990.

[12] Belussi F, Caldari K. "At the origin of the industrial district: Alfred Marshall and the Cambridge school". Cambridge Journal of Economics, Vol.33, No.2（2009）.

[13] Black C R D, "Ralph G. Hawtrey 1879-1975", Proceedings of the British Academy, Vol.63, No.4（1977）.

[14] Black C R D, “Jevons, Marshall and the utilitarian tradition” ,Scottish Journal of Political Economy, Vol.37, No.1（1990）.

[15] Bowley A L,Elements of statistics. London: P.S.King&Son, 1920.

[16] Bowley A L,Mathematical Groundwork of Economics, Oxford:Clarendon Press, 1924.

[17] Bowley A L, FY Edgeworth's contributions to mathematical statistics, London: Royal Statistical Society, 1928.

[18] Bowley A L, “Francis Ysidro Edgeworth” ,Econometrica: Journal of the Econometric Society, Vol.2, No.2（1934）.

[19] Bowman R, “Marshall: Just how interested in doing good was he?” ,Journal of the History of Economic Thought, Vol.26, No.4（2004）.

[20] Brahmananda P R, “A.C.Pigou（1877-1959）” ,Indian Economic Journal, Vol.64, No.4（1959）, 466-487.

[21] Carabelli A,On Keynes' Method, London: Macmillan, 1988.

[22] Carey H C,Principles of social science, Pennsylvania:JB Lippincott & Company, 1867.

[23] Champernowne D G, “Arthur Cecil Pigou, 1877-1959” ,Journal of the Royal Statistical Society, Series A, Vol.122, No.2（1959）.

[24] Chapman S J, “Hours of labour” ,The Economic Journal, Vol.19, No.75（1909）.

[25] Clapham J H, “Of empty economic boxes” ,The Economic Journal, Vol.32, No.127（1922）.

[26] Clapham J H,The study of economic history, Cambridge:Cambridge University Press, 2013.

[27] Clark G K,The Making of Victorian England, New York:Routledge, 2013.

[28] Coase R H, “Appointment of Pigou as Marshall's Successor” , The Journal of Law and Economics, Vol.15, No.1（1972）.

[29] Coase R H, “Marshall on method” ,The Journal of Law and Economics,Vol.18, No.1（1975）.

[30] Coase R H, "Alfred Marshall's mother and father" ,Alfred Marshall: Critical Assessments, Second series, Vol.2, No.4 (1984) .

[31] Coats A W, "Sociological aspects of british economic thought (ca. 1880-1930)" , The Journal of Political Economy, Vol.75, No.5 (1967) .

[32] Coats A W, "Political economy and the tariff reform campaign of 1903" , The Journal of Law and Economics, Vol.11, No.1 (1968a) .

[33] Coats A W, "The origins and early development of the royal economic society" , The Economic Journal, Vol.78, No.310 (1968b) .

[34] Coats A W, "The Appointment of Pigou as Marshall's Successor: Comment" . The Journal of Law and Economics, Vol.15, No.2 (1972a) .

[35] Coats A W, "The Economic and Social Context of the Marginal Revolution of the 1870's" ,History of Political Economy, Vol.4, No.2 (1972b) .

[36] Coats A W. Marshall and ethics, Alfred Marshall in retrospect, Vermont: Edward Elgar, 1990.

[37] Colander D, "The Death of Neoclassical Economics" ,Journal of the History of Economic Thought, Vol.22, No.2 (2000) .

[38] Collard D, "Pigou and modern business cycle theory" ,The Economic Journal, Vol.106, No.437 (1996) .

[39] Collet C E, "Herbert Somerton Foxwell" ,The Economic Journal, Vol. 46, No.184 (1936) .

[40] Creedy J,Edgeworth and the Development of Neoclassical Economics, Oxford:Basil Blackwell, 1986.

[41] Danes M, Anyadike, "Robertson, Dennis (1890–1963)" . in The New Palgrave Dictionary of Economics, Second Edition. Steven N. Durlauf and Lawrence E. Blume (eds.) , London: Palgrave Macmillan, 2008.

[42] Darity W, "Cambridge monetary thought: development of saving-investment analysis from Marshall to Keynes" ,History of Political Economy, Vol.20, No.4 (1988) .

[43] Edgeworth F Y,New and Old Methods of Ethics, Oxford:James

Paker & Co, 1877.

[44] Edgeworth F Y,Mathematical psychics: An essay on the application of mathematics to the moral sciences, London:Kegan Paul, 1881.

[45] Edgeworth F Y, “Equal pay to men and women for equal work” ,The Economic Journal, Vol.32, No.128（1922）.

[46] Eichner A S, Kregel J A, “An essay on post-Keynesian theory: a new paradigm in economics” , Journal of Economic Literature, Vol.13, No.4（1975）.

[47] Ekelund Jr R B, Olsen E S, “Comte, Mill, and Cairnes: the positivist-empiricist interlude in late classical economics” , Journal of Economic Issues, Vol. 7, No.3（1973）.

[48] Elliott J E, “Alfred Marshall On Socialism” , Review of Social Economy, Vol.48, No.4（1990）.

[49] Eshag E,From Marshall to Keynes: an essay on the monetary theory of the Cambridge School, London:Blackwell, 1963.

[50] Evensky J, “HES Presidential Address: What's Wrong with Economics?” ,Journal of the History of Economic Thought, Vol.34, No.1（2012）.

[51] Foxwell H S,Irregularity of employment and fluctuations of prices, Edinburgh:Co-operative Print company, 1886.

[52] Groenewegen P O, “Alfred Marshall and the establishment of the Cambridge Economic Tripos” , Alfred Marshall: Critical Assessments, Second series, Vol.2, No.4（1988）.

[53] Guillebaud C W, “The evolution of Marshall's principles of economics” ,The Economic Journal, Vol.52, No.208（1942）.

[54] Guillebaud C W, “Marshall's Principles of Economics in the Light of Contemporary Thought” ,Economica, Vol.19, No.74（1952）.

[55] Guillebaud C W, “Some personal reminiscences of Alfred Marshall” ,History of Political Economy, Vol.3, No.1（1971）.

[56] Harris S E, “Professor Pigou's Theory of Unemployment” ,The

Quarterly Journal of Economics, Vol.49, No.2（1935）.

[57] Hart N, "Marshall's dilemma: equilibrium versus evolution", Journal of Economic Issues, Vol.37, No.4（2003）.

[58] Hawtrey R G, Good and Bad Trade：an Enquiry into the Causes of Trade Fluctuations, London: Constable and Company, 1913a.

[59] Hawtrey R G, "Public Expenditure and the Demand for Labour" ,Economica, Vol.5, No.1, 1913b.

[60] Hawtrey R G,Socialism is the natural sequel of democracy [unpublished document] . London: Churchill College Archives, 1914.

[61] Hawtrey R G,Currency and credit, London:Longmans, 1919.

[62] Hawtrey R G,Monetary reconstruction, London: Longmans, 1923.

[63] Hawtrey R G,The Economic Problem, London: Longmans, 1926a.

[64] Hawtrey R G, "The trade cycle" ,De Economist, Vol.75, No.1, 1926b.

[65] Hawtrey R G, "The Monetary Theory of the Trade Cycle and Its Statistical Test Cycle and Its Statistical Test" ,The Quarterly Journal of Economics, Vol.41, No.3（1927）.

[66] Hawtrey R G,Trade and credit, London:Longmans, 1928.

[67] Hawtrey R G,Economic Aspects of Sovereignty, London:Longmans, 1930.

[68] Hawtrey R G,The Art of Central Banking, London: Longmans, 1932.

[69] Hawtrey R G, "Public Expenditure and Trade Depression" , Journal of the Royal Statistical Society, Vol.96, No.3（1933）.

[70] Hawtrey R G, "'The Theory of Unemployment' by Professor AC Pigou" , Economica, Vol.1, No.2（1934）.

[71] Hawtrey R G,A Century of Bank Rate, London:Longmans, 1938.

[72] Hawtrey R G, "The Trade Cycle and Capital Intensity" , Economica, No.25, 1940.

[73] Hawtrey R G,Economic Destiny, London:Longmans, 1944.

[74] Hawtrey R G,Economic Rebirth, London:Longmans, 1946a.

[75] Hawtrey R G, “The need for faith” , The Economic Journal, Vol.56, No.223, 1946b.

[76] Hawtrey R G,Capital and employment, London:Longmans, 1952.

[77] Hawtrey R G, Pigou A C, “The monetary theory of the trade cycle” , The Economic Journal, Vol.39, No.156（1929）.

[78] Henry J F, “Keynes’ economic program, social institutions, ideology, and property rights” ,Journal of Economic Issues, Vol.35, No.3（2001）.

[79] Hicks J R, “Marginal Productivity and the Principle of Variation” , Economica, No.12, 1932.

[80] Hicks J R, “Leon Walras” ,Econometrica, Vol.14, No.10（1934）.

[81] Hodgson G M, “The Mecca of Alfred Marshall” ,The Economic Journal, Vol.103, No.417（1993）.

[82] Ingram J K, “‘The present position and prospects of political economy’ . In Report of the British Association for the Advancement of Science” , Journal of the Statistical and Social Inquiry Society of Ireland, Part IV, I878.

[83] Jevons W S, “Review of Mathematical Psychics” ,Mind, vol.6, 1881.

[84] Keynes J M, “Alfred Marshall, 1842-1924” , The Economic Journal, Vol.34, No.135（1924）.

[85] Keynes J M, “Alternative theories of the rate of interest” ,The Economic Journal, Vol.47, No.186（1937a）.

[86] Keynes J M, “The general theory of employment” , The quarterly journal of economics, Vol.51, No.2（1937b）.

[87] Keynes J M, “Comment on DH Robertson” ,The Economic Journal, Vol.48, No.14（1938）.

[88] Keynes J M, Kaldor N. “Prof. Pigou on money wages in relation to unemployment” ,The Economic Journal, Vol.47, No.188（1937）.

[89] Kondo M,Alfred Marshall and Walter T. Layton on the Cambridge School, Japan:Osaka Prefecture University, 2008.

[90] Lavington F, "The social importance of banking" ,The Economic Journal, Vol.21, No.81（1911）.

[91] Lavington F, "Uncertainty in its Relation to the Net Rate of Interest" , The Economic Journal, Vol.22, No.87（1912）.

[92] Lavington F, "The social interest in speculation on the stock exchange" ,The Economic Journal, Vol.23, No.89（1913）.

[93] Lavington F,The English Capital Market, London:Methuen, 1921.

[94] Lavington F, "Short and Long Rates of Interest" ,Economica, No.12, 1924.

[95] Lavington F, "An approach to the theory of business risks" , The economic journal, Vol.35, No.138（1925）.

[96] Lavington F, "Monopoly and Business Stability" , Economica, No.17, 1926.

[97] Lavington F, "Technical influences on vertical integration", Economica, No.19, 1927.

[98] Levine A L, "Marshall and the classical tradition" ,Journal of Post Keynesian Economics, Vol.4, No.4（1982）.

[99] Levine A L, "Marshall's Principles and the Biological Viewpoint: a Reconsideratoin" ,The Manchester School, Vol.51, No.3（1983）.

[100] Levitt T, "Alfred Marshall: Victorian relevance for modern economics" ,The Quarterly Journal of Economics, Vol.90, No.3（1976）.

[101] Levy P,Moore GE Moore and the Cambridge Apostles, London:Weidenfeld & Nicolson, 1989.

[102] Macciò D D, "GE Moore and political philosophy: Gerald F. Shove's fellowship dissertation（1911）" , History of European Ideas, Vol.37, No.1（2011）.

[103] Macciò D D, "GE Moore's philosophy and Cambridge economics: Ralph Hawtrey on ethics and methodology", The European

Journal of the History of Economic Thought, Vol.22, No.2（2015）.

[104] Macgregor D H, "Labour exchanges and unemployment" ,The Economic Journal, Vol.17, No.68（1907）.

[105] Macgregor D H, "Some Ethical Aspects of Industrialism", International Journal of Ethics, Vol.19, No.3（1909）.

[106] Macgregor D H, "British Aspects of Unemployment" , The Journal of Political Economy, Vol.30, No.1（1922）.

[107] Macgregor D H, "Public Authorities and Unemployment" , Economica, No.7,1923.

[108] Marcuzzo M C, Naldi N., Sanfilippo E, et al. "Cambridge as a Place in Economics" ,History of Political Economy, Vol.40, No.4（2008）.

[109] Marshall A, "Review of Mathematical Psychics, by FY Edgeworth" ,The Academy, No.19, 1881.

[110] Marshall A,The present position of economics, BiblioBazaar: LLC, 1885.

[111] Marshall A, "The old generation of economists and the new" ,The Quarterly Journal of Economics, Vol.11, No.2（1897）.

[112] Marshall A, "Distribution and exchange" ,The Economic Journal, Vol.8, No.29（1898）.

[113] Marshall A, "The social possibilities of economic chivalry", The Economic Journal, Vol.17, No.65（1907）.

[114] Marshall M P, What I remember, Cambridge: Cambridge University Press, 1944.

[115] McCready H W, "Alfred Marshall and Tariff Reform, 1903: Some Unpublished Letters" ,The Journal of Political Economy, Vol.63, No.3（1955）.

[116] Meltzer A, "Keynes's General Theory: A Different Perspective", Journal of Economic Literature, Vol.19, No.3（1981）.

[117] Moggridge D E,Maynard Keynes: An Economist's Biography, London: Routledge,1992.

[118] Moore G, “John Neville Keynes’s Solution to the English Methodenstreit” ,Journal of the History of Economic Thought, Vol.25, No.1（2003）.

[119] Moss L S, “Evolutionary Change and Marshall’s Abandoned Second Volume” ,American Journal of Economics and Sociology, Vol.69, No.1（2010）.

[120] Moss L, “Biological theory and technological entrepreneurship in Marshall’s writings” ,Eastern Economic Journal, Vol.8, No.1（1982）.

[121] Niman N B, “Biological analogies in Marshall’s work” , Journal of the History of Economic Thought, Vol.13, No.1（1991）.

[122] O’Brien D P, “Marshall and his correspondencw” , The Economic Journal, Vol.107, No.445（1997）.

[123] O’Donnell M G, “Pigou: an extension of Sidgwickian thought” ,History of Political Economy, Vol.11, No.4（1979）.

[124] O’Donnell R,Keynes as philosopher-economist, New York: St. Martin’s Press, 1989.

[125] Parsons T, “Wants and activities in Marshall” , The Quarterly Journal of Economics, Vol.45, No.1（1931）.

[126] Parsons T, “Economics and sociology: Marshall in relation to the thought of his time” ,The Quarterly Journal of Economics, Vol.46, No.2（1932）.

[127] Patinkin D,Money, interest, and prices: An integration of monetary and value theorym New York: Harper & Row, 1956.

[128] Patinkin D, “The collected writings of John Maynard Keynes: From the Tract to the General theory” , The economic journal, Vol.85, No.338（1975）.

[129] Patinkin D,Keynes’ monetary thought: a study of its development, Durham, NC: Duke University Press, 1976.

[130] Patinkin D, “New Materials on the Development of Keynes’ Monetary Thought” ,History of Political Economy, Vol.12, No.1（1980）.

[131] Patinkin D, “Keynes and economics today” , The American Economic Review, Vol.74, No.2（1984）.

[132] Persky J, “When did equality become a noneconomic objective?” ,American Journal of Economics and Sociology, Vol.63, No.4（2004）.

[133] Pigou A C,Principles and Methods of Industrial Peace,London: Macmillan, 1905.

[134] Pigou A C, “The unity of political and economic science” , The Economic Journal, Vol.16, No.63（1906）.

[135] Pigou A C, “Some points of ethical controversy” , International Journal of Ethics, Vol.18, No.1（1907a）.

[136] Pigou A C, “Social Improvement in the Light of Modern Biology” , The Economic Journal, Vol.17, No.67（1907b）.

[137] Pigou A C,Economic Science in Relation to Practice, London: Macmillan, 1908.

[138] Pigou A C,Wealth and welfare, London:Macmillan, 1912.

[139] Pigou A C, “Review of Good and Bad Trade by RG Hawtrey” , The Economic Journal, Vol.23, No.92（1913）.

[140] Pigou A C,Unemployment, London: William and Norgate, 1913.

[141] Pigou A C, “The value of money” , The Quarterly Journal of Economics, Vol.32, No.1（1917）.

[142] Pigou A C,Memorials of Alfed Marshall, London:Macmillan, 1925.

[143] Pigou A C, “Wage policy and unemployment” ,The Economic Journal, Vol.37, No.147（1927）.

[144] Pigou A C, “Disturbances of Equilibrium in International Trade” ,The Economic Journal, Vol.39, No.155（1929）.

[145] Pigou A C, “Net income and capital depletion” ,The Economic Journal, Vol.45, No.178（1935）.

[146] Pigou A C, “Mr. JM Keynes’ General theory of employment,

interest and money”, Economica, Vol.3, No.10（1936）.

[147] Pigou A C, “Real and money wage rates in relation to unemployment”,The Economic Journal, Vol.47, No.187（1937）.

[148] Pigou A C, “Money wages in relation to unemployment”,The Economic Journal, Vol.48, No.189（1938）.

[149] Pigou A C,the veil of money, London: Macmillan, 1949.

[150] Pigou A C,Essays in Economics（2th ed）, London: Macmillan, 1952.

[151] Pigou A C, “Some aspects of the welfare state”,Diogenes, Vol.7, No.6（1954）.

[152] Pigou A C, Robertson D H. Economic essays and addresses, London:P.S. King & Son, 1931.

[153] Raffaelli T, “Utilitarian premises and the evolutionary framework of Marshall's economics”, Utilitas, Vol.8, No.1（1996）.

[154] Raffaelli T,Layton on Cambridge economics: in defense of the Tripos, Marshall studies Bulletin:Vol.8, Cambridge: Cambridge University Press. 2003.

[155] Raffaelli T, “Marshall's metaphors on method”,Journal of the History of Economic Thought, Vol.29, No.2（2007）.

[156] Regan T,Bloomsbury's prophet: GE Moore and the development of his moral philosophy, Pennsylvania:Temple University Press, 1986.

[157] Robertson D H, “Some material for a study of trade fluctuations”,Journal of the Royal Statistical Society, Vol.77, No.2（1914）.

[158] Robertson D H,A study of industrial fluctuation: an enquiry into the character and causes of the so-called cyclical movements of trade, London: PS King, 1915.

[159] Robertson D H, “A Word for the Devil”, Economica, No.9, 1923.

[160] Robertson D H, “Review of Monetary Reconstruction by RG Hawtrey”,The Economic Journal, Vol.33, No.117（1923）.

[161] Robertson D H,The ebb and flow of unemployment, London: Daily news Limited, 1923.

[162] Robertson D H,Banking policy and the price level: an essay in the theory of the trade cycle, London: PS King & son, 1926.

[163] Robertson D H, "Industrial fluctuation and the natural rate of interest" , The Economic Journal, Vol.44, No.176（1934）.

[164] Robertson D H, "Some notes on Mr. Keynes' general theory of employment" ,The Quarterly Journal of Economics, Vol.51, No.1（1936）.

[165] Robertson D H, "Alternative theories of the rate of interest" , The Economic Journal, Vol.47, No.187（1937）.

[166] Robertson D H, "Mr. Keynes and' finance'" ,The Economic Journal, Vol.48, No.190（1938）.

[167] Robertson D H, "The future of international trade" ,The Economic Journal, Vol.48, No.189（1938）.

[168] Robertson D H, "The economic outlook" ,The Economic Journal, Vol.57, No.228（1947）.

[169] Robertson D H,Lectures on economic principles, London:Staples Press, 1959.

[170] Robertson D H, Sraffa P., Shove G F. "Increasing returns and the representative firm" ,The economic journal, Vol.40, No.157（1930）.

[171] Robertson D H, Johnson H G. "Keynes and supply functions" ,The Economic Journal, Vol.65, No.259（1955）.

[172] Robinson A,Pigou, Arthur Cecial. In international encyclopaedia of the Social Sciences（Vol.12）, New York: Collier and Macmillan, 1968.

[173] Rosselli A, "Sraffa and the Marshallian tradition" ,The European Journal of the History of Economic Thought, Vol.12, No.3（2005）.

[174] Samuelson P A, "DH Robertson（1890–1963）" ,The Quarterly Journal of Economics, Vol.77, No.4（1963）.

[175] Sardoni C, "The contribution of Gerald Shove to the development of Cambridge economics" ,Review of Political Economy, Vol.16, No.3(2004).

[176] Sargent T J, Wallace N, "'Rational' Expectations, the Optimal Monetary Instrument, and the Optimal Money Supply Rule" ,The Journal of Political Economy,Schabas M, "Alfred Marshall, W. Stanley Jevons, and the Mathematization of Economics" , Isis, Vol.80, No.301（1989）.

[177] Schultz B,Henry Sidgwick, Eye of the Universe, New York: Cambridge University Press, 2004.

[178] Schumpeter J A, "Alfred Marshall's Principles: a semi-centennial appraisal" ,The American Economic Review, Vol.31, No.2（1941）.

[179] Schwebwe S, "Darwin and the political economists: divergence of character" ,Journal of the History of Biology, Vol.13, No.2（1980）.

[180] Shove G F,Notes on the application of G.E. Moore's system of Ethics to some problems of political theory, PhD. Cambridge:King's College, 1911.

[181] Shove G F,Notes on the application of GE Moore's system of ethics to some problems of political theory, Cambridge:King's College, Modern Archive,1911.

[182] Shove G F, "Modern economics" , The Athenaeum, Vol.10, No.31（1919a）.

[183] Shove G F, "Moral and economics" , The Athenaeum, Vol.12, No.28（1919b）.

[184] Sidgwick H,The Scope and Method of Economic Science, London: Macmillan, 1885.

[185] Sidgwick H, The Elements of Politics, London: Macmillan, 1897.

[186] Sidgwick H,The principles of political economy, London: Macmillan, 1901.

[187] Skidelsky R,John Maynard Keynes（vol. 1）: Hopes Betrayed, 1883–1920. London: Macmillan, 1983.

[188] Skidelsky R,John Maynard Keynes（vol. 2）: The Economist as Saviour, 1920–1937, London:Macmillan, 1992.

[189] Skidelsky R,Keynes, Oxford: Oxford University Press, 1996.

[190] Skidelsky R,John Maynard Keynes（vol. 3）: Fighting for Britain, 1937–1946, London: Macmillan, 2000.

[191] Skidelsky R,John Maynard Keynes, 1883–1946: Economist, Philosopher, Statesman. London:Macmillan, 2003.

[192] Sraffa P, “Increasing returns and the Representative Firm: A symposium, A criticism – A rejoinder” ,Economic Journal, Vol.40, No.160（1930）.

[193] Steven N, Durlauf Lawrence E., Blume. The New Palgrave Dictionary of Economics:Second Edition, London:Palgrave Macmillan, 2008.

[194] Stigler G J,Production and Distribution Theories, New York: Macmillan, 1941.

[195] Stigler S M, “Francis Ysidro Edgeworth, Statistician” , Journal of the Royal Statistical Society, Series A（General）, 1978.

[196] Stone J R N, “Bowley, Arthur Lyon（1869-1957）” , In J. Eatwell, M. Milgate, P. Newman（eds）, The New Palgrave Vol. I, London: Macmillan, 1987.

[197] Streeten P, “What's wrong with contemporary economics?” , Interdisciplinary Science Reviews,Vol.27, No.1（2002）.

[198] The British Economic Association, “The British Economic Association” ,The Economic Journal, Vol.1, No.1（1891）.

[199] Thomas B, “Alfred Marshall on economic biology” , Review of Political Economy, Vol.3, No.1（1991）.

[200] Tilman R, Porter-Tilman R. “John Neville Keynes: The Social Philosophy of a Late Victorian Economist” ,Journal of the History of Economic Thought, Vol.17, No.2（1995）.

[201] Tooke T, Newmarch W. A History of Prices and of the State of Circulation, London: Longman, 1848.

[202] Vazquez A, “Marshall and the Mathematization of Economics” ,Journal of the History of Economic Thought, Vol.17, No.2（1995）.

[203] Veblen T, "Preconceptions of Economic Science" ,Quarterly Journal of Economics, Vol.14, No.2（1900）.

[204] Viner J, "Marshall's economics, in relation to the man and to his times" ,The American Economic Review, Vol.31, No.2（1941）.

[205] Whitaker J K, "The Marshallian system in 1881: distribution and growth" ,The Economic Journal, Vol.84, No.333（1974）.

[206] Whitaker J K, "Some neglected aspects of Alfred Marshall's economic and social thought" , History of Political Economy, Vol.9, No.2（1977）.

[207] Whitaker J K, "Marshall, Alfred（1842–1924）". In the New Palgrave Dictionary of Economics（Second Edition）, Steven N. Durlauf and Lawrence E. Blume（Eds）, London: Palgrave Macmillan, 2008.

[208] Whitaker J K, "Alfred Marshall: The Years 1877 to 1885" , History of Political Economy, Vol.4, No.1（1972）.

[209] Wood J C,British economists and the Empire, 1860-1914, PhD. Oxford:University of Oxford, 1980.

[210] Yamazaki S,Pigou's Ethics and Welfare, Japan:Kochi University, 2011.

主题索引

J

L

M

S

X

后记：经济学的信仰与道德

笔者不是经济学科班出身，要对经济学研究发表看法，难免诚惶诚恐，生怕闹出笑话。但是，经过反复思量，还是想探讨“经济学的信仰与道德”这个话题，供大家批评指正。

“信仰”和“道德”是两个非常重要的伦理学概念。前者是人类行为的旨归，后者是人类行为的规范。就是说，信仰是道德的升华，道德是信仰的体现，两者相辅相成。那么，问题是，从事经济学研究，该不该讨论信仰和道德呢？或者说，经济学研究该不该持守一定的伦理规范呢？

实际上，历史上的西方经济学，是讲求信仰与道德的。1903 年之前，西方经济学一直是伦理学或道德哲学的子学科。古典经济学家也都是伦理学家，斯密和穆勒都是如此。当时生产力水平低下，古典经济学的直接目标就是创造更多的物质财富，以满足人们的生活需求。个人自由和个人财产权神圣不可侵犯这一共识的形成，既是经济学理论的前提，也对经济学研究形成了一定的道德约束。当时的经济理论和经济政策，都以保障个人自由和个人财产权为底线。同时，西方古典经济学研究对道德的持守，还表现在通过对历史过往的梳理、客观现实的把握，来探索经济规律、服务经济社会，而不是将经济学构建在主观臆断和感性推理之上。

20世纪初，工业革命促使社会财富迅速增加，然而，资本主义社会内部矛盾却日益激化。经济停滞、工人失业和社会贫困成为当时社会的主要矛盾。如何化解阶级矛盾，增加普遍的社会福利，成为经济学新的研究主题。这一时期的经济学家，以凯恩斯为主要代表。他们承接了社会赋予其的责任，接受了增加社会福利的信仰，却拒斥了部分古典经济学的道德。比如，他们认为，过度消费能够增加总需求，因此，他们反对节俭与储蓄，这显然是有违传统道德的；他们主张赤字财政和通货膨胀，并认为有利于缓解失业，但这样做显然侵犯了古典私有财产权。可以说，这一时期的经济学为了社会理想而放弃了部分古典道德，或者说是对古典经济学道德进行了修正。在凯恩斯主义者看来，道德应服从于信仰。只要信仰是值得追求的，那么，其实现的手段也是道德的。

第二次世界大战后，美国取代英国成为世界经济中心，也成为经济学研究中心。在自然科学和数学的推动下，经济学在美国实现了公理化。就是说，所有的经济学理论，在几个基本的假设前提下，都可以得到严谨的数学认证。德布鲁和阿罗在个人效用最大化和自由市场的前提下证明了一般均衡体系的存在，使新古典经济学最后一道难题得以解决。随后，萨缪尔森用公理化的经济学构建了宏微观一体的新古典综合体系，并成为主流经济学的代表。人们一度以为经济学的大厦已经完成，经济学实现了从微观消费行为到宏观均衡分析的完美对接，菲利普斯曲线和IS—LM模型也为宏观经济政策提供了完善的指导。然而，20世纪70年代的滞胀将这种盲目的自信彻底摧毁，新古典综合体系面临重大危机。供给学派、货币学派、制度学派等经济学思潮陆续登台。此后的经济学就进入了丛林时代，理论纷杂，学派林立。经济学分支学科得到了迅速发展，并实现了对其他社会学科的入侵，逐步建立了经济学的“帝国主义”。

如果从伦理学的角度来分析第二次世界大战后经济学研究的信仰和道德，那么，这一时期经济学实现了与伦理学分化。阿玛蒂亚·森称之为“贫化”。这种“贫化”的具体表现，就是将自利最大化作为人类行为最好的近似，并认为自利最大化在自由市场中必然导致最优的经济条件。同时，在这一时期，经济学研究的总体趋势是，其研究更加精细化，数学化。严谨的推导、唯美的模型、精致的语言，成为经济学研究的主要特征。经济学越来越注重科研成果的学术性，而忽视了研究内容的价值，忽视了对问题本身的解决，使研究超然于客观现实，成果无益于社会，无益于大众。经济学研究者在各自狭隘的领域里埋头耕耘，在设置变量和构造函数的过程中抽象掉了人类行为的道德，在回归模型和假设检验的过程中迷失经济研究的信仰。然而，这种“贫化”的经济学并没有取得革命性的理论突破。这不得不引起我们的反思。

我们谈经济学的信仰与道德，其实就是要提醒我们不断反思两个问题：(1) 经济学研究的终极目的是什么？(2) 经济学研究选用什么方法更合适？对于第一个问题，庇古曾说，经济学的研究目的，要么是求取光明，要么是求取果实。光明可以给人类带来精神慰藉，而果实可以使人类的物质成果更加丰富，这是人类生活不可或缺的两个方面。因此，经济学应当把解决问题、服务人类作为其根本出发点。对于第二个问题，缪萨尔森曾将经济学研究比作钟摆，钟摆在抽象的道德和精确的科学间来回摆动。就目前的情况而言，钟摆已经接近了精确的极限，是时候向反方向迁回了。科学研究固然要追求价值中立，但如果价值判断的确是人们经济行为的一部分，就应当将价值判断引入经济学分析。只要做到价值判断不带偏见，陈述事实不带主观，不但不影响经济学的科学属性，还会使得经济学更加科学，更加尊重事实。

近些年，我国经济学学科发展迅速，学习经济学的人数也不断增加。这是好事。但是，眼下经济学研究的人文气息在减弱，工匠气息却日益兴盛。经济学研究生讨论最多的，是数据的处理和工具的应用，而不是如何实现国家经济的繁荣，如何提升人民的生活水平，他们忘却了学习经济学的最终目的所在。说轻了，这是经济学研究不自信的表现；说重了，这就是经济学研究缺失信仰的表现。当前，经济学研究的特点是，研究者都试图通过检验几个虚拟变量的显著性来判断经济政策是否有效，却不曾试图真正走入老百姓的生活，切身去体会这些政策对日常消费行为和投资行为的影响；都期望用自己自信又聪慧的大脑来构建一个理性的经济学范式，却不知道这种理性只是对经济现实的一种臆测，试图用所谓的理性扼杀现实的经济生活。这是经济学研究缺乏道德的表现。

笔者 2013 年考博时报考的是数量经济学专业，也一度将数学奉为圭臬。但经过三年经济思想史的学习，内心在不断反思。这种反思加深了自身对经济学的理解，以上就是这种反思的总结。个人认为，作为新时代的中国经济学人，我们的经济学研究应当有更崇高的信仰，这将是实现中华民族伟大复兴的一部分。这种信仰指导着我们的经济学研究行为，鼓励我们从中国经济现实出发，引导我们走回乡村，去寻找我们自己的农业现代化道路；带领我们走进工厂，去探索我国经济转型的实际举措。在研究经济学时，我们充分尊重中国特色社会主义道路，尊重中华民族义与利的传统道德，而不是一味地对西方理论亦步亦趋。我们应当努力去创建服务于中国现实、有中国特色的经济学理论。这就是笔者想说的经济学的信仰与道德。

2018 年 4 月 29 日

责任编辑：刘　伟
责任校对：吕　飞

图书在版编目（CIP）数据

剑桥学派经济思想研究 / 程晓林 著 —北京：人民出版社：2019.4
ISBN 978 – 7 – 01 – 020449 – 9

I. ①剑…　II. ① 程…　III. ① 剑桥学派 – 经济思想 – 研究
IV. ① F091.347

中国版本图书馆 CIP 数据核字（2019）第 033605 号

剑桥学派经济思想研究

JIANQIAO XUEPAI JINGJI SIXIANG YANJIU

程晓林 著

人民出版社 出版发行
（100706　北京市东城区隆福寺街 99 号）

天津市文林印务有限公司印刷　新华书店经销

2019 年 4 月第 1 版　2019 年 4 月北京第 1 次印刷
开本：880 毫米 × 1230 毫米 1/32　印张：8.5
字数：200 千字

ISBN 978 – 7 – 01 – 020449 – 9　定价：50.00 元

邮购地址 100706　北京市东城区隆福寺街 99 号
人民东方图书销售中心　电话（010）65250042　65289539